高校思想政治教育的理论与实践研究

孔　红　李清源　梁方婵　著

中国友谊出版公司

图书在版编目(CIP) 数据

高校思想政治教育的理论与实践研究/孔红,李清源,梁方婵著.--北京:中国友谊出版公司,2024.7.
ISBN 978-7-5057-5934-3
I.G641
中国国家版本馆CIP数据核字第2024YZ0548号

书名	高校思想政治教育的理论与实践研究
作者	孔 红 李清源 梁方婵 著
出版	中国友谊出版公司
发行	中国友谊出版公司
经销	新华书店
印刷	北京四海锦诚印刷技术有限公司
规格	787毫米×1092毫米16开 11印张262千字
版次	2025年1月第1版
印次	2025年1月第1次印刷
书号	ISBN 978-7-5057-5934-3
定价	56.00元
地址	北京市朝阳区西坝河南里17号楼
邮编	100028
电话	(010)64678009

PREFACE 前　言

　　思想政治教育是一个由许多要素组成的有机系统，这一系统的创新必须是整体性的。思想政治教育只有从整个体系上综合体现改革创新的时代精神，才能真正提高其针对性和有效性。要将思想政治教育看作是一个有机的整体，实现全面的且各部分有机结合、相互影响、相互促进、共生实效的创新体系。随着我国改革开放的不断深入、互联网技术的高速发展，社会历史条件发生了巨大变化。大量的外来文化涌入我国，形成各种文化思潮，在丰富我国文化内容的同时，也对我国文化软实力的发展产生了不利影响。

　　大学生是社会主义的建设者和接班人，能否搞好大学生的思想政治教育，直接关系到中国特色社会主义的命运和前途。我们必须认清形势、更新观念，积极探索大学生思想政治教育的新途径、新方法，开创大学生思想政治教育工作的新局面，为建设中国特色社会主义提供雄厚的人才储备和不竭的精神动力。本书是高校思想政治教育方向的著作，主要研究高校思想政治教育的理论与实践，本书从高校思想政治教育的基本内涵入手，针对高校思想政治教育的原则和要求、高校思想政治教育面临的新形势进行了分析研究；另外对高校思想政治教育的现代化转型、高校思想政治教育的资源整合、高校思想政治教育的新内容做了一定的介绍；还对高校思想政治教育体系创新实践、立体化模式实践以及新媒体应用实践提出了一些建议；旨在摸索出一条适合高校思想政治教育工作创新的科学道路，帮助其工作者在应用中少走弯路，运用科学方法，提高效率。

　　在撰写本书的过程中参考了众多学者专家的著作、论文，借鉴了许多有益的成果，在此向他们致以最诚挚的谢意。由于作者水平有限，书中难免有不足之处，敬请各位专家、学者以及广大读者予以批评指正。

CONTENTS 目 录

第一章 高校思想政治教育的基本内涵 ······ 1
    第一节 高校思想政治教育内涵 ······ 1
    第二节 高校思想政治教育的社会内涵 ······ 5
    第三节 高校思想政治教育的个体发展内涵 ······ 8
    第四节 高校思想政治教育内涵的延伸 ······ 12

第二章 高校思想政治教育的原则和要求 ······ 16
    第一节 高校思想政治教育的原则 ······ 16
    第二节 高校思想政治教育的要求 ······ 19

第三章 高校思想政治教育面临的新形势 ······ 33
    第一节 网络时代高校思想政治教育面临的机遇 ······ 33
    第二节 网络时代高校思想政治教育面临的挑战 ······ 39

第四章 高校思想政治教育的现代化转型 ······ 48
    第一节 社会转型与思想政治教育现代转型 ······ 48
    第二节 高校思想政治教育现代化转型的发展方略 ······ 51

第五章 高校思想政治教育的资源整合 ······ 62
    第一节 高校思想政治教育资源整合的基本依据 ······ 62
    第二节 高校思想政治教育资源整合的理论支撑 ······ 66
    第三节 高校思想政治教育资源整合的路径选择 ······ 70

第六章 高校思想政治教育的新内容 ······ 80
    第一节 高校网络道德教育内容 ······ 80
    第二节 高校网络人格及心理教育内容 ······ 88
    第三节 高校网络审美教育内容 ······ 94

第七章 高校思想政治教育体系创新实践 ·············· 98
第一节 高校思想政治教学创新体系 ·············· 98
第二节 高校学生日常思想政治教育实践 ·············· 108
第三节 高校人才培养创新实践 ·············· 112

第八章 高校思想政治教育立体化模式实践 ·············· 130
第一节 高校思想政治教育立体化模式的理论 ·············· 130
第二节 高校思想政治教育立体化模式的构建 ·············· 139
第三节 高校思想政治教育立体化模式的实践途径 ·············· 151

第九章 高校思想政治教育的新媒体应用实践 ·············· 159
第一节 发挥手机媒体的教育功能 ·············· 159
第二节 发挥微媒体的教育功能 ·············· 163

参考文献 ·············· 169

第一章 高校思想政治教育的基本内涵

第一节 高校思想政治教育内涵

高校思想政治教育的内涵反映高校思想政治教育这一教育实践活动的本质属性。这一本质属性具有相对稳定性，但也随着高校思想政治教育社会环境、任务、目标的变化而不断发展。前者体现为高校思想政治教育内涵的继承性，后者体现为高校思想政治教育内涵的创新性。

一、高校思想政治教育的内涵

在《现代汉语词典》中，所谓内涵是指"一个概念所反映的事物的本质属性的总和，也就是概念的内容"。按照内涵的这一定义，高校思想政治教育的内涵就应当是"高校思想政治教育"这一概念所反映的事物的本质属性的总和，即"高校思想政治教育"这一概念的内容。在实践中，高校思想政治教育主要是高校思想政治工作者利用一定的思想观念、政治观点、道德规范，对大学生施加有目的、有计划、有组织的影响，使他们形成符合中国特色社会主义所需要的思想品德的教育实践活动。因此，高校思想政治教育的基本内涵是指最能反映这一教育实践活动本质属性的主要内容。

在哲学中，所谓事物的本质属性，是指事物固有的、决定事物性质、面貌和发展的根本属性。由此出发，高校思想政治教育的本质属性也应当是高校思想政治教育固有的、决定其性质、面貌和发展的质的规定性。因此，这种本质属性应包括两个方面：第一，本质属性应贯穿高校思想政治教育活动的始终，是高校思想政治教育活动中最普遍最一般的固有属性且规定和影响其他派生属性（非本质属性）；第二，本质属性应该是高校思想政治教育变化发展的根据。根据这两个方面，高校思想政治教育的本质属性应为政治性与科学性的有机统一。政治性是高校思想政治教育的阶级属性。如果没有表示阶级意志的政治性，不能维护统治阶级的有效统治，那么高校思想政治教育就不可能存在，更不可能发展，因此政治性是贯穿高校思想政治教育始终的一个特有属性。科学性是高校思想政治教育的客观实践属性。如果不反映客观事物的本质和历史发展的趋势，不能最终促进社会生产力的发展，不代表广大人民群众的根本利益，高校思想政治教育就不能得到发展，当然也不能长久地存在，因此科学性是高校思想政治教育本身得以发展的内在规定性。

综上所述，要完整准确地认识高校思想政治教育的本质，就必须坚持高校思想政治教育政治性与科学性在理论与实践上的有机统一。在这一问题上，目前存在着两种不良倾向：一种倾向是强调高校思想政治教育的政治性，而偏离高校思想政治教育的科学性，从而使高校思想政治教育变得空洞与说教，表现为泛政治化，就形势而追踪形势，就热点而炒作热点，缺乏系统的科学理论支撑。这种倾向在一定程度上使高校思想政治教育的效果一击就垮。另一种倾向是强调高校思想政治教育的科学性，否定高校思想政治教育的政治性，从而使高校思想政治教育变得盲目。因此，深化对高校思想政治教育本质属性的认识，是当前提高高校思想政治教育有效性、加强高校思想政治教育学科建设的当务之急。

二、高校思想政治教育内涵的继承性

所有的概念都不是固定不变的，其意义必定随时间推移在阐释者的实践理解中发生变化。因此语言概念的意义只能在不间断的交流或对话中得到澄清，阐释只能通过不断与其他阐释者对话来验证自己对世界的阐释是否正确、是否理性，而传统（语言传统、意义传统以及有关主体间相互理解时所依赖的共同语言环境的一切因素的传统）正是使这种对话得以顺利进行的基础。传统是历史的沉淀。流传至今的"传统"是历史的超越，必有它存在的理由。因此，善待传统是人类明智的表现。向传统学习，把传统转化为我们心智的一部分，就成为每个人的永不停歇的过程。

为了避免低水平地重复制造，人们必须遵从学术传统，在传统的基础上提出和研究问题，使传统得以发展。在思想发展史上，但凡新的思想的出现，都不是孤立的现象，无不可从传统中找到它的碎片和痕迹。在历史的演进过程中，传统并非一成不变，它会发生衍化。就大的方面而言，分为以下几类：一些传统历经时代变迁，活力依旧，本色不改；一些传统被赋予新质，在蜕变中仍显其本质特性；一些传统与社会发展方向相悖，但终因各种复杂的因素而悄然存活。区别这些各自不同的传统是必要的，至少可以给如何继承提供路径。显然，对前两类传统应视其情况予以继承，对后一类传统则应力拒。

作为一个概念，高校思想政治教育的内涵也有着自身的变与不变。从不变的角度看，今天的高校思想政治教育是历史的继续，其基本内涵首先是对传统的继承。重视高校思想政治教育是党的优良传统。在党的历史上，高校思想政治教育形成了自身的丰富内涵。继承党的优良传统，把传统证明过的科学的东西纳入高校思想政治教育的现状中来，是高校思想政治教育自身发展的需要。

在中国共产党高校思想政治教育史上，党为把大学生培养成为对祖国和人民的有用之才，曾先后提出了许多科学的标准和要求。高校教师要坚持教育者先受教育，努力成为先进思想文化的传播者、党执政的坚定支持者，更好担起学生健康成长指导者和引路人的责任。教师因其所肩负的教育使命、所承担的职业角色和所具备的专业素质，在高校思想政治教育过程中起着主导性作用，做好教师思政工作也就成为开展学生思政工作的基本前提。这些都着眼于中国革命、建设和改革的具体实践与客观要求，为大学生成长为栋梁之材指明了方向，设定了标杆。从总体上看，这些针对广大青年特别是大学生专门提出的标准和要求，是一脉相承的科学体系，从强调德、智、体、美、劳协调发展，到强调理想、道德、文化、纪律兼备，再到强调求学和做人、知识和实践、个人和社会、理想和现实的统一，既体现了人才培养的目标，同时也包含了丰富的高校思想政治教育内容，揭示了高校思想政治教育的丰富内涵。这些内涵在高校思想政治教育中具有恒久的意义。

三、高校思想政治教育内涵的创新性

传统固然重要，但是它不能包揽和代替现实。因为事物在发展，现实在变化，新的东西总是层出不穷，一味抱残守缺，无异于刻舟求剑，不能适应时代的发展和社会的需求。因此，在合理继承传统的基础上，改进和创新实属必然。

创新是对传统作大胆的扬弃，重在创意、创建和创立。创新需要科学与人文的价值导向：求真、向善。求真，即贴近现实，追求真理；向善，即符合完美的人性，追求人类的终极关怀，体现符合多数人意向的道德情感，它是一种价值承诺，是教育信念确立的基础和前提。对创新要进行价值评价，不能单一强调新，否则就是庸俗的进化论。在创新这一概念中，"创"始终是手段，"新"才是目的。所谓新，并不是仅仅标新立异，要看其是否具有新质，是否具有新价值，是否体现事物的本质，是否代表社会发展的方向。我们需要的是真正意义上的创新，反对徒有其表的所谓的创新。那种把创新仅仅停留在现象层面，甚至停留在口号上的做派，是学风浮躁的表现，绝非真正意义上的创新。旧和新，只是相对而言，旧在之前也曾是新的，何况它能沿袭至今，必有其缘由，不能大起大落，作简单的肯定和否定。在各种思潮并起、社会价值观多元的当今社会，对"旧"和"新"进行梳理，还它以本来面目，是继承和创新的逻辑起点。

在现代社会条件下，高校思想政治教育的生命线作用、先导性作用，应当合理地被理解和作为创新功能进行发展和发挥。这种发展和发挥的基础和需要，就是思想政治教育向更新领域的发展。长期以来，我国高校思想政治教育较多地侧重了政治教育，而对高校思想政治教育作为一个系统工程缺乏足够的认识和把握，同时对高校思想政治教育内容的划分也不够清晰和准确。高校思想政治教育要以理想信念教育为核心，深入进行正确的世界观、人生观、价值观教育；以爱国主义教育为重点，深入进行民族精神教育；以基本道德规范为基础，深入进行公民道德教育；以大学生全面发展为目标，深入进行素质教育。在这个内容体系中，"三观"（世界观、人生观、价值观）教育、民族精神教育、公民道德教育和素质教育有机统一，思想教育、政治教育、道德教育和心理健康教育紧密结合，个人、集体和社会相互承接，层次分明、重点突出、目标清晰、任务明确，使高校思想政治教育的内容更加完备、充实和科学，从而为培养造就德智体美劳全面发展的社会主义合格建设者和可靠接班人提供了保障和基础。

做好高校思想政治工作，要因事而化、因时而进、因势而新。高校思政教育工作者要有捕捉时机的敏锐意识、把握时机的育人能力，学会利用党和国家成功举办大事、妥善应对难事的时机，因势利导地开展各类教育活动。要加强对重大事件的宣传力度，吸引师生注意力；要在思政课主阵地中开设重大事件专题教学研讨，提高师生教学投入度；要拓展重大事件志愿服务便利渠道，扩大师生参与面。此外，还要注意提前谋划、科学设计、主动作为。

四、高校思想政治教育的领域拓展

近年来，社会的发展对高校思想政治教育提出了新的要求。基于教育要面向现代化、面向世界、面向未来的思维，也基于现代社会和学科领域的高度分化与高度综合相结合的

发展趋势，高校思想政治教育的作用范围在扩大，高校思想政治教育在向新的领域拓展。

第一，高校思想政治教育向宏观领域的拓展。这种拓展表现在两个层面上：其一是国内层面，就是高校思想政治教育要面向社会主义现代化建设，把社会主义现代化建设作为政治方向，作为高校思想政治教育的主题。

高校思想政治教育要向业务活动、经济活动、管理工作广泛渗透，深深植根于现代社会生活之中。在现代社会条件下，政治、经济和科学技术的发展，不断开辟出新的领域，环境问题、生态问题等新发展的领域和新涌现的问题，既广泛深刻地推动和影响着社会的进步，也折射出许多新的思想、政治、道德问题，迫切需要发展的高校思想政治教育与之相适应，创建竞争伦理、科技伦理、环境伦理、网络伦理等，保证和促进新的领域的发展。其二是国际层面，为了适应对外开放的需要，我们要培养大批面向世界的人才。面向世界的人才不仅要有参与世界范围竞争的科学技术水平，也要有面对世界的思想、道德和心理素质。面对世界上各种文化和价值观的冲击，更要有正确分析、鉴别、选择人生观、价值观的思想基础；投身于世界范围的经济、科技、人才竞争，更要有敢于竞争的勇气和自强不息的精神；生活在对外开放的环境和活动在各种场所，更要有健康的心理和文明风度。这些思想政治素质，比过去要求更高，也更全面。

第二，高校思想政治教育向未来领域的拓展。随着开放的扩大和改革的深化，科学技术的迅猛发展、物质文化生活水平的提高和竞争机制的广泛引入，既增加了社会的复杂程度，又加快了社会的变化频率。因此，现代社会对大学生来说，在其发展过程中总是既存在机遇，又存在风险。青年学生希望自己能抓住机遇，避免风险，他们更加关注发展的前景，更加注视未来领域的发展趋向。高校思想政治教育必须面向未来发展，探索适用未来领域的理论与方法。高校思想政治教育的一个重要作用是导向，即以正确的思想指导大学生进行实践活动。因而高校思想政治教育应当具有超前性和预防性，要保证和促进大学生面向未来的顺利发展。高校思想政治教育当然不能代替大学生的预测与决策，但高校思想政治教育可以帮助大学生增强面向未来的意识，使之对未来发展趋势有一个清晰认定，学会抓住机遇，化解风险，避免偶然因素和不道德行为的干扰和冲击，增强预测与决策的自觉性。同时，高校思想政治教育还要帮助大学生掌握科学的预测和决策方法，克服经验主义、盲目主义倾向，防止由于复杂因素的困扰和不能面对差距而陷入宗教、迷信的倾向。因此，社会的发展和大学生的发展，既向高校思想政治教育提出了面向未来进行预测和决策的要求，也为其开展预测和决策创造了条件。正确的预测既是为了现在，更是为了未来，为了在预见的前景和目标之前采取正确的教育决策和教育措施，实现教育的科学化。现代高校思想政治教育一定要研究预测和决策的理论和方法，形成高校思想政治教育预测与决策的分支学科，为高校思想政治教育提供理论指导。

第三，高校思想政治教育向微观领域的拓展。所谓高校思想政治教育的微观领域，就是指高校思想政治教育工作者与大学生的内心世界。宏观的客观世界同人们的主观的内心世界总是不可分割地联系在一起的。宏观世界的开放性、复杂性、易变性也会导致人们内心世界的开放、复杂与变动。因此，高校思想政治教育在向宏观领域发展的同时，也必须向微观领域发展。人们内心世界具有更大的复杂性和潜藏性，它像一个"黑箱"，无法窥探，也难以敞开，只能通过深入研究，才能把握其发展变化的规律性。在现代社会条件下，社会因素和社会信息不断增多，并且变化节奏加快，整个社会和人们的利益关系复杂程度增加，引起大学生的心理震荡，增加心理负荷，甚至导致一些人出现心理不平衡、心理障碍与心理疾病。因此，心理方面的问题十分突出地摆到了高校思想政治教育者面前。开展心理测试与心理分析，进行心理诊断与心理咨询，普及心理保健知识，提高心理素质，便成为高校思想政治教育的一项重要任务。研究人们内心世界的问题，还有一个更重要的任务就是开发人力资源。每一个人都有一个复杂的内心世界，每一个人都有巨大的潜能。我们要把人们的潜能充分发挥出来，把人力资源充分开发出来，如果不掌握人们内心世界的发展变化规律，不能有效地把外在教育内化为人们的思想，就只能是一句空话。所以，我们要探索思想内化理论，掌握心理发展规律，建立具有中国特色的高校思想政治教育心理学。

第二节　高校思想政治教育的社会内涵

社会性内涵是高校思想政治教育的基本内涵。在党的历史上，为社会现实服务，依据社会发展的需要确定教育内容，是高校思想政治教育的光荣传统。新中国建立前，高校思想政治教育为新民主主义革命服务；新中国建立后，高校思想政治教育先后为社会主义革命和建设服务，形成了高校思想政治教育在不同历史时期的特定社会内涵。在新的历史时期，高校思想政治教育的社会内涵主要体现在普及马克思主义中国化理论、树立中国特色社会主义共同理想、弘扬民族精神与时代精神，树立、践行社会主义核心价值观等几个方面。

一、普及马克思主义中国化理论

马克思主义中国化的四大理论成果是一脉相承的思想理论体系。毛泽东思想、邓小平理论、"三个代表"重要思想和科学发展以及习近平新时代中国特色社会主义思想具有本质上的一致性。它们都以辩证唯物主义和历史唯物主义作为世界观和方法论，把解放和发展生产力作为历史进步的着眼点，把实现共产主义、解放全人类作为根本目标。同时，它们又都是开放的理论体系，坚持解放思想、实事求是、不断汲取时代精神的精华而丰富和发展自己，都具有与时俱进的特性，是我们立党立国之本。

二、树立中国特色社会主义共同理想

一个国家的可持续发展，一个国家的内部和谐，与该国现实的政治经济状况密切相关，与该国国民的共同理想也密切相关，这两种相关是同等重要的。强大而明确的共同理想，甚至能在很长的时期内克服政治经济结构的现实裂痕，这在历史上不乏其例。中国经过近现代的曲折徘徊与浴血奋争，经过近几十年来的探索发展，已经走出了一条适合自身国情、能有效发挥本国优势且取得了辉煌成就的道路，这就是中国特色社会主义。

如果说在共产主义启蒙时期形成理想信念需要思想上的睿智与敢为天下先的勇气的话，目前已经积累的辉煌的历史成就使新的一代人更容易形成更坚定的中国特色社会主义共同理想。但新的一代人又是没有苦难记忆的一代人，他们生活在一个思想多元化的开放

社会，所以主旋律的高扬更显得必要。目前，中国改革开放社会已经进入转型期，也是一个矛盾凸显期，更深入的中国特色社会主义共同理想的教育，有助于包括大学生在内的社会成员正确认识改革过程中出现与积累的矛盾，树立人们解决矛盾的信心，构建和谐社会。中国特色社会主义共同理想教育是当代高校思想政治教育的"灵魂"和基础，它决定着高校思想政治教育的基本性质。可见，中国特色社会主义共同理想教育是当前高校思想政治教育的关键和核心所在。其功能和作用主要体现在以下几个方面：

第一，中国特色社会主义共同理想教育决定着高校思想政治教育的基本性质。大学阶段是大学生确立自我、实现人生目标的关键时期，引导大学生树立高远的志向是高校思想政治教育的核心内容。共同的理想信念是一定社会主体共同价值目标的集中体现，当代中国高校思想政治教育的实质就在于从思想政治理论的高度，使大学生充分认识到中国特色社会主义共同理想的科学性，使大学生不仅在情感上，而且能从世界观的高度，理性地接受和认同中国特色社会主义的价值目标。只有牢固地树立起中国特色社会主义共同理想，以社会主义核心价值体系凝聚广大青年学生，才能产生经久不衰的动力，使他们既看到中国特色社会主义事业面临的挑战和困难，又看到中国特色社会主义事业所具有的旺盛生命力，在构建社会主义和谐社会、加快社会主义现代化建设的历史进程中奋发有为，建功立业。

第二，中国特色社会主义共同理想教育是振奋大学生精神、鼓舞大学生进取的有效途径。中国特色社会主义充分反映了我国最广大人民群众的共同愿望、利益和要求，是全国各族人民不懈追求的共同理想。这个共同理想把国家、民族与个人紧紧地联系在一起，它有利于调动全体人民共同为之奋斗，能够在最大限度上统一社会意志、集中社会智慧、激发社会活力，为构建社会主义和谐社会提供有力的精神保证。大学生是十分宝贵的人才资源，是民族的希望，是祖国的未来。加强和改进高校思想政治教育，提高他们的思想政治素质，对于确保中国特色社会主义事业兴旺发达、后继有人，具有重大而深远的战略意义。通过中国特色社会主义共同理想教育，可以使大学生懂得：要实现个人理想，就必须从现实出发，从自己做起，从身边的小事做起，脚踏实地，百折不挠；要实现中国特色社会主义理想和中华民族的伟大复兴，就必须多读书、读好书，努力学习科学文化知识，提高科学文化素质，掌握科学知识、科学方法和科学思想，提高自己辨别是非的能力。

第三，中国特色社会主义共同理想教育是衡量高校思想政治教育效果的重要标准。高校思想政治教育的目的是使大学生认同和接受社会主义的基本思想和价值目标。在我国现阶段，就是要使大学生接受我们党的政治主张和政治信仰，并且充分看到广大人民群众的利益与自身利益的一致性，使建设中国特色社会主义的理想成为他们的共同理想。所以，评价高校思想政治教育效果的一个重要标准，就是要看党的政治主张、政治信仰和现阶段我国各族人民的共同理想是否为广大青年学生所认同。能不能培养出一代又一代有觉悟的社会主义新人，既是衡量高校思想政治教育效果的重要标准，更是关系到社会主义和共产主义远大目标能否实现的关键。在教育大学生成为实现中华民族伟大复兴的时代新人的目标体系中，中国特色社会主义共同理想始终摆在第一位。只有树立中国特色社会主义理想，学生才能自觉地运用社会主义的道德和纪律来约束自己，才能产生努力学习科学文化的强大内在动力。

三、弘扬民族精神和时代精神

民族精神是一个民族在长期的历史发展过程中逐步形成和培育起来的一种独具民族特色的、自觉的群体意识,是民族文化、民族智慧、民族情感、民族心理、民族共同理想、民族共同价值取向和民族行为规范等民族个性的综合体现。中国自古便是一个多民族的国家,几千年来,在以中原地区民族为中心与周边少数民族绵延不断的民族文化的碰撞与交融中形成了以汉族为中心的一体多元的民族结构,由此而逐渐萌生的民族意识最终整合为中华民族精神,成为推动中华民族发展壮大的精神力量。加强中华民族优秀传统和艰苦奋斗教育,是新时代高校思想政治教育的重要内容。中华民族在五千年的文明发展史中,为我们留下了丰富的文化遗产,蕴涵在其中的伟大的民族精神,是中华民族传统文化的积淀和升华。我国如何在更加开放的环境下不断发展壮大中华民族传统文化,增强广大群众特别是青少年对民族文化的认同和自信;如何在激烈的国际竞争中努力确立并发挥我们自己的民族文化优势,增强民族文化竞争力,维护国家文化安全等,成为高校思想政治教育面临的重大课题。必须坚持以人为本,挖掘中华民族的文化资源,把民族精神教育作为高校思想政治教育的重中之重,实现古今文明的优势互补。

时代精神是时代思想的结晶,是一个时代科学认识成果和进步潮流的凝聚,是对时代问题的能动反映和应答,是某一社会在特定时代代表主流文化的内在、稳定而又深刻的东西,是一个时代、一个民族大多数人所希望、所向往、所信奉、所为之激动不已、追求不止的观念和精神,具体体现在这个时代大多数人的精神风貌、民族特质、理想信念、生活态度、价值取向、人生追求、风俗习惯、行为规范及所有活动之中,是贯穿于其中的原则、灵魂和起统摄作用的东西。时代精神产生于时代之中并表现时代,与时代发展一样具有一致性和同步性。因为它直接就是时代变化的晴雨表或集中体现。时代精神反映了时代的特点、时代的内容并适应了时代的要求,它为特定时代提供精神支柱、动力和文化条件。当今时代精神主要体现在科学精神、人文精神、民主精神、开放精神和创新精神上,体现在"解放思想、实事求是,与时俱进、勇于创新,知难而进、一往无前,艰苦奋斗、务求实效、淡泊名利、无私奉献"上,其本质和灵魂在于创新。高校思想政治教育要善于从时代精神中汲取营养,在时代发展和社会进步中掘取资源,吸纳表达时代精神,把时代精神作为塑造一代新人的核心内容,贯穿于教育的全过程,渗透到教育的方方面面。无视时代的进步,社会的发展,与时代精神和时代发展相左,高校思想政治教育就很难被人们接受,很难体现时代感,很难取得实效。

四、社会主义核心价值观

中国共产党在领导中国革命、建设和改革的过程中,对加强高校思想政治教育极其重视,并在实践中积极探索高校思想政治教育的基本规律。总结这些规律,其中的一条重要经验就是,要高度重视高校思想政治教育的育人功能,要特别强调人才思想道德素质的重要性,强调道德养成对于人才培育的重要意义。当代大学生理应是思想道德素质和科学文化素质协调发展的一代。高校不但要注重大学生的文化素质教育,更要注重大学生的思想道德教育。

社会主义核心价值观是社会主义核心价值体系的内核，体现社会主义核心价值体系的根本性质和基本特征，反映社会主义核心价值体系的丰富内涵和实践要求，是社会主义核心价值体系的高度凝练和集中表达。

要培育和践行社会主义核心价值观，要以培养担当民族复兴大任的时代新人为着眼点，强化教育引导、实践养成、制度保障，发挥社会主义核心价值观对国民教育、精神文明创建、精神文化产品创作生产传播的引领作用，把社会主义核心价值观融入社会发展各方面，转化为人们的情感认同和行为习惯。

第三节　高校思想政治教育的个体发展内涵

高校思想政治教育除了具有社会内涵，还具有个体发展内涵。由于特定的历史原因，长期以来，在高校思想政治教育中，其社会内涵居主导地位，其个体发展内涵一度被忽视。新中国建立后，高校思想政治教育的个体发展内涵逐渐进入人们的视野。改革开放以来，尤其是近年来，随着人们对大学生主体地位的重视，高校思想政治教育的个体发展内涵日益显现出来。当前，高校思想政治教育的个体发展内涵主要体现在促进大学生人际和谐与心理和谐、培养大学生的竞争意识与合作精神、培育大学生的人文精神与科学精神、促进大学生全面协调发展、培养大学生的健康个性等几个方面。

一、促进大学生人际和谐与心理和谐

当前，如何实现个人与他人关系的和谐、如何实现团队的和谐发展，成了影响大学生成长的重要问题。随着社会分工的细化和科学领域的不断拓展，当今社会越来越强调团队协作的重要性。我国高等教育大众化、后勤社会化、学分制的深化，却严重地冲击了大学里班级、寝室等基本团队形式。这导致了学生的自我意识不断增强，团队协作意识相对淡薄。因此，加强团队教育，成为高校思想政治教育面临的重要任务。团队教育强调的是在以人为本、以学生为本基础上的团队协作与配合，从而实现团队与个体的共赢。当前大学里的团队形式较为丰富，主要包括班级、寝室、学生会、社团、学生组建的各种工作室等等。大学应制定专门的团队评奖评优制度，设立优秀班集体、优秀寝室、优秀社团、优秀工作室等奖项，并将其纳入学生奖励体系，加大对团队的奖励力度，激发学生加入团队，扮演不同的团队角色，在其中得到相应的锻炼和成长，从而为学生实现与他人关系的和谐、实现团队的和谐发展奠定良好的基础。

人自身的和谐是整个社会和谐发展的根本前提。当前大学生在成长过程中面临的自身和谐问题主要表现在：理想追求与现实可能的不和谐；认知与行为的不和谐；身体成长与心理发育的不和谐；主观成长需要与现实拥有条件的不和谐等。为此，高校在高校思想政治教育过程中必须抓住这几个关键要素，认真做好学生的心理健康教育，通过系统的心理测试、有针对性的心理咨询、心理素质拓展训练和完备的心理危机干预体系，让学生的心理与身体实现成长同步。同时，对学生的学业给以激励和引导。学业是大学生活的根本，要以激励为目标重新构建学生的奖学金制度，同时要推行"三轨辅导制"（为每一个班级至少配备一名专业导师、一名专职辅导员和一名课外辅导员），加强对学生学习和学业的

引导，从不同角度辅导学生的学习与成才。此外，还要要求大学生在导师和辅导员的指导下，定期填写成长规划书，帮助大学生设立学习目标，并为之努力。

二、培养大学生的竞争意识与合作精神

社会主义市场经济体制的发展与完善，已经成为推动中国社会发展的重要方式，并且不容置疑地成为现代中国人生存与发展的重要环境条件。创设和优化竞争环境是现代高校思想政治教育的重要功能之一，是高校思想政治教育的时代性、针对性、实效性和价值性的体现，加强高校思想政治教育，可以为大学生创设竞争环境提供思想和社会心理基础以及方向保证。高校思想政治教育必须依据马克思主义环境理论，在承认环境决定人的发展、决定人的思想道德面貌的同时，坚持人在环境面前具有主观能动性、人可以改变环境的基本观点，充分发挥意识的积极能动作用，通过不断地提高人们的思想道德意识，积极创设和优化现代竞争环境。

首先，高校要帮助大学生增强竞争意识，克服不正常的竞争心态。竞争的目的是破除平均主义的观念，以各种利益的差异形成积极进取的动力，使个体、集体、国家的利益得到最大满足，从而推动个人、社会的快速进步与发展。因此，竞争结果的差异是不可避免的。竞争的特质既然是机遇与风险并存，目标与结果不相吻合、竞争失败也就是不可避免的。如果对竞争的后果不具有心理平衡与协调的意识与能力，就容易使竞争造成消极的影响与后果，表现在竞争目标和期望定位及实现过程中产生的不切实际的想法、急躁情绪和浮躁心理。由于目标和期望实现受阻或难以实现而产生的挫折感、悲观感和自暴自弃感，对竞争结果的差异性不能正确对待而产生的心理失衡感、对竞争的恐惧感，以及嫉妒心理、攀比心理和报复心理等，会导致大学生产生大量心理问题。这既容易引发人际关系的紧张与恶化，引发不道德行为和不正当的竞争，又无法形成健康的竞争心理。高校要在高校思想政治教育中通过心理咨询方法，帮助大学生进行心理调适，解决心理问题，提高心理素质和心理承受力；要通过帮助大学生加强心理平衡与协调意识的培养以及能力的训练，提高他们自我认识、自我学习、自我调节、自我平衡、自我评价的能力，从而为竞争环境的创设和扩展提供良好的心理保证。

其次，高校要加强主导性与目的性的引导，为大学生在竞争环境中的发展提供方向保证。目前，意识形态领域的"趋同"论、经济领域的"唯利"论、价值领域的唯"物"论、道德领域的"自私"论、文化领域的"西化"论、信息领域的"虚拟"论等是竞争环境中存在的一些不正确的思潮。既然自主性与主导性是竞争环境健康发展的必要保证，在这种多元价值取向和多元文化并存的环境中，高校思想政治教育必须积极发挥其正确的导向功能。高校必须引导大学生正确认识道德在竞争环境中的价值和必要性。世界经济发展的实践表明，道德精神是促进经济增长、增强市场主体的竞争实力和经济效益的重要因素，经济领域的竞争，各种利益的协调，除了行政、法律的手段外，还必须借助于道德的力量。只有当人们具有竞争的道德意识，才会真正明确竞争的目的，正确处理竞争中出现的种种问题。高校还要加强公民道德教育，教育和引导大学生守法、守纪、守诚、守信、守德，做到公平竞争、以义求利，能够按照正确的伦理原则指导学习与研究。

最后，培养大学生的竞争意识与合作精神，高校应采用渗透性、潜在性、强化性和优

化性的教育方式。所谓渗透性、潜在性，就是把高校思想政治教育所倡导的社会主义意识形态、正确的价值观和发展观潜移默化地渗透到竞争环境中去，由显性教育的方式转为隐性教育，寓教于环境，起"润物细无声"的作用。所谓强化性，就是在制定竞争原则和竞争规范时，明确公平正义的原则，强调守法、守纪、守诚、守信、守德的规范，制定竞争的基本道德要求，从而使高校思想政治教育在竞争环境中起引领作用。所谓优化性，就是对竞争环境中的不健康、不道德的行为和风气加以克服与净化，将优秀的精神文化、良好的道德风尚融合到竞争环境中，同时提高大学生的主体性，使之加强对竞争环境的鉴别力、选择力和改造力。只有这样，高校思想政治教育才能有效地培养大学生的竞争意识与合作精神。

三、培育大学生的人文精神与科学精神

近代以来的高等教育是以近代科技为核心内容的，其专业教育指向的是自然世界，是对自然的操纵和利用。究其实质而言，近代高等教育是大工业生产和科学技术革命的产物。在高等教育中，新的学科和学习内容被引进，数、理、化、工逐渐占据高校讲堂的中心。高校作为大工业生产的劳动力培养基地，作为科学技术研究和开发的信息库和人才库，对近现代社会生产和科学技术的发展起到了极大的推动作用。科学教育的重要性越来越引起人们的关注。科学精神作为人类文明的崇高精神，它表达的是一种敢于坚持科学思想的勇气和不断探求真理的意识，它具有丰富的内涵和多方面特征，具体表现为求实精神、实证精神、探索精神、理性精神、创新精神、怀疑精神、独立精神和原理精神。这些精神正是当代大学生个体发展所必需的，因此也是高校思想政治教育所要倡导和弘扬的。

人文精神是指人类对人的探求和对人世活动的理想、价值追求人文精神是整个人类文化所体现的最根本的精神，是人类文化生活的内在灵魂。它以追求真善美等崇高的价值理想为核心，以人的自由和全面发展为终极目的。人文精神教育是现代教育的重要组成部分，是素质教育的根本。

高校以培养人才为天职，关心人的解放、人的完善、人的发展是高校存在的意义。高校的人文精神是经过长期的历史积淀，在不断的发展演绎过程中形成和发展起来的，有着稳定而丰富的内涵。它体现了对人的价值和生存意义的关怀，同时又以价值观念和行为规范的形式约束着大学生的行为，显示着高校不同于其他机构的气质特征。可以说，高校所弘扬的人文精神主要是指在处理人与自身、人与他人、人与社会和人与自然的关系中所持的正确价值观以及建立在这种价值观基础上的行为规范。这种人文精神教育在大学生的人格塑造、文明行为养成等方面起着重要作用。切实加强人文精神教育是大学生全面发展的需要，是高校思想政治教育的重要内容。

需要注意的是，在一定意义上，科学精神本身就是高校思想政治教育所培养的一种人生信仰和理想追求，同时也是一种人文精神，是人文精神的一个不可分割的重要组成部分。高校思想政治教育只有把科学精神教育和人文精神教育结合起来，才是绿色教育，才能真正培养出全面发展的人才。思想政治素质是方向，科学精神是立事之基，人文精神是为人之本。因此，高校在弘扬人文精神时，要正确处理好人文与科技的关系，使人文与科技成为互补的双翼。要追求人文、科技的和谐发展，追求人文精神与科学精神的统一，让

科技发展充满人文的关怀，让科技发展带来的一系列新问题，得到道德的、伦理的人文的解决。

四、促进大学生全面协调发展

大学生的全面发展，有物质的因素、技术的因素，也有精神的因素。在现阶段，影响和制约大学生自由而全面发展的因素也是多方面的，有物质的，有技术的，也有精神的。在生产力和物质文化有了长足发展，高校建设不断壮大和完善的条件下，大学生精神方面的制约因素显得越来越突出。归纳起来主要有两种表现：一是对社会发展认识不足，缺乏理想，只讲物质利益，只讲金钱，不讲理想，不讲道德。二是社会上还存在一些落后文化。现实生活中，精神方面的制约因素远不止这些。这些现象足以给大学生的发展造成重大危害，甚至使支撑大学生整个世界的精神支柱彻底坍塌。要抵制这些因素对大学生精神大厦的腐蚀，必须加强和改进高校思想政治教育，发挥高校思想政治教育促进大学生全面、协调发展的强大功能。高校思想政治教育可以为大学生的全面、协调发展提供精神支持。思想道德素质的提高是大学生全面发展的前提。尽管大学生的思想道德素质的提高，其途径和方法是多种多样的，但高校思想政治教育的作用是不可替代的。高校思想政治教育不断解决大学生发展中提出的新课题，也不断促进大学生的全面、协调发展。没有科学而有效的高校思想政治教育，就没有大学生的全面、协调发展。

五、培养大学生健康个性

改革开放以来，大学生思想上的独立性、选择性、多变性与差异性都在增强。面对这些变化，一些高校观念滞后，在高校思想政治教育中，往往只强调主流思想，强调灌输和威压，强调整齐划一，把学生放在了对立的位置上。这种居高临下的"教育"，造成学生的逆反心理和对抗情绪，与教育初衷背道而驰。当前，高校思想政治教育应当转变观念，倡导健康的个性教育，把健康的个性教育作为高校思想政治教育的出发点和最终归宿。

教育学界普遍认为，个性是在一定的生理与心理素质基础上，在一定历史条件下，通过教育对象自身的认识与实践，形成和发展起来的个体独特的身心结构及其表现。如果大学生个性各系统发展均衡、协调，而且都达到了较高的层次水平，知、情、意统一，自我调控能力较强，内心冲突较少，就能够较好地适应社会，并表现出良好的创造性。这种个性就是一种健康的个性。高校思想政治教育应该是一种健康的个性教育，它应当着眼于发展大学生的心理品质，形成完整和健全的心理结构，即形成一种健康的个性。

高校思想政治教育强调主导思想的一元化，弘扬社会主义的思想道德和文化。这主要作用于大学生个性核心层次的主导方面，即个性倾向性中的理想、信念、价值观、人生观、世界观等方面。与此同时，高校思想政治教育不应否定人的心理的多样性，而应鼓励大学生形成具有个人特色的能力、性格类型和自我调控方式。由于每个人的生物前提不同，形成个性的基础不同；由于家庭环境、所受教育、个人经历不同，人的个性会存在多种不同的组合方式和发展水平，表现出个性的差异性。这些差异性是客观存在的，是任何人为因素都难以抹杀的。高校思想政治教育的最终目标是实现大学生个性的优化，形成健康的个性。健康的个性存在多种形式，不同类型的个性，通过高校思想政治教育等手段，都可以达到结构优化，形成健康个性。培养大学生的个性，成为当代高校思想政治教育个体发展内涵的重要内容。

第四节　高校思想政治教育内涵的延伸

社会内涵与个体发展内涵是高校思想政治教育最基本的内涵。除此之外，在实践中，高校思想政治教育还向许多相关领域延伸。这些延伸了的内容，也是高校思想政治教育内涵的重要组成部分。例如，高校思想政治教育与历史教育、地理教育、国际政治教育相结合，延伸出认识基本国情与基本世情的问题；与法律教育相结合，延伸出培养民主意识与法治精神；与时事相结合，延伸出认识形势与政策的问题；与大学生的日常生活相结合，延伸出高校日常事务中的高校思想政治教育问题。下面我们将对这些延伸的内涵进行探讨。

一、引导大学生认识基本国情与基本世情

当前，人们受各种思想观念影响的渠道明显增多，程度明显加深，思想活动的独立性、选择性、多变性、差异性明显增强。当代大学生更是思想敏锐、勇于进取，思想观念趋于多元化，在各种社会思潮的影响下，往往表现出较强的事业心、责任感，但有时也会表现出良莠不分、社会责任感不强的弱点。针对这些复杂的现象，我们不能简单地肯定和否定，而应结合我国社会主义初级阶段的基本国情和当前国际形势，对大学生开展国情与世情教育，让他们认识到，只有社会主义才能使中国强大起来，激发学生树立为建设社会主义现代化强国，为人类作贡献的紧迫感、使命感和责任感。

在国情教育方面，除了加强国家历史与国家地理的教育，要着重结合改革开放的历史进程，引导学生认识中国特色社会主义的强大生命力，以及前进中面临的一些突出的问题。改革开放以来，我国经济社会发生了天翻地覆的历史性巨变，取得的成绩世界瞩目。在巨变面前，我们仍需保持清醒的头脑。必须看到，中国处在社会主义初级阶段的基本国情并未改变，人民日益增长的美好生活需要和不平衡不充分的发展之间的矛盾仍是我国社会的主要矛盾。实现现代化、赶上世界先进水平还有很长的路要走。

在世情教育方面，除了加强世界历史与世界地理的教育，要着重引导学生认识当今世界和平与发展的时代主题，以及我国国际环境的复杂性。在21世纪，世界多极化和经济全球化的趋势在曲折中发展，科技进步日新月异，综合国力竞争日趋激烈。世界经济失衡加剧，能源资源压力增大，生态环境问题突出，贸易保护主义趋势上升，国际安全面临新的挑战。国际大环境对我国发展既有许多有利条件，也有不少不利因素，要求我们党准确把握人类社会发展规律，进一步推动建设和谐世界，为中国实现可持续发展创造所需要的外部环境；要求我们党抓住机遇、加快发展，在未来的发展中赢得更多的主动，在复杂多变的国际格局中始终立于不败之地。这是我们党面临的国际局势变动的新考验。

二、培养大学生的民主意识与法治精神

民主与法治是现代国家的基本特征，也是中国特色社会主义的本质属性之一。培养大

学生的民主意识与法治精神，是高校思想政治教育的主要任务之一。民主意识与法治精神教育，是当代高校思想政治教育的重要内涵。

首先，高校思想政治教育要致力于培养大学生健康的民主观念。民主观念是现代国家公民的基本素养。我国是社会主义国家，我们培养的人才更应当具有民主的素养。高校思想政治教育要致力于培养现代国家合格公民，培养当代大学生健康的民主观念。众所周知，大学生作为青年群体的一部分，思想活跃，爱国热情高，参与国家政治生活的愿望强烈，向往民主。这种热情和愿望，如果引导到社会主义法治的轨道上，就会成为推进民主政治建设的一种积极因素。相反，如果缺乏正确的民主意识和清晰而牢固的法治观念，不懂得参与民主政治必须依照法律的规定和法定的途径，分不清社会主义民主同极端民主化和无政府主义的界限，就容易给社会带来动乱和危害，而且也违背了大学生的良好愿望。通过法治教育，可以使大学生学习到法律基本知识，增强法律意识，形成正确的民主意识和牢固的法治观念，从而通过正确的途径和方法表现自己的爱国热情，实现自己的政治愿望。

其次，高校思想政治教育要致力于培养大学生的法治精神。我国的社会主义法律是根据国家的经济、政治和社会各方面的需要，依据经济运行规律和社会历史发展规律制定的，是保证社会稳定和社会发展的重要武器。法律作为广大人民群众管理国家、建设国家的重要武器，为大学生投身社会实践，行使主人翁权利，提供了可靠的法律保障。它指导和规范着人们的社会行为及其方向，它明确地赋予人们所享有的权利和应当承担的义务，保护着青年大学生所享有的种种权利。它为青年大学生的成长开辟了广阔的天地，保护着他们健康成长。谁要是侵犯了青年大学生所应享有的权利，大学生可以拿起法律武器，依靠法律的保护而重新获得这些权利。另一方面，大学生也要遵守国家的法律与制度，做知法守法的公民。必须要让大学生清醒地认识到，只有维护国家法律的尊严，才能赢得自己的尊严，才能在社会上正常发展。大学生作为有知识的群体，是国家未来的栋梁，他们是否具有法治精神，很大程度上影响着中国特色社会主义的法治进程。加强对当代大学生的法治教育，是高校思想政治教育的重要任务。

最后，需要指出的是，社会主义民主政治并不是依靠行政命令就能推行的，最终还要取决于人们民主意识、法治意识和政治素质的提高。只有提高人们的民主意识、法治意识和政治素质，他们才能够有序、有效地参与社会主义政治生活。当前，高校思想政治教育对大学生的政治素质教育相对突出，对他们的民主法治教育相对不足，这与社会主义政治文明进一步发展的需要是不适应的。在今后几十年，社会主义政治文明将会取得更大的发展。在这一过程中，高校思想政治教育应发挥强大的政治引导功能，强化对大学生的民主与法治教育，提高大学生的民主意识和法治意识，使之无论是在校期间，还是毕业以后，都能够有序、有效地参与社会主义政治事务。

三、认识形势与政策

形势与政策教育是我国高校思想政治教育的重要内容和重要形式，无论是从帮助大学生正确认识国内外形势，掌握党和国家的路线、方针和政策，从培养学生正确运用马克思主义的思想观点分析问题、解决问题等方面，还是从开阔学生视野，拓宽学生知识面，弘扬科学精神等方面，形势与政策教育都显示了其独有的作用与地位。其受重视程度也随着时间的推移、形势的变化而不断得到提升：从提出形势与政策教育应当列入教学计划，到决定在高校思想政治教育课程中设置形势与政策课程；从把形势与政策课程的管理纳入思想品德课的课程管理体系、列入大学教育全过程、规定保证平均每周不少于一个学时、实行学年考核制度、成绩列入学生成绩册，到对高等学校学生形势与政策教育的地位、作用、做法等提出了更加明确、更加系统、更加规范的意见，我们不难看出党和国家对加强高等学校学生形势与政策教育的重视程度。

高校开展形势与政策教育，应坚持以马克思列宁主义、毛泽东思想、邓小平理论、"三个代表"重要思想、科学发展观和习近平新时代中国特色社会主义思想为指导，全面落实党的教育方针，紧密结合全面建设小康社会的实际，以理想信念教育为核心，以爱国主义教育为重点，以思想道德建设为基础，以大学生全面发展为目标，解放思想、实事求是、与时俱进，坚持以人为本、贴近实际、贴近生活、贴近学生。要坚持把立德树人作为中心环节，把思想政治工作贯穿教育教学全过程，实现全程育人、全方位育人，努力开创我国高等教育事业发展新局面。要把握好马克思主义在政策教育中的指导地位。当前，要特别重视用习近平新时代中国特色社会主义思想推进形势政策教育。习近平新时代中国特色社会主义思想是与时俱进的马克思主义发展观，从新世纪新阶段党和国家事业发展全局出发提出的重大战略思想。把形势政策教育引进高校思想政治课堂，其本身就是习近平新时代中国特色社会主义思想的体现，形势政策教育要在加强实效性的基础上发展，就必须重视习近平新时代中国特色社会主义思想的推动作用。

在形势与政策教育方面，高校要着重进行改革开放和现代化建设成就教育。改革开放以来，我们党带领全国各族人民，高举中国特色社会主义伟大旗帜，战胜各种困难和风险，开创了改革开放和现代化建设的新局面，深刻地改变了中国的面貌。我国经济实力显著增强、市场经济体制逐步完善、人民的生活水平大幅度提升、民主法制建设不断发展、文化更加繁荣、社会更加和谐、国防和军队更加强大、国际地位日益提高、党的自身建设稳步深入。中国的发展不仅使中国人民稳步地走上了富裕安康的广阔道路，而且为世界经济发展和人类文明进步做出了重大贡献。当代大学生出生成长在改革开放的年代，通过形势与政策教育，不仅要使他们充分认识我国发展的成就和大好形势，进一步树立民族自信心和自豪感；更要使他们深刻懂得，改革开放以来我们取得一切成绩和进步的根本原因，归结起来就是：开辟了中国特色社会主义道路，形成了中国特色社会主义理论体系，发展了中国特色社会主义文化，从而坚定在中国共产党领导下走中国特色社会主义道路的信心和决心。

我国的政治经济形势在主流上是健康向上的，但是我们从事的是前无古人的事业，没有现成的经验可供借鉴，我们在国内外还面临着这样或那样的困难，这注定了我们前进的道路不可能是平坦的。因此，必须对广大学生进行形势政策教育，使他们能够正确地看待当前的形势，看到形势的主流和健康的发展趋势。更为重要的是，我们党根据当前形势所采取的政策和措施，需要通过教育和学习的途径，为广大知识青年所掌握，以增强他们社会主义事业必胜的信心。因此，形势与政策教育作为高校学生高校思想政治教育的重要内容，作为高校思想政治理论课的重要组成部分，在高校思想政治教育中担负着重要使命，具有不可替代的重要作用。加强对大学生的形势与政策教育，是高校思想政治教育的重要内涵。

我国的政治经济形势在主流上是健康向上的，但是我们从事的是前无古人的事业，没有现成的经验可供借鉴，我们在国内外还面临着这样或那样的困难，这注定了我们前进的道路不可能是平坦的。因此，必须对广大学生进行形势政策教育，使他们能够正确地看待当前的形势，看到形势的主流和健康的发展趋势。更为重要的是，我们党根据当前形势所采取的政策和措施，需要通过教育和学习的途径，为广大知识青年所掌握，以增强他们社会主义事业必胜的信心。因此，形势与政策教育作为高校学生高校思想政治教育的重要内容，作为高校思想政治理论课的重要组成部分，在高校思想政治教育中担负着重要使命，具有不可替代的重要作用。加强对大学生的形势与政策教育，是高校思想政治教育的重要内涵。

四、高校日常事务的思想政治教育

高校的思想政治教育是一项长期的工作，不可有丝毫的松懈。为此，高校的思想政治教育必须做宽、做细、做深、做久，使之变成大学生日常生活的一部分；必须时刻关注大学生日常学习与生活中出现的每一个实际问题，力争将高校思想政治教育与大学生的学习与生活紧密结合起来，使高校思想政治教育无处不在、无时不有，这就是高校思想政治教育的生活化。注重日常生活中的思想政治教育，是高校思想政治教育的重要内涵。

大学生的日常生活是丰富多彩的，高校的日常事务是纷繁复杂的。做好高校日常事务中的高校思想政治教育，需要从多个层面入手。首先，课堂教学是高校基本的实践活动。要充分发挥思想政治理论课在高校思想政治教育中的主渠道作用，同时要充分发挥哲学社会科学课在培养大学生的人文精神中的作用，充分发挥各类自然科学课程在培养大学生的科学精神中的作用。其次，学生日常事务管理是高校正常运行的重要环节。要在学生日常事务管理中渗透思想政治教育，实现管理与教育相结合，需要加强制度建设。制度化是任何工作走向正规化、科学化的必经之路。高校日常思想政治教育制度化，既包括日常管理工作制度化，也包括专职队伍建设的制度化。第三，丰富多彩的校园文化是大学生日常生活的重要组成部分。加强校园文化建设，才能为大学生的成才创造良好环境。校园文化建设首要的是加强校风、教风和学风建设，重点在于培育民族精神和大学精神，形成有自己学校特色的教风和学风。高校要通过开展丰富多彩的活动，寓教于乐、寓学于乐，以喜闻乐见的方式把高校思想政治教育融入大学生的学习和生活之中。最后，网络已经融入大学生的生活，它以信息量大、杂等特点深刻地影响着大学生的生活方式和思维方式。为此，要切实加强校园网络建设，重点建设好集思想性、知识性、趣味性、服务性于一体的主网站，建立一支思想水平高、业务能力强、熟悉学生特点的网络高校思想政治教育工作队伍和网上评论员队伍。高校的网络工作者要密切关注校园网的动态，留意学生关心的话题，并注意加强正确的引导，牢牢掌握网上高校思想政治教育的主动权，使网络成为高校思想政治教育工作的重要领地。

第二章 高校思想政治教育的原则和要求

第一节 高校思想政治教育的原则

高校思想政治教育的原则，是正确开展思想政治教育工作的基本准则，反映了思想政治教育工作的客观规律，是我们党长期以来思想政治教育工作实践经验的结晶。高校思想政治教育的原则，是进行高校思想政治教育所必须遵循的基本要求，也是高校思想政治教育工作经验的概括和总结。

一、坚持马克思主义指导

（一）马克思主义是高校思想政治教育的重要内容

马克思主义指导思想是高校思想政治教育的重要内容，是立党立国之本，为我国社会主义建设指明了方向。它与中国社会、民族的基本情况是相符的，因此其提出的世界观和方法论是符我国国情的，是社会主义国家的人们正确认识世界和改造世界的有力思想武器。

（二）马克思主义是先进文化

马克思主义指导思想是先进文化。只有以马克思主义思想为指导，才能正确认识社会思想意识中的主要矛盾和次要矛盾，并利用马克思主义世界观和方法论透过错综复杂的社会现象，发现症结所在，并保持清醒的意识和头脑。

此外，用发展的、与时俱进的马克思主义思想武装人民，才能真正发挥其思想武器的作用，指导人们认识和改造社会现实，才能真正成为人们的行动指南，推动高校思想政治教育的发展和完善，推动先进文化向前不断发展。

当代大学生肩负着实现中华民族伟大复兴的重任，必须要有理想、有道德、有文化、有纪律，以社会主义核心价值观为思想指导。但通过对部分大学生进行马克思主义思想的调查发现，有些大学生对马克思主义思想仍存在理解上的欠缺。因此，在进行高校思想政治教育时，要将发展着的马克思主义的教育融入实践中，使大学生能够从内心深处认同马克思主义的观点、立场和方法。

二、坚持以中华传统文化的精华为养分

中华传统文化的精华为社会主义核心价值观引领高校思想政治教育提供了思想传统和文化基础，二者是内在统一的。中华文化经过五千年历史的积淀，亘古弥新，意蕴深长，其中既有对理想社会和政治的追求，又有脚踏实地、积极有为的现实精神，逐渐形成了爱

国主义、和谐友善、诚实守信的价值观和道德准则。

在当前的社会主义建设中，传统的复归是中华文明自身发展的内在要求，是实现中华民族伟大复兴的客观需要，更是中国在世界树立大国姿态、实施软实力战略的迫切要求。长征精神、延安精神、铁人精神、雷锋精神、抗洪精神、抗震救灾精神、北京奥运精神等都是对优秀传统文化的诠释和升华。

三、坚持把握价值观的时代要求

对大学生进行思想政治教育时必须体现价值观的时代要求，发掘时代特色。这是因为，价值观的形成和发展都是以社会实践为基础的，其并不是人们主观意识的产物，而是在特定的社会场域中，在一定的客观实践基础上形成的。这也体现了唯物主义的一般规律，即物质决定意识，意识对物质具有反作用。与时代要求不符的价值观是很难被人们接受和认可的，因为其不具有社会实践基础，就会变得十分的空洞，既背离了时代发展趋势，又不能对广大人民群众的精神和思想产生感染作用，也就难以长存，更不用说成为思想政治教育的重要组成部分了。

把握价值观的时代要求，才能够反映时代精神，能够很好地回答时代提出的重要问题，解决社会主义建设发展过程中出现的现实性问题，因此其才有可能具有合理的现实基础和被人们普遍接受的可能性，这样的价值观才会形成占主导地位的核心价值观，成为中国特色社会主义意识形态的重要体现，并成为指导全社会成员的行为准则。任何价值观要想具有长久的生命力，就必须分析时代的发展趋势，把握价值观的时代要求，具有鲜明的时代性。

要把握价值观的时代要求，可以从以下三个方面入手。

（一）坚持意识形态的主导性

在当前社会中，意识形态领域呈现出了多样化的发展趋势，这在很大程度上是受现实基础影响的，经济全球化、政治多极化的发展以及全球范围内兴起的科技热潮使互联网发展更加快速，信息的及时性和多渠道性也更加明显。在这种情形下，社会中的主导意识形态便受到了极大的挑战和冲击。

因此，社会主义核心价值观引领高校思想政治教育必须坚持意识形态的主导性，正确发挥意识形态的方向指引作用，以主流文化为主要内容，积极推进高校思想政治教育的完善和发展。

（二）反映社会主义本质的要求

在长时间的实践中，党和政府不断进行尝试，试图走出一条具有中国特色的社会主义建设道路，但是在这一过程中，也遇到过很多困难和挫折。通过总结经验教训，我们得出的结论是：在中国特色的社会主义建设中，要从理论与实践结合的角度，正确把握社会主义本质的问题。因此，对大学生进行思想政治教育也要充分揭示出社会主义的本质内容，并通过宣传与教育引导大学生将其作为行为准则。

（三）适应时代发展要求

在中国特色的社会主义建设中，要坚持用发展的眼光看问题。当前我们所处的社会正在经历全面建成小康社会的关键时期，我们要抓住机遇，不断提高文化"软实力"，并以马克思主义的最新理论成果为指导，进行高校思想政治教育。在教育过程中，要设法将社会主义核心价值观的建设与中国特色社会主义建设有机结合起来，适应时代的发展要求，用发展的眼光思考问题，创新社会主义建设途径，站在时代发展的前沿，努力实现中华民族的伟大复兴。

四、坚持科学性与以人为本兼顾

有中国特色的现代思想政治教育，以马克思主义为指导，代表最广大人民群众的利益，符合历史进步的总趋势，因而具有科学性的特点。价值从来都具有阶级性，不同阶级的思想政治教育具有不同的价值，对立阶级的思想政治教育，其价值观也是根本对立的。反动阶级的思想政治教育代表反动阶级的利益，尽管它们在形式上有时显得非常精巧，但就其内容和实质而言却是不科学的甚至是反科学的，严重阻碍了社会的进步。而现代思想政治教育在马克思主义指导下，是中国共产党关于思想政治教育丰富经验的理论升华，不仅具有科学性，反映了思想政治教育的客观规律，而且具有价值性，在它指导下的思想政治教育实践，能够满足社会全面进步和人的全面发展的需求。以人为本是一个内涵十分丰富的哲学范畴，其基点就是把"人"作为根本的评价尺度和价值取向，人既是出发点，也是立足点，更是归宿点。以人为本一是要以人的方式把握和理解人，强调把人看作一切事物的根据和本质，确立人的观念、意识和维度，在看待外界事物和问题时，既要坚持历史的尺度，同时也要确立人的尺度。因此，对于思想政治教育而言，确立人的尺度就是在认识、理解与自己进行交往的人时，需要将其作为一个与自己平等的、一样具有思想和个性的现实的人。二是要肯定人的主体作用和地位。马克思多次在他的著作中强调，人作为社会历史发展的主体，是推动社会发展的根本动力，是历史的真正创造者。三是要以人为立足点，尊重人、理解人、关心人、发展人。以人为本作为科学发展观的核心，表征了马克思主义世界观和方法论的核心价值，是中国共产党人以马克思主义唯物史观为指导提出的具有重大战略意义的思想观点。因此，在思想政治教育过程中，只有坚持以人为本，以人为出发点和中心，真正理解人是一切社会关系的总的本质，才能在交流与互动中不断提升和完善自身的道德素质。

高校思想政治教育遵循科学性与以人为本兼顾的原则，首先需要保证包括教育教学内容的科学性，即教材和讲义所呈现的知识结构体系是科学的；其次是教育主客体之间交流的科学性，即表达内容的准确无误，阐述规律的缜密；再次是教学方法的科学性，即教育主体注重对教育客体的启发，要符合教育客体的认知规律。可以通过设置问题情境，教育主体把学习的主动权交给教育客体，并启发教育客体积极思考。同时，在思想政治教育过程中，教育主体要领会和运用以人为本的思想，在教育过程中，需要始终认识到教育客体是自己命运的主宰者和规定者，在与主体的相互交往中实现自身的价值，坚持按照以人为本的原则引领道德素质教育的发展，从而让教育客体形成普遍的主体意识。

五、坚持理论性与实践性相统一

高校思想政治教育是理论性与实践性相统一的过程，实践性是高校思想政治教育的一个重要特征。实践是思想品德形成的重要源泉，也是思想品德得以提升的动力，更是衡量高校思想政治教育成败的标准。理论性与实践性相统一需要寓教育于活动，要教之于不知不觉中，"论道而不说教"，即把高校思想政治教育内容融于各种实践活动之中，把高校思想政治教育内容与各种实践活动结合得合情合理。除此之外，还要注重实践活动的真实度和深刻度，即进行高校思想政治教育时要注重质量的提高、实践具有的教育内容、外显行为向内在精神的转化，以及涉及现实生活的各个侧面。只有这样，才能使高校思想政治教育的内容与现实生活紧密结合，从而达到最佳的教育效果。

高校思想政治教育既是我国高校的特色，又是办好我国高校的优势。这些年来，高校广大师生思想主流积极健康向上，对党的领导衷心拥护，对党中央治国理政新理念、新思想、新战略高度认同，对中国特色社会主义和中华民族伟大复兴的中国梦充满信心。面对各种噪音杂音、风吹草动，高校总体保持稳定，高校思想政治教育工作功不可没。当前，国际国内形势深刻变化，社会思想文化和意识形态领域情况更加复杂，马克思主义指导地位面临多样化社会思潮的挑战，社会主义核心价值观面临市场逐利性的挑战，传统教育引导方式面临网络新媒体的挑战。同时，高校思想政治教育工作还存在一些亟待解决的问题。面对新形势、新任务，加强高校思想政治教育工作，最重要的就是要在事关社会主义办学方向的问题上站稳立场，坚持不懈地传播马克思主义科学理论，坚持不懈地培育和弘扬社会主义核心价值观，坚持不懈地促进高校和谐稳定，坚持不懈地培育优良校风和学风，始终把立德树人作为中心环节，把思想政治工作贯穿于教育教学的全过程，实现全员育人、全程育人、全方位育人。

第二节 高校思想政治教育的要求

思想政治教育亲和力是思想政治教育对教育对象所具有的亲近、吸引、融合的倾向或特征，表现在思想政治教育上，就是指既遵循思想政治教育的科学原则，又重视精神的交流与心灵的融合，实现共鸣与共情，采取多种方法，让学生便于掌握、易于理解、乐于接受。要因事而化、因时而进、因势而新，坚持贴近学生、贴近生活、贴近实际，让思想政治教育切实落地生根。要换位思考，从学生的角度去引导，让学生感受到被尊重、被关怀，从内心主动接受思想政治教育的内容，实现理性与情感的双重认同。为了使思想政治教育的亲和力和针对性得以提升，需要创新高校思想政治教育的方法、健全其机制。

一、创新高校思想政治教育方法

（一）高校思想政治教育方法的重要作用

1. 教育方法是组成高校思想政治教育要素的重要部分

对当代大学生进行思想政治教育的具体过程，就是在一定的社会环境中，教育者依据党和国家提出的具体教育内容，根据当代大学生的身心特点，通过专门的安排组织规划和特定的方式方法，培育当代大学生形成合乎社会要求的良好价值观念的过程。

由此可见，高校思想政治教育过程中包含了几个核心要素，主要包括教育者和教育对象（主体要素）、培育内容和要求（内容要素）、教育方法（方法要素）、一定社会环境和条件（环境要素）。

其中，教育方法就是一个重要的构成要素。进行高校思想政治教育，方法十分重要，方法对了，事半功倍；方法失当，事倍功半。

2. 教育方法是实现高校思想政治教育目标的必要条件

高校思想政治教育的实施具体包括以下三个阶段。

第一，首先要把党和国家所明确要求的高校思想政治教育相关内容传达给学生，学生在各种因素的综合作用下，有选择地接受这些理论并转化为个体的思想观念，这一阶段被称为"内化"阶段。

第二，在各方面因素的综合推动下，进一步促使大学生将这种个体的思想观念转化为良好的行动，逐渐形成良好的习惯，这一阶段即"外化"阶段。

第三，对大学生个体行为所产生的社会效应进行详细的观察分析评价，通过各种反馈，对方案进行适当的调整，使之符合社会要求。这一阶段的实现也是通过重复第一、第二两个阶段的"两个转化"行为来实现的，调整后的符合社会要求的观念和行为不断强化，最终形成稳定的品质。

简单来看，这三个阶段就是一个"内化——外化——内化——外化"不断螺旋式上升的过程。而要促成这一过程的实现，必须要靠各种具体方法的实施。教育方法是为教育目标的实现而服务的，是教育者完成教育任务、实现教育目标的工具和手段。

3. 教育方法是提高高校思想政治教育效果的重要因素

教育方法是一个能够在很大程度上对高校思想政治教育效果形成深远影响的重要因素，具体体现在如下两个方面。

第一，对于高校思想政治教育而言，其受到多方面因素的影响，教育内容便是教育目标能否实现的决定性因素。教育内容能否实现，能在多大程度上实现，还要取决于教育方法的选用。当然，方法选择环节本身也是不能缺少的，否则，教育内容就无法落到实处，教育目标的实现更无从谈起了。

第二，使教育效果得以实现不仅仅需要教育方法的保证，更需要教育者能够巧妙掌握并合理运用恰当的教育方法。在具体的思想政治教育工作中不难发现，即便是教育内容、教育环境和教育对象相似，教育方法的选择也可能是不一样的，这就会使教育效果存在很大的差别。

因此，长期以来，人们从未停止过对思想政治教育方法创新和改进的探索，以更好地实现思想政治教育效果。

（二）当前高校思想政治教育的常见方法

1. 理论宣教法

理论宣教法又称"理论灌输法"或"理论宣传学习法"，即强调理论及宣传教育的作用，通过有目的、有计划地向大学生讲解有关教育理论及思想政治教育的内容，使大学生形成正确的世界观、历史观、人生观，成为新时代要求的四有新人。理论宣教法在高校思想政治教育中最为流行。高校思想政治教育的根本任务是改造大学生的思想观念，要使他们形成正确的观念，首要的就是使他们明白哪些是正确的思想，哪些是错误的观念。运用理论说服的方法更能够深入学生内心，强迫命令的方法反而适得其反。外部思想观念的输入是大学生形成新的正确思想的强大动力。马克思主义理论作为科学的理论，指导中国革命和建设取得成功，这一理论不会自动在人们的头脑中扎根，必须通过理论的宣传灌输，才能得到人们的认同和信服。

理论宣教法涵盖课堂讲授法、会议学习法、媒体宣传法等形式。课堂讲授法是高校进行理论宣教的最主要方法。在课堂上进行系统的理论学习是一种普遍有效的方法，为此国家不断对公共课理论体系进行修改和完善。新行的思想政治教育理论体系的内容涵盖马克思主义基本理论、中国化的马克思主义最新成果、中国近现代历史、思想道德和法制知识四大板块。为加强马克思主义理论发展及提升宣传效果，国家采取了一系列措施，包括采用全国通用教材，增设硕士、博士点，加强人才的培育，加强学术研究及宣传工作、改进教育教学方法等。媒体宣传法也是今天高校普遍采用的理论宣教方法。随着高等学校办公条件的改善，教室、餐厅多安装有闭路电视，校园网络建设不断得到巩固和加强。这些构成了理论宣讲的重要平台和渠道，有力地促进了正确的思想观念入脑入心，为大学生以马克思主义的基本理论、方法和立场观察世界、分析社会奠定了坚实的基础。

2. 实践塑造法

实践塑造法即实践锻炼法，是指通过实践的方式提升思想观念及知识、技能的一种方法。这种方法是知与行的统一、是理论与实践的结合。正确思想观念的树立单靠理论的说教难以达到理想的效果，所以还要在社会实践中强化认识，深入学习。

实践塑造法主要包括劳动教育法、服务体验法、社会考察法等。劳动教育法就是让大学生深入劳动实践，使之在劳动中受到启发和感悟，树立起良好的劳动观念，培养其热爱劳动的习惯和意识，进而形成亲近劳动人民的感情。高校都设有专门的劳动课，培养大学生的思想品德。服务体验法也叫"社会服务法"，即通过为社会提供服务，帮助人们解决具体的生活问题，在奉献自身力量的同时，获得自身品质提升的方法。高校都设有种类繁多的社会服务组织，大学生利用自己所学知识技能，力所能及地为社会服务，同时在服务过程中，使自己的政治思想和品德修养得到升华。社会考察法就是要求学生深入社会实践，真正深入实际问题，对特定的社会现象进行分析和挖掘，最后形成一种深入的、正确的认识，形成分析问题、解决问题的能力。大学生参加社会考察与调查的方式比较多。每个学年大学生都会集体组织各种社会调查活动，大学生要积极参与到这些活动中，真正了解国情、了解社会。

3. 榜样示范法

榜样示范法又称为"典型教育法"，就是通过树立典型人物和事例，对大学生进行价值引导和塑造。这种方法也依赖于大学生的自觉学习与模仿，并且在日常生活和工作中按照正确的要求规范自己的行为。

4. 激励教育法

激励教育法是指运用各种物质的或精神的手段来激发人们的主观动机，鼓励人们朝着正确的方向前进、努力的教育方法。

激励教育法也可说是鼓励法，主要包含三层含义，即以人们的客观需要和主观动机为根据，以实现一定的期望为目的，以物质激励和精神激励为主要手段。具体还可分为目标激励、奖惩激励和竞争激励。

(三) 高校思想政治教育的方法创新

1. 以主体间性理论为核心，发展高校思想政治教育的同构式方法

主体间性的前提是人成为人，人成为主体，这样主体之间才能相互作用，形成联系。若人不具有主体性，就谈不上主体间性。而"同构"是数学上的一个概念，指数学对象之间的一种映射，是这些对象之间存在的关系。

发展以主体间性理论为核心的高校思想政治教育同构式方法就是以"以人为本"为理念，将大学生的主体地位放在首位，将其与思想政治教育的关系通过映射理论进行分析。

把握高校思想政治教育同构方法，就是秉持"以人为本"的理念，将大学生放在思想政治教育因素的首位，并且以此为出发点，构建思想政治教育系统发展。

加强大学生同构式发展的同时，要将高校思想政治教育目标和个体发展目标相融合，确保二者的一致性。此外，要不断创新思想政治教育内容，不断扩展思想政治教育的领域，保持其新颖性。

在主体间性理论中，高校思想政治教育基地模式也很重要。在国际化视野下，要搭建跨文化平台，融合多种文化特色和视角，使大学生能够接触更多的文化元素；要构建新的主客体互动模式，充分发挥大学生的主体性，开启师生之间互动模式，引导大学生积极参与学习过程；还要积极引导教育者加强学习，紧跟时代发展，不断优化、创新自身"语言库"及"思维系统"，保持自身的发展，缩小与学生语言上的差距，使双方交流更加流畅。

此外，随着信息技术的发展及高校网络平台的构建，通过网络进行思想政治教育已经成为一项重要方法。为更好地利用这一渠道，师生都要提高自身的信息素养，加强技术学习，充分利用网络平台进行沟通交流。

2. 以社会服务思想为引领，发展高校思想政治教育社会工作方法

学校社会工作以家庭教师访问形式为开端，经历了个案工作，之后逐渐制度化，最后形成了一种模式。这种模式具有学校课堂教学所难以取得的优势和效果，其突出作用主要表现在对特殊学生进行教育、对学生的深入了解上等。我国部分高校也开始尝试运用这种模式进行思想政治教育。

提供服务，以实际的参与与实践来解决问题是这种模式的特征。这种模式与思想政治教育存在一致性，因为社会实践一直是思想政治教育倡导的途径与方法，并且思想政治教育以服务学生为主要宗旨，这一点与社会工作的服务特性也存在一致性。运用社会工作模式，加强思想政治教育的育人功能，是一种新的探索与尝试。

首先，将社会工作的服务理念引入高校思想政治教育中，以近距离、更贴心的服务，加强高校思想政治教育的服务意识。

其次，树立个体服务意识，将大学生群体教育与个体教育结合起来，并且专门针对大学生个体开展工作。这就要求，一方面，思想政治教育工作者要充分分析大学生的个体差异，找出具体的教育方法，使每个人的个性得到尊重；另一方面，可借鉴社会工作中小组工作方法，成立小组，以加强大学生之间亲密关系的构建，通过小组的力量和团队的合作，共同解决难题，共同成长进步。常见的方法就是通过问题讨论、校外服务活动等方式，使大家在活动中加深对彼此的了解，通过相互学习和借鉴，学会彼此接纳和尊重，最终使大学生形成良好的个性特征。这一方法比较典型的例子就是华中师范大学的恽代英党校培训班，培训班以刚进入大学的新生党员对培训对象，之后将不同专业的学生编排进同一学习小组。这种突破专业界限进行小组学习的编排方式，就是为了使不同专业的学生能够看到彼此知识、能力、见识上的不同，进而更好地相互交流、相互学习。培训班除了进行日常课堂学习外，还进行各种活动使学员之间加深了解。这些活动包括小组游戏、小组党员成长计划等。上述方法也在其他高校中得到了运用，并且受到学生的广泛欢迎。在高校思想政治教育中，学校社团是运用小组活动方式较多的地方，所以我们要积极重视学校社团的作用，鼓励学生积极参与社团活动。

最后，要借鉴社会工作的个案工作方法，解决大学生遇到的实际问题。例如，通过访谈、网络交流、记录等方式缓解大学生考前压力、交往困难等问题，同时社会工作中的一些心理治疗模式也可被引入思想政治教育中，如行为治疗模式、人本治疗模式等。

3. 以协同理论为借鉴，发展高校思想政治教育的协同式方法

协同理论主要强调系统的观点，强调系统要素之间彼此影响、相互作用的原理。而且各要素之间保持一种平衡、有序的关系，大系统的正常运转才能得到保障。当前，大数据的运用使得各要素之间的作用更加复杂，各要素的协同性和协调性也就显得更为必要。鉴于此，协同式方法也是高校思想政治教育创新的必然选择之一。

首先，思想政治教育要与其他学科充分融合，通过吸收其他学科有益的方法，突破自身方法的封闭性，使各学科方法不断渗透，彼此融合，使思想政治教育方法更加有创新性和发展性。

其次，思想政治教育方法要向立体化、全方位发展。在我国，思想政治教育存在着"5+2=0"的效应，即学校5天的正面教育会被学生2天的社会负面教育抵消。所以，高校思想政治教育要形成合力，除了要进行学校思想政治教育外，还要加强家庭、社会教育，最终形成以学校教育为主导，以家庭教育为主托，以社会教育为主线的格局。在学校思想政治教育中，还要形成"大学工"的工作理念，将相关学科的专家，如心理学、社会学等方面的专家、学者纳入思想政治教育的队伍中，以提高思想政治教育的实效性。

二、健全高校思想政治教育机制

（一）高校思想政治教育管理机制优化

1. 高校思想政治教育管理模式的转变

（1）经验型管理逐渐转向规范型管理

其主要体现在以下两个方面。

①增强制度意识，树立制度观念

一方面要正确引导大学生积极主动地参与管理制度的制定和完善，另一方面要引导大学生自觉主动地遵守各项管理制度，只有这样才能促使管理制度的不断完善并在管理实践中落实。随着制度权威的形成，以及各项相关机制的不断建立和完善，群众必然会更加关心教育，并且会更加积极主动地参与教育，会更自觉主动地进行自我教育、自我约束、自我管理；全员、全程思想政治教育意识增强；教育者和大学生之间的互动性也会有所增强。在这样的发展趋势下，高校思想政治教育将会出现巨大转变，大学生不再是单调地接受知识灌输，他们将从被动逐渐转向主动。管理制度对所有人树立一致的标准和要求，个体在制度面前都是平等的，制度的权威性正是其民主性、平等性、规范性所赋予的。

②保证思想政治教育管理制度得到群众认可

推行高校思想政治教育管理规范化，实际上就是要按照一定规章制度设置并实行教育的目标要求、内容以及队伍建设，相关方面必须按照一定规范进行，而不是随意而动。规范型管理的实施不会一蹴而就，被管理者制度意识的增强，制度观念的确立也是需要时间的。要实现思想政治教育运行的制度化，思想政治教育就必须依据现代社会的需求，构建内容全面、功能齐全、配套完善的制度体系，它包含咨询、决策制度，实施、协调制度，反馈、评估制度。管理规范化可以一步步推进，从试行开始逐渐推广为目标管理，在逐步推进下实现高校思想政治教育管理的科学化和规范化。

（2）粗放型管理逐渐转向精致化管理

其具体体现在以下两个方面。

①确定人在管理中的核心地位

随着时代的发展，我们所处的社会环境不断变化，信息化、市场化、现代化是当前时代发展的主要趋势和特征，而在这样的背景下，我国的高校思想政治教育管理也从"粗放型"逐渐转向"精致化"。当前的管理是适应科学精神与人文精神的统一思想，实现了"人本管理"与"科学管理"的有机融合。一方面，高校思想政治教育管理涉及领域很广，这不仅是资源统筹规划的工作，同时还需要对人力、物力和财力进行科学合理的资源配置；另一方面，思想政治教育管理工作对象是人，而管理的本质对象是人的思想，因此必须在管理中贯彻"人本管理"和"人文精神"的管理理念。在传统思想政治教育管理工作中，更重视的是这项工作是"做什么"，但是现代思想政治教育管理工作更重视的则是这项工作应该"怎么做"以及这项工作"如何做好"。可以看出，对于当前的"精致化"管理来说，更重视一些思想政治教育的细节，重视从细处着手的微观操作过程。因此，必须有针对性地进行内容管理，科学地进行管理安排，同时要选择艺术性的管理方法，进行最优化的管理设计，因为只有这样才能实现真正意义上的科学优质管理。现代思想政治教育管理更重视人的主体性，强调依靠人、尊重人，充分发挥人在思想政治教育中的主观能动性，坚持将主体人作为思想政治教育精致化管理的核心。

②在管理中促进人的全面、自由发展

随着时代的进步，高校思想政治教育管理逐渐从"粗放型"转向"精致化"，这个过程实际上体现了一种价值追求，是对管理工作的一种精细化，对传统管理模式的优化和完善，体现了追求卓越、至善至美的工作境界。思想政治教育的重点实际上体现在其过程上，因为思想政治教育是一项长期、复杂的活动，所以教育效果通常具有一定滞后性，这就要求思想政治教育管理者要保持良好的心态，要正确地认识思想政治教育过程和结果之间的关系，要在教育教学实践中持续投入工作热情，要保持自己对教育的热情。思想政治教育理念和方法的转变，要求思想政治教育管理者运用创新思维改进和优化工作体系和作业流程；促使他们积极主动地运用各种现代化管理手段；促使他们不断凝聚教育管理的组织力，不断追求主体人的全面、自由发展。

2. 建立并完善高校思想政治教育管理体制

（1）建立健全沟通回应体制

在进行高校思想政治教育时，应该建立沟通回应体制，这样可以更有效地进行观点和看法的交流、沟通，可以通过及时有效的回应解决实际问题。通过沟通回应机制，可以充分发挥教育者的主导作用，同时可以发挥大学生的主体作用。但传统思想政治教育在沟通上存在着平台不多、渠道不畅、手段落后以及沟通多回应少等不足，在回应时间上随意性大，在回应方式上简单模糊，因此必须创新思想政治教育的沟通回应体制。

在建立思想政治教育的沟通回应体制时，应该坚持以人为中心，强调人的主体性，充分发挥大学生的能动作用，与大学生建立平等的交流互动关系，实现双方的和谐交往、交流，从而使思想政治教育工作更有针对性，使交流渠道更加畅通，使教育者回应力更加强烈，最终做到化解矛盾，理顺情绪，引导有力，未雨绸缪。

建立高校思想政治教育的沟通回应体制，应坚持平等原则，营造平等交往的氛围；坚持沟通方式的多样性原则，确保上下级和师生沟通渠道畅通；坚持以鼓励为主，引导大学生克服心理障碍，帮助其解决实际问题；充分利用信息网络技术，牢牢把握网络思想政治教育的主动权。在建立高校思想政治教育沟通回应体制时，应该注意以下三方面的工作。

第一，从制度角度来看，首先应该建立校领导联系院系、院系领导联系教研室、党员教师联系学生班级的制度，这样可以更深入地了解和掌握学生和老师的思想状况，收集更全面的信息，及时掌握情况，采取措施，对症下药。其次，要建立值班领导"接待日"制度，尤其是校院两级领导要通过"接待日"了解师生个体需要或困惑，帮助他们疏导情绪，解决困难。再次，要建立学生信息员制度，以班干部、入党积极分子为主体的信息员队伍，能够把一切情况通过正常的途径及时传送到思想政治教育工作部门。最后，要建立信息反馈制度，通过联系制度和值班接待制度以及其他渠道收集到的问题，一定要按规定程序在最短的时间内及时处理，做到件件有着落，事事有回应，以取信于师生。

第二，从沟通渠道的角度来看，应该加强对网络的应用。随着网络的发展和普及应用，它对人们的思想政治生活产生了一定影响，人们的政治思想、政治情感、政治价值取向等都受到了网络的影响，应提倡通过网络正面地交流思想、交换看法、传递信息、谋面对话，倡导在网络中相互学习、相互借鉴。要开通并维护好校园网BBS论坛，把BBS论坛作为师生思想政治状况的风向标，定期研究论坛中反映集中、带倾向性的问题，判断思想政治工作形势；要利用好校长信箱、学生工作信箱等载体，确定专人负责来信的处理，每天根据师生提出的问题提交相关部门处理后，将处理意见及时在网上反馈给师生，并且给予一定的教育引导；要建立网上交流视频，邀请校领导和职能部门相关领导定期或不定期地通过视频与师生面对面交流，讨论问题，提出解决方案或达成谅解等。

第三，从教育团队的角度来看，应该关注新职工、高学历职工、离异职工和离退休职工等群体的心理情况，要给予他们恰当的心理救助。通过开设心理课程、讲座等形式对教职工进行心理健康教育，帮助他们掌握基本的心理知识；通过心理咨询、开设心理热线等形式解决他们的心理问题；还可以通过建立心理宣泄室，让他们发泄心中的情绪，促进心理健康。

（2）建立健全工作保障体制

我国社会主义市场经济的不断发展，对我国高校思想政治教育的管理制度建设提出了新要求，必须保证一定物质条件和制度条件，才能保证管理制度的正常运作。但近年来，随着思想政治工作地位的逐渐弱化，专职思想政治工作队伍数量不足成为不争的事实，在经费投入方面相应地呈减少的趋势。与此相反，思想政治工作却面临更加复杂和繁重的任务，这与人、财、物保障逐渐减少的现状是严重背离的，因此必须建立健全思想政治教育人、财、物保障体制。

建立高校思想政治教育的保障体制，可以更好地联系思想政治教育的各个保障要素，管理制度实际上就是这些要素相互作用、相互影响、相互制约的关联方式，是保障要素构成的复杂系统，包括专门的组织机构、专门的队伍机构、相关的规章与制度、必要的资金和装备以及相关的外部环境等方面的内容。建立思想政治教育的保障体制，是指通过提高思想政治教育的工作水平和整体素质，增加必要的经费投入，改善设施环境，从而更好地发挥思想政治教育的服务保证作用。

①建立健全高校思想政治教育的管理制度体系

为了开展更有效的高校思想政治教育，必须建立科学的管理制度体系，保证该制度体系与我国现行的法律法规相协调、与高等教育的发展方向一致、与大学生培养目标相适应。中央明确规定，党委一把手要负起思想政治工作第一责任人的职责，进一步明确了党委书记是思想政治工作的主管领导和第一责任人，各级党委是思想政治工作的主管部门，负有直接的领导责任。要探索和建立强化领导和管理的具体制度，如党政联席会议制度、党群工作协调会制度、干部思想动态分析制度、领导干部联系点制度等，都是有益的探索。要充分调动各方面的积极性，齐抓共管，形成合力。要逐步制定与新时期思想政治工作相适应的法律和规章制度，使思想政治工作能依法、有序地进行，实现由人治型向法治型、由经验型向科学化的转变。加强思想政治工作的法制建设，使思想政治工作做到规范化、制度化，保证工作体系各责任单元都能各司其职，协调配合。同时要使思想政治工作依法行事，靠制度运作，真正做到不为个人的主观意志所左右。

②建立人才培养提高体制

首先，应该加强对高校思想政治教育工作者的管理，要建立健全高校思想政治教育者任职资格准入制度。建立任职资格的准入制度是实现高校思想政治教育工作专业化发展的基本条件。其次，科学设置思想政治教育工作岗位，并且保障较高素质人员的加入，以免造成人多效率低的现象。再次，提高思想政治工作队伍的整体素质。对于政工干部，当务之急是要加强理论武装，使其逐渐朝专业化、专家化方向发展。就当前的思想政治教育工作者的整体状况来说，其中很大一部分专职人员并不是思想政治教育专业出身，所以他们主要靠教育经验开展教育活动，对于不断变化、日益复杂的思想政治教育工作越来越不适应。因此，很有必要对政工干部进行定期培训，为他们提高专业知识创造条件。对于思想政治理论课教师，要通过实践研讨、理论学习、鼓励考研攻博等形式加强理论研究和理论提升，同时要把理论武装和实践工作有机结合起来，安排思想政治理论课教师担任兼职辅导员或其他思想政治工作。最后，要努力创造良好的政策环境、工作环境和生活环境，使思想政治教育者工作有条件、干事有平台、发展有空间，真正做到政策留人、事业留人、感情留人。

③建立经费投入保障体制

首先，应该建立符合实际情况的资金投入机制，只有保证资金基础，才能开展高校思想政治教育基础设施的建设，才能有力推进思想政治教育工作的发展。思想政治教育不是营利的事业，不可能也不能搞创收。但是在市场经济条件下，它的运作程序也必须在市场经济的规则下进行。教育行政部门要明确设立高校思想政治教育工作方面的投入科目，确定合理的投入额度，列入预算，按时调拨。在高校，如何保证高校思想政治教育活动的正常经费，如何保证社会实践的必要经费，如何保证聘请专家学者参与教育活动的经费，如何确保从事思想政治教育专职人员待遇不低于专业教师待遇的经费等，都是思想政治教育必不可少的、应该确保的经费。从实践经验来看，一般在思想政治教育工作上获得良好效果的单位都有雄厚的资金支持；反之，缺乏经费支持的单位，即使在思想政治教育工作上付出努力，其效果往往也比较一般。其次，要对思想政治教育工作进行经费独立预算。目前的经费预算以人事结合为基础，以切块包干使用为原则，由于思想政治工作难以量化，因此相应的经费难以得到有效保障，有时甚至出现无经费的现象。再次，要建立单独的账户保障经费投入和运转。由于现行的思想政治教育工作条块分割，经费投入也是首先拨付给各相关职能部门，再拨付到各院系，最后落实到师生。这种层层拨付，中间环节较多，难免有拖欠或者克扣现象，从而影响工作的顺利或者有效开展。高校应该针对思想政治教育设立专门的专项资金账户，这样可以减少经费支出时的中间环节，做到及时拨付，正常运转。最后，针对思想政治教育经费的使用建立科学有效的监督机制，保证做到专款专用。

④优化和改善高校思想政治教育工作的物质条件

高校开展思想政治教育工作必须为其提供相应的物质条件，如场地和设备等，只有不断优化和改善物质条件，为思想政治教育工作创造更好的环境，才能提高教育效果。思想政治教育工作部门的活动场所，大学生心理咨询的场所，学生群体活动的场所，必要的计算机和多媒体设备；必要的专题图书，交通工具，都需要不断得到改善和优化，才能取得更好的工作效果。

（3）建立健全风险预警机制

随着全球化进程的推进和改革开放程度的不断加深，我国已经进入关键的社会转型阶段。在这个关键的历史时期，人们的思想观念、精神追求、价值取向等多方面也发生了一定转变，社会进入问题的多发期、矛盾的凸显期，面临着各种各样的风险和考验。一个高度传统化的社会和一个已经实现了现代化的社会，其社会运行是稳定而有序的，而一个处在社会急剧变动、社会体制转轨过程之中的社会，往往充满着各种社会冲突和动荡。根据中国学者的研究讨论，在中国体制转型和现代化过程中，中国社会所面临的风险是叠加的。

高校是高级知识分子的集聚地，在这里，不论是教育者还是受教育者都对社会风险具有较高的敏感度，并且他们会通过自己的思想和行为表现出他们对社会风险的判断。高校思想政治工作者无疑是中国社会风险最敏感的一个群体，思想政治工作无疑是防范社会风险的前沿。建立预警体制是学校思想政治工作的重要组成部分，是维系学校正常教学秩序、促进校园和谐的重要防线。

高校建立风险预警机制，可以及时对各种突发事件做出及时反应。在广大师生的工作、学习和生活中可能会出现一些影响校园稳定和安全的事件，通过风险预警机制可以对这类事件保持警觉，加以防范，使事情发生前就拉响警报，并及时应对。

建立反应灵敏的思想政治教育预警体制，需要做到以下几个方面。一是对社会问题和社会矛盾要充分了解，认真研究，及时沟通。一旦发生导致社会风险的重大事件，应立即组织专家分析事件对师生员工可能产生的影响，通过党政工团组织及时向广大师生沟通事件真相，传达相关部门的应对措施，努力在第一时间让师生释放情绪，统一思想，回归理性，有效避免社会事件影响学校的稳定和谐。二是重点防控。应该针对不同群体确定与之相应的重点防控领域。针对学生，就应该将因恋爱、心理问题产生的极端事件，因学习、竞争等方面引发的矛盾而出现的报复行为等，作为重点防控的领域。针对教职工，重点防控的主要是关系到切身利益的领域，如岗位设置、工资改革、住房调整、工作调动、政策落实等，重点人群主要是家庭经济困难职工、离退休职工和校内农民工等。不同群体的矛盾和问题的表现方式不同，因此要提出有针对性的预案，把防与控紧密结合起来。三是建立反应灵敏的应对突发性矛盾和事件的信息情报网络。学校各部门、各级领导和教师都要有高度的责任感和协作精神，要细心观察，发现有可能引起纠纷和突发性事件的苗头要及时通报给有关部门和相关人员，切忌掉以轻心。要做到信息畅通，一旦得到信息，相关部门要及时采取有效措施加以疏导、沟通，及时处理问题和矛盾，将它们解决在萌芽状态。

（二）高校思想政治教育的评估机制创新

1. 基本的高校思想政治教育工作评估机制建设

（1）建立健全政策导向机制

政策导向对于大学生的全面自由发展具有重要作用，建立健全科学、正确的政策导向机制是提高大学生思想政治效果的重要保障。一般情况下，高校思想政治教育政策主要是指教育评估中的奖惩政策制定，指各种引导性政策。需要注意的是，进行思想政治教育评估并不仅仅是为了评估教育对象的思想政治素质，更重要的是以此为根据优化思想政治教育，有效提升教育的质量和效果。评估的终点不是评估报告的提出，而是评估在评估报告提出后的指导作用。因此，必须在评估中制定一系列与评估对象切身利益、发展前途等相关的政策，以此让教育教学评估具有重要的导向作用。政策导向与评估对象的切身利益以及社会发展有密切联系，因此应该按照一定步骤和阶段来落实。

（2）建立健全技术支撑机制

高校思想政治教育评估应该充分利用先进的科学技术，提升思想政治教育评估的科学性、准确性，以此推进高校思想政治教育的科学性、有效性。

第一，组织专家进行技术指导。高校思想政治教育评估和其他专业学科的评估存在显著区别，它具有自身独特的理论体系和技术要求。因此，为了提高教育评估的准确性应该组织专门从事评价研究的专家、教授进行技术指导，让他们作为评委或顾问提高评价的科学性、准确性。

第二，组织评价人员进行技术培训。要想提高高校思想政治教育评价的科学性、准确性，必须先提高评价人员的专业能力，保证评价人员熟练掌握相应的评价技术。因此，有必要组织评价人员参与技术培训，提升他们的专业水平，以此让他们在教育评价中充分发挥作用。

第三，建构科学准确的数学模型。数学模型的运用是大学生思想政治评价具有科学性、准确性的重要技术支撑，一般情况下将数学模型运用于教育评价要构建三类模型，即检验类数学模型、信息处理类数学模型、评价定义类数学模型。数学模型的构建是提高评价可靠性、准确性的重要因素。

第四，运用高新科技成果。科学技术的运用提升了高校思想政治教育评价的科学性、准确性，促进了教育评价的科学化发展，加强高科技程度在教育评价中的应用具有重要的意义和作用。例如，可以将现代技术设备与思想政治教育评价有机结合起来，实现教育评价的数字化，以保证思想政治教育评价的理论、实践与技术都能实现符合时代特色的科学化发展。

选择合适的评估手段是保证评估结果科学、准确的重要因素。高校思想政治教育评估手段是大学生思想教育评估的一个重要方面和重点内容，创新高校思想政治教育评估手段，对于揭示高校思想政治教育的客观规律，促进教育活动的深入开展，提高思想政治教育的针对性和有效性具有重要意义。

（1）积极运用网络平台

随着现代数学的不断发展和进步以及计算机的广泛应用，高校思想政治教育评估有了新的平台和手段。利用现代数学和计算机可以实现教育评估的科学量化。传统的思想教育评估很难量化，是因为在思想现象中除了有确定性现象外，还存在不确定性现象，如随机性现象与模糊性现象。对于确定性现象可以采用严密而精确的传统数学方法进行分析和处理；而对于不确定性思想现象，就难以用传统的数学方法了。21世纪以来，相继建立起来的数理统计、模糊数学，为解决高校思想政治教育评估这个难题提供了有效的工具和手段。现代电子计算机的广泛运用，无疑为定量评估提供了良好的物质基础与技术保证，为高校思想政治教育评估的科学化开辟了广阔的前景。相较于传统评估，网络评估具有显著的优势，最明显的就是"时间无屏障""信息无屏障"等优势。因此，在坚持传统手法中有利方面的同时，要运用好网络这个新兴先进评估工具。网上满意度测评操作简单、点击方便，而且其匿名性使评估者敢于自由表达。网上系统评估不仅使评估成为一种常态的思想政治教育质量监控和信息服务手段，而且可以实现过程和结果的"阳光评估"，并且能降低现场评估中评估主体和迎评单位的时间成本与经济成本。

（2）贴近学生，重视热点性和创新性评估

在当前复杂多变的国内外形势下，我国的高校思想政治教育工作任务艰巨、责任重大。在传统的思想政治教育评估中，通常不会与学生群体有过多联系，没有充分发挥大学生群体对于增强高校思想政治教育实效性的重要作用，这样就难以解决好难点和热点问题。比如，认真学习宣传贯彻社会主义核心价值体系，深入开展中国特色社会主义理想信念教育，既是当前高校思想政治教育的首要任务和重中之重，又是学生思想道德素质发展的必然要求，必须采取有效措施抓紧抓实。同时，与大学生切身利益密切相关的生活服务保障、贫困生资助、评优评奖、就业指导以及权益维护等，都是当前高校思想政治教育的热点，必须从育人的高度抓实抓好。随着网络逐渐成为人们生活中的一部分，以及不断开放的社会环境，大学生的学习、生活环境也日益复杂，高校思想政治教育面临着全新的问题和挑战，尤其是在理想信念教育、心理健康教育、网络思想政治教育等领域的问题给高校思想政治教育提出了新的挑战，对此高校必须加强调查、深入研究，在理论和实践形式上积极创新。要注意在创新实践的基础上坚持以学生为本，贴近学生，总结升华理论性的成果，并且将其应用到新的工作实践中，从而实现高校思想政治教育评估手段的创新。

（3）注重差异，进行分类指导

从高校思想政治教育活动实现的宏观层面来说，分类指导是指按照大学生的实际情况因材施教，选择最合适的教育方法和手段。而对于高校思想政治教育评估来说，分类指导主要是在了解和掌握各校特色和亮点的基础上，指导学校之间的互相借鉴和学习，用适合本校的方法来对本校的高校思想政治教育进行评估。由于各校基础不同、底子不同，高校思想政治教育的评估模式是不能依葫芦画瓢的，更不能照抄照搬。可采取鼓励同类学校之间互相学习和借鉴的方法，找出差距，改进工作，从而达到拓宽眼界，开阔视野，进一步加强和做好大学生思想政治工作的目的。

特色是实现发展的关键，高校发展、高校思想政治教育发展都要重视特色。高校应该找准自己的核心竞争力，要突出自身的特色，走特色发展之路。不同类型的学校应该有不同的特色和亮点。特色和亮点需要发掘，更要加以培育。比如，通过思想政治教育，从司法类院校的大学生身上反映出"公开、人人平等"的理念；从师范类院校的大学生身上反映出"学高为师、身正为范"的理念；从医学类院校的大学生身上反映出"生命为天、人命关天"的理念。当然，即便是同一类院校在教育教学中也应该有不同的特色。

3. 高校思想政治教育的评估内容创新

（1）加强对思想政治教育师资队伍的评估

在全新的教育模式下，教育者和受教育之间的关系发生了改变，从传统的单向灌输变为师生间的双向交流互动，实现了"主体客体化"和"客体主体化"，通过教师的外化与学生的内化来实现思想道德素质教育的目的。开展高校思想政治教育必须有良好的师资队伍作保障，队伍中的教职员工必须具备良好的政治素养、道德素养，还要有较高的智力水平和良好的身体素质；要对思想政治教育事业充满热情和追求，具备扎实的思想政治教育理论功底，要对这项工作充满责任感和事业感；必须保证为人正派，言行一致，可以在大学生面前发挥良好的榜样作用。高校在构建自身的思想政治教育师资队伍时，应该充分考虑自身的实际情况，保证队伍结构的合理性，保证队伍中有经验丰富的思想政治教育教授和专家，同时有年轻、有活力的中青年骨干，同时还需要有精力旺盛、思维敏捷的后备军；既要保证队伍中有专职人员，又要保证有一定比例的兼职人员，要让思想政治教育师资队伍形成一张广阔的教育网，扎根于大学生群体中。在开展高校思想政治教育工作时，必须给予辅导员和班主任充分的重视，发挥他们的力量，要重点考察他们是否切实履行了自己的工作职责。具体来说，辅导员和班主任的工作职责包括：深入了解大学生的实际情况，制订班级工作计划并按时召开主题班会，指导班级开展丰富多彩的活动等。

(2) 加强对思想政治教育受教者的评估

高校思想政治教育的对象是当代大学生，检验教育效果应该通过观察大学生得出结果，大学生的思想观念和行为习惯等可以反映思想政治教育的实际效果。因此，对高校思想政治教育效果进行评估时必须对大学生综合素质进行评估，要将其作为高校思想政治教育评估指标的核心。评估大学生的思想道德水平，首先，应该考查大学生对思想政治理论知识的理解和掌握程度，也就是要考查当代大学生对世界观、人生观、价值观以及社会主义、集体主义、爱国主义等思想观念的认识、领会和掌握；其次，要考查大学生的行为习惯，这主要是指他们在学习和生活中表现出来的道德行为，学习态度、爱国热情、做人准则、文明礼貌等都可以反映大学生的道德水平。具体来说，可以将大学生的道德表现分为其参与各种集体活动的态度和表现、思想政治理论课及其他专业课程的出勤情况、课外科技活动参与情况、课外文艺体育活动参与情况等。大学生之间应该进行道德行为和道德观念的互评，按照自己观察的结果给予对应的评估。学生之间的相处时间较长，了解程度较深，因此可以对彼此做出比较全面、德育评估。同时，学生参与教育评估还可以有效地提升思想政治教育评估工作的参与性、民主性、公平性。

(3) 加强对思想政治教育实施过程的评估

对高校思想政治教育进行评估，就必须对其过程进行评估。一般来说，该过程可以分为以下几个方面。第一，对院系思想政治教育工作规划、计划的评估。从院系的层面进行考查，检查院系的思想政治教育规划、计划是否符合系统工程的指导思想，是否与上级制定的规划、计划保持总体一致；检查院系制订的规划、计划是否具有可实施性，是否可以将责任具体落实到人。第二，对教育活动的评估。对教育活动的考查主要是指对社会实践活动的考查，如社会调查、志愿活动和生产劳动等。要考查思想政治教育的社会实践活动的内容是否积极向上、形式是否丰富多彩，保证社会实践活动涉及学术、科技、体育、艺术和娱乐等各个领域。第三，对实施细节的评估。思想政治教育活动的重点在于其过程，因此必须加强对教育过程的评估。具体来说，需要对教育模式创新性、依法治校及违纪教育等情况进行科学全面的评估，对学生各级组织开展教育的指导水平、管理水平和运用现代教育技术水平的考查，对教职员工在教书育人、管理育人、服务育人方面参与度及表率作用的考查等。此外，高校思想政治教育活动是由多个环节组成的，因此要考查这些步骤和环节的连接情况，检查这一连接是否科学合理；要考查思想政治教育活动的进程是否符合大学生的思想变化规律和教育发展规律等。

(4) 加强对大学生网络虚拟群体整体状况的评估

网络具有开放性，任何人都可以在网络平台上发表和传播自己的观点，但是这种自由性为一些图谋不轨的人提供了可乘之机。这些人在网络上散布一些不正确的思想观念，但这其中一些思想观念因为迎合大学生网络虚拟群体中部分青年的偏激心理而得到认同，直接对大学生产生不利影响，让他们产生背离社会主流价值观的错误思想观念，甚至做出一些破坏校园和谐甚至是社会和谐的不良行为，这就造成了大学生政治思想社会化的偏离。因此，必须加强大学生网络虚拟群体思想政治教育评估，并且应该将理想信念教育作为网络思想政治教育的核心内容，要不断提升大学生对各种网络信息的判断鉴别能力以及对不良网络信息的抵御能力。要引导大学生树立正确的世界观、人生观和价值观，要坚持不懈地用马克思列宁主义、毛泽东思想、邓小平理论和"三个代表"重要思想、科学发展观、习近平新时代中国特色社会主义思想武装大学生，开展中国革命、建设和改革开放的历史教育，开展基本国情和形势政策教育，开展科学发展观教育，让大学生可以正确地认识社会发展规律，正确地看待国家发展过程中出现的各种问题，清晰地意识到自身担负的社会责任，确立在中国共产党领导下走中国特色社会主义道路，实现中华民族伟大复兴的共同理想，在适应社会过程中不断发展、创新和坚定信念。

第三章 高校思想政治教育面临的新形势

第一节 网络时代高校思想政治教育面临的机遇

在当今社会中,由于网络技术的飞速发展,网络科学技术也为人们收集信息和查询信息提供极大的帮助。现今,只有将信息充分地掌握在自我的手里,才能抓住发展的先机。要充分地提升和挖掘学生的精神,帮助学生树立起人生观和价值观,因此只有努力将社会主义思想道德与时代相结合,才能实现我国建设中国特色社会主义事业的发展。

一、网络令高校德育体系得以不断完善

要想充分地适应网络技术给高等教育工作带来的变化,就要结合社会的发展,解决出现的新问题。在国家有关的方针政策指导下,我国各大高校积极致力于大学生网络思想政治教育机制的创新与发展,充分结合大学生的实际情况建立新的思考方式,从而使整个高校德育体系得到完善,在变化的过程中寻求发展,在创新中促进人员素质的提高,同时要净化网络、维护网络安全。

(一)形成健全的大学生网络思想政治教育目标系统

在网络视阈下,大学生的全面发展要求已经成为整个网络教育体系的目标,是在我国社会生产发展的基础上提出的。由于现实情况比较复杂,所以高校在德育工作上实现大学生的全面发展要必须对当前的国情进行分析,才能形成全方位的目标系统,教师才能对学生起到引导作用。

一切以社会主义思想道德教育为主要内容的行动才能始终向着总体目标的方向努力,要想实现整个大学生网络思想政治教育的成功,就离不开完善的科学目标,它保证了高校德育工作在网络技术的发展下形成了新的正确方向,促进了大学生网络思想政治教育机制的创新发展。

(二)极大程度上丰富了大学生思想政治教育内容

网络技术的存在可以显示出信息的价值,同时带给学生和教师新的理念,这将进一步丰富大学生思想政治教育的内容,尤其是目前网络上存在的各种问题。一旦出现了这些问题,就可以借助网络平台使之成为大众讨论的热点内容,高校德育工作能够在其中进行有效的借鉴和了解,进而提炼出适合自身发展的大学生思想政治教育方法,从根本上扭转事物发展的局面,有效引导和培养学生的高尚思想品质。

大学生网络思想政治教育体系需要在动态变化中不断更新,这也是整个教育系统迅速发展的必然要求。高校德育内容因网络日益丰富,网络更使高校德育工作形成健康的文化

氛围，从而促进整个社会的和谐发展。

（三）网络有效拓宽了高校德育工作途径

网络课堂可以突破传统的课堂教学模式，同时，随着网络技术的飞速发展，高校德育工作途径将得到无限的拓展，在课堂教学的过程中，能够提高学生的学习兴趣，同时课下也可以进行更好的渗透，加深学生对网络的兴趣，加强大学生网络思想政治教育阵地的建设，以各种主题网站、论坛、博客等各种学生所喜欢的形式将社会主义思想道德根植于他们的心灵深处，成为坚定的精神信念以及行为习惯，对现实生活中的网络行为以及整个人生发展都具有指导意义。

二、有力推进了教育改革的顺利进行

在经历了多年的深化与改革发展，我国在教育体制方面也已经取得了显著的成效。高校逐渐意识到创新对于管理的意义，尤其是利用一些新的技术来实现理念的创新、管理模式的创新以及体制的创新，进而如何优化配置教育资源等，在大学生群体中就今天网络给人们的生活带来翻天覆地的变化引导他们客观看待，从而使我国的教育改革有效完善。

随着网络的出现，使高校中师生的关系变得更加平等同时对大学生网络思想政治教育的模式给出了新的界定。教育的根本即是学生，所以一切德育工作都要围绕学生全面发展这个总的目标前进，教师充分发挥指导作用，在教育的过程中不能一味强求，要注重学生对思想政治教育内容的接受程度，要从学生们所感兴趣的方面着手，进而拓宽大学生网络思想政治教育的途径，形成立体化、全方位的教学模式。

这是我国教育改革的有益尝试，高校全体师生通过积极实践收获了宝贵的经验，从而为教育改革的进一步推进创造条件。师生平等互助角色的实现极大程度上促进了正常的人际交流，便于教师及时根据学生的实际情况开展教学活动，使大学生网络思想政治教育体系处于动态更新过程中，保证时效性，促进高等教育工作的创新发展。

随着时代的不断发展，我国教育事业所进行的改革也是必然之选。要实现大学生网络思想政治教育在教育改革中资源的重新分配，就要深入贯彻落实国家所颁布的各项政策内容，同时以科学的角度来看待问题，要以高校实际的发展情况为起点，提高学生的自控能力，以学生为本，积极高效地管理好校园网络，规范学生在网络中的行为，及时对各种错误的行为进行纠正，在使用网络过程中做到诚实守信，遵纪守法。

高校在对各类硬件设施进行加强的过程中，为教师开展德育工作提供了极大的便利，同时能够提升教师的自身素养，使教师在学生群体中起到带头作用，形成尊师重道的良好风气。在进行改革教育的过程中，所进行的大学生网络政治教育是发展过程中的机遇，推动了我国教育事业的改革与发展。

无论是在课堂上进行教学，还是从事一些课外的实践活动，网络的出现都有效地促进了高校德育工作的发展，实现地域与空间零界限，才能更好、更全面地实现大学生思想政治教育发展，不断突破与创新，摒弃一些守旧的思想，依据学生自我的特点制订教学计划，不断对大学生的思想政治主题教育进行强化，运用正确、丰富的信息来影响学生的思想观念，从而形成坚定不移的社会主义信念。

三、使大学生网络思想政治教育队伍建设成为必然

大学生网络思想政治教育在教育的过程中是需要高素质的教师以及管理人才,才能在德育工作的进行中发挥出重要的作用,提高学生积极向上的心态。教师是教育系统中的主要施教者,所扮演的是引导者的角色,但是单纯依靠教师的个人力量是不能够更好地开展德育工作的,是需要校方中各个工作人员、领导干部的相互配合,共同进步来实现的。

在加强高校思想建设的过程中,要不断地发挥出教师的主观能动性,完善教师队伍的建设,将学生作为教育事业的根本,改变传统的课堂教学模式,只有将各教育部分中的人员都充分地调动起来,才能有效地扩大课堂教学的范围、丰富教学内容,要用行之有效的教学方法从思想的深处来影响学生,树立起全局观念与坚定不移的爱国主义精神。

从社会主义思想政治的发展方向来看待网络给社会以及教育系统带来的问题,利用网络技术的发展,对高校的人力资源进行优化配置,充分地使大学生网络思想政治教育体系充满活力。

社会发展的过程中需要高素质的人才才能给予支撑。随着我国经济的迅速增长以及社会生产力的不断发展,进而培养出德、智、体、美、劳全面发展的高素质人才,已经成为当今高校德育工作的首要任务。

网络技术给大学生思想政治教育工作带来大量信息的同时也增加了工作难度和复杂性,高校德育工作对于教育管理人才的需求日益扩大化。这需要在科学发展观的指引下加强大学生网络思想政治教育队伍建设,结合学校的教育理念,出台合理的人力资源管理办法,充分协调团队内部矛盾,加强团队建设,建立健全管理制度。

要围绕社会主义思想道德方针,对学生群体中的网络使用问题有针对性地整合,从而使整个高等教育系统形成抵抗不良信息的思想防御体系,充分发挥党组织的凝聚力,在教师群体中大力培养和发掘先进工作者,加强学校之间的交流与合作,为我国社会主义现代化建设的稳步推进提供智力支持。

高素质的教师团队能够帮助高校德育工作的顺利开展,大学生网络思想政治教育又为教师综合素质的提升创造了条件。在教学的过程中,教师不仅可以帮助学生强化自我的控制能力,同时还可以通过创新推动整个高等教育体系的发展。

严格制定和执行各项教师考评制度,广泛吸纳高新技术人才,聘请心理学、教育学、行政管理学等领域有突出建树的专家学者参与到高校德育工作中来,充分发挥他们的专业特长,组建专兼职结合的特色团队,从而在新形势下高效率完成大学生网络思想政治教育工作任务,做到岗位责任制基础上的人尽其才。

针对大学生网络思想政治教育制度化建设来说,最能够体现出个人的能力是否与团队建设相协调。在高校所建设的德育工作队伍中,要不断地对理念和工作人员的行动进行创新和发展,提高创新过程中的凝聚力,提高教育工作者的个人力量,以团队力量来赢得广大学生网络思想政治教育的实质性发展。

在建立和发展高校德育队伍的过程中,还要有各相关领域的杰出人才,根据中共中央的方针政策将社会主义思想道德与教育工作结合起来,努力将大学生网络思想政治教育提升到一个新的高度中,进而得到有力的发展。

四、高校德育工作向全球化方向发展

网络的出现不仅将地域间的界限打破，同时还可以在全球范围内实现信息的共享，对于高等教育来说已经成为最大的受益者。随着国际经济形势不断稳定，世界各国都通过加强科学技术来提高本国的综合实力。网络时代的到来可以充分地体现出信息资源具有的价值教育在和平与发展的主题下，所具有的塑造力已经成为影响生产关系的重要因素。

科学技术作为第一生产力，始终是我国现代化建设过程中的有力支撑。社会主义现代化事业建设者们不仅要在各项专业的领域中取得显著的成绩，同时还要坚持马克思主义、毛泽东思想、邓小平理论、"三个代表"重要思想以及习近平新时代中国特色社会主义思想作为指导，这样在与其他国家进行合作的过程中才能凸显出我国的实力，才能应对复杂的环境，实现经济政治双赢的局面。

随着经济全球化的有效发展，使我国需要与其他国家之间进行合作，才能实现自身具有的实力。通过与其他国家的沟通交流，用经济全球化的思想保证大学生网络思想政治教育紧跟国际的形势发展。

网络的推广加深了国际间各高校的合作，我国的各高校可以借鉴国外一些名校的经验，同时根据自身的实际情况进行改进和应用，进而提升和丰富大学生的思想。

在搜索引擎的广泛应用下，使网络无国界的性质更加地凸显，高校德育工作彻底将地域局限打破，同时网络上各种翻译功能的出现不再是限制人与人之间交流的障碍，大学生网络思想政治教育朝着全球化大教育的方向前进，无论是教育内容还是教育过程中所使用的手段和方式都是在学生所接受的范围内进行，以学生的兴趣爱好出发，借助经济全球化趋势加速推进教育改革，充分发挥互联网对我国社会主义文化建设具有的作用。

网络对于高校发展来说不仅是挑战更是机遇，在实施大学生网络思想政治教育的过程中可以充分地利用网络对各种新的思想进行了解，同时还可以进行管理，创造出适合高校德育工作发展的网络环境，校园成为宣传社会主义先进文化的主要阵地，要不断地拓宽大学生网络教育的途径，不断地丰富校园文化建设，将社会主义精神文明建设扩大到社会生活的方方面面。

五、大学生网络思想政治教育上升到文化高度

网络文化是集校园文化、地方文化、民族文化、世界各国不同文化的有机结合，进而形成丰富多彩的文化。网络技术的普及性和广泛性，加速了网络文化不断地出现在人们的面前，实现大众化，网络知识的迅速普及更加为网络文化的形成和发展创造出很多发展条件。

具有强烈特色的地方文化在网上不仅实现了资源共享，还利用网络无国界的特性极大程度上促进了人与人之间的沟通与交流。语言与现实生活中的距离不再成为人际交往障碍，秉持互助精神就可以最大限度地实现资源共享，坚持诚信的处事原则就可以让自己的网络行为创造正当合理的价值。

搜索引擎令网络用户在任何时候、任何地点都能够获得自己需要的信息，而在线翻译功能则极大程度上丰富了人们的见闻，夯实了关于世界的基本认知。在网络世界中，人们

获得了精神文化生活的新空间，大学生作为网络的主要使用者，他们的健康发展成了高校德育工作的必然要求。

大学生网络思想政治教育要站在全局发展的角度对校园网络进行有效的管理，进而上升到文化的高度上，才能使网络文化真正成为我国教育改革的动力，有效地将世界文化进行融合，这无论是对高等教育体制的完善，还是对社会主义现代化建设都具有巨大的现实意义。

拥有主观能动性的人创造了网络，同时创造了网络文化。网络文化是体现人们人生观、世界观以及价值观的精神，同时由于不断地整合，形成了许多文化产品并且积极地开展形成各式各样的网络活动，因此网络文化始终与现实世界有着密切联系。

网络用户之间存在极大的差异，每个人的受教育程度不同，生活阅历、家庭背景也不尽相同，这样经过长期的养成教育导致产生明显的个性化特征。网络用户的差异性使网络文化呈现出多元化和多层次特点，虽然为知识创新提供了极其有利的条件，但是如果不对其进行严格管理，各种各样的矛盾也会因此而激化，出现适得其反的效果。

作为社会文化的重要组成部分，网络文化的和谐发展关系到社会主义文化事业建设，网络信息安全关系到国家的长治久安。加强网络文化建设和管理，使大学生网络思想政治教育与飞速发展的网络技术积极配合，有助于增强我国的软实力，这关系到教育事业乃至整个国家的长远发展。

无论是从形式上，还是从内容上，网络文化和校园文化之间都存在很大的重叠。尤其是当网络在校园覆盖后，各高校教学工作认为网络媒体具有很大的优势，所以，将网络作为提高学生精神与文化间接的另一种途径，可以在网络上进行知识的分享，但同时也要注重学生的接受程度，将多余的信息剔除掉，结合网络文化的发展，在友好和谐的网络氛围中更好地发展。

六、网络信息的作用

（一）网络信息传播的开放性为大学生思想政治教育提供了广阔平台

高校思想政治教育的过程，不仅是为了有效地培育出人才，更是进行信息的选择与传播的过程。通过运用丰富、正确、生动的信息，感染学生的思想，熏陶着学生的价值观念。为此能够得出，信息的获取是大学生思想政治教育的重要基础，对大学生思想政治教育的成功开展具有重要的意义。

网络体系由数字技术、计算机网络技术以及移动通信技术组成，既有很强的开放性与互动性，同时还拥有大量的信息资源，涉及不同的知识范围，具有百变的形式，与任何一种传播工具或交流工具相比，网络在根本上就具有一定的跨越性。极大地拓展了大学生思想政治教育的外延，为大学生思想政治教育提供了崭新的实践平台。

传统思想政治教育由于受各种条件限制，搜集的信息有限，只能从报纸、杂志、书本及亲身经历中寻找素材，内容滞后，缺乏感召力、说服力，难以达到预期的效果。网络作为继报纸、广播、电视后出现的新型媒体，在传播信息方面具有及时、大量、交互等优势，时效性强，可以连续流动报道，广泛集纳相关信息；提供多种信息形态，具有其他三大媒体无可比拟的信息优势,对大学思想政治教育平台的丰富与拓展主要体现在以下几个方面。

一是为学生学习中国特色社会主义理论提供了新的发展平台。

二是能够了解当前我国、我党发展的路线、方针以及政策等信息。

三是为社会主义主流文化和价值观的传播拓展了有益的空间。

(二)网络的灵活性有利于丰富大学生思想政治教育手段

传统的思想政治教育工作主要采取的是课堂授课的形式,再配合座谈、讨论以及会议等形式进行开展。虽然具有直接性,但是这些方式却具有地域的局限性,不仅在内容上覆盖面比较有限,同时对于教育者来说,在教学内容上也是很有限的,也不能针对不同的个体开展针对性的工作,这会使思想政治工作只停留在形式上,不能深刻地融入人们的思想中。

在网络快速发展的时代,手机网络、博客以及各种网络论坛具有灵活、快捷的特点,逐渐成为时代的潮流,成为一种崭新的思想政治教育载体并具有自身独特的优势。网络实现了信息的双向交流,使思想政治教育由原来集中统一的"一刀切"模式转变为多样化的教育模式。

在网络时代下,各种单项的思想以及被动接受的形式已经转变为双向、多向以及直接的交流与互动模式,进而有效地促进大学生思想政治教育,实现以人为本的理念,注重对学生个体品质的培养和教育。这样通过网络就可以将传统单调的指令、说教转变为图文并茂、生动形象以及平等交流的模式。在网络文化背景下,大学生思想政治教育的主体和客体间所具有的地位和关系发生了翻天覆地的变化。

在传统的思想政治教育模式下,教育者是高高在上的理论传授者、思想布道者,而受教育者成为被灌输的容器,教育效果不容乐观。而通过校园网络的聊天室、BBS栏目以及学校的各类教育教学网站,使学生通过网络,发表言论,由被动接受转为自主学习,受教育者的主体地位得到充分发挥,开放民主的教育方式得以运用。

网络的发展与普及改变了大学生接受知识的方式,开辟出一种新的途径,提供出新的方式和手段,同时也增强了高校思想政治工作的辐射力。

(三)网络的快捷性提高了大学生思想政治教育的效率

传统传递信息的方式由于时间和空间的限制,信息在传递的过程中多是采用一对一的形式进行,因为在层层的传递过程中不能保证信息的完整性和失真性,同时在传递信息过程中速度会受到限制。通过运用网络方式,无论是使用手机还是电脑,或者是其他的通信工具都具有极强的灵活性,进而成为一种崭新的教育载体,并体现出其具有的独特优势。

一方面,对于大学生来说,可以通过利用电脑、手机各种媒体手段,无论在任何地方,只有拥有网络就可以获得自己所需要的知识与教育,极大地提高了教育信息的传播效率,进而以一种全新的学习方式培育大学生探索世界的奥秘。

另一方面,网络具有便捷性,网络能够更加方便和快捷地发布出各种信息,施教者可以在很短的时间里,通过一些文字的发布或者是其他的方式进行信息的交流,将所要教的内容传递给受教育者,进而更加有效地提高学生与教师之间的沟通,无论是从数量上来讲，还是进行沟通的氛围，都会使思想政治教育在进行起来更加直接与深入，极大地提高了思想政治教育的传播效率。

（四）网络信息传播的多边性和平等性增强了思想政治教育主客体间的信任度

长期以来，教师与学生之间总是存在信任问题，是影响和制约大学生思想政治教育的关键。由于在教育环境的影响下，教师与学生之间存在不平等的关系，造成学生和教师之间产生了很深的心理鸿沟。

所以，无论是在日常的学习中，还是生活上，学生都不愿意将教师当作自己的知心朋友，不愿意与教师进行交流沟通，即使遇到难题和困惑也不愿意寻求教师的帮助，这也是当前高校中存在的一个普遍现象，并成为大学生思想政治教育中的一个严重障碍。

而网络文化在很大程度上对这一局面进行了消解。在网络教育的过程中，教育主体和教育客体间的关系是平等的，传播者和思想教育者具有双重身份，充分担当的是教育客体和教育主体的平等地位。同时在网络环境下，网络信息具有可选择性、平等性、无权威性，使高校学生思想政治教育工作在解决的过程中充满了人情味和亲和力，能够取得更好的教育效果。高校学生思想政治教育工作者便可以借助网络手段与学生进行交流，达到事半功倍的效果。

所以，当前的大学生思想政治教育可以借助网络虚拟的传播手段与大学生进行双向的交流，有效消除大学生的心理戒备与隔阂，充分引导学生在网络这个特殊的途径中吐露自己的心声，进行思想的交流、情感的沟通，达到良好的教学效果，增强师生之间的信任感。

第二节　网络时代高校思想政治教育面临的挑战

高校所进行的大学生思想政治教育工作是一项很复杂又具有系统性的工作，一旦将其中的一个环节进行改变，势必会引起整个系统出现问题，需要进行调整。大学生思想政治教育工作环境在网络的指导下所出现的各种变化与特点，也同样会改变进行的思想政治工作，并带来新的挑战。

一、各种信息对教育的影响

（一）海量信息造成选择的干扰

随着网络的高速发展，各种信息量剧增以及各种信息污染的出现，对大学生思想政治教育尤其是在价值的判断方面产生了干扰。网络使海量的信息涌入人们的视野中，这种日益膨胀的信息开阔了人们的眼界，同时也为人们在分辨和筛选信息的过程中带来了困难。由于信息量太多太滥，往往会让人无所适从。

由于信息控制和过滤技术相对滞后，这将导致很多腐朽的思想，如暴力、色情等流布在日常的信息中，严重污染了人们对信息的使用度，以及信息本身具有的实用性，不利于大学生对知识的吸收。特别是对一些思想觉悟低和抵抗能力差的学生来说，这种信息可能会造成严重的后果，对大学生思想政治教育形成了不容忽视的挑战。

(二) 无国界性带来新的冲击

外来文化与日俱增对大学生思想政治教育造成了强烈的冲击。网络本身就是在全球化背景下形成的，尤其是在一些超越地域、民族、语言、国籍的障碍下，更容易被人们所接受。美国作为国际互联网的发源地，是掌握互联网核心技术最多的国家。有学者指出，人们已经进入了交互网络时代，即进入了美国文化的万花筒中。

这种文化融合对促进民族进步有着积极影响，同时其负面作用也是显而易见的。国际上处于支配地位的国家不会忽视意识形态领域里的"殖民主义"，某些外国传媒刻意夸大我国的阴暗面，甚至无中生有，造谣惑众，还会勾连国内外敌对分子制造政治事件。

因此，必须采取积极有效的措施保护中华民族文化，确保我国的文化安全，同时针对信息社会的特点改进思想政治教育工作，特别是要加强对年轻的"网上一代"的教育。

(三) 不良传媒带来消极影响

市场化进程中的不良倾向弱化了大学生思想政治教育的影响，同时这种影响正在被互联网日益地放大。在我国在市场经济化的进程中，一部分传媒媒介和个人为了自己的利益，争取更多的受众，大多采取的是迎合消费的方式来推销自己。难以全方位有效监督互联网上各种庸俗、虚假的内容信息，这些都严重地影响了大学生受众的身心健康，削弱了大学生思想政治教育的影响力。

(四) "去中心化"影响大学生的价值选择和判断

网络时代的发展充分显示出时代的特点，有效提高了信息的传播速度，体现了主体的多元化性。大学生正处于心理与生理共同发展的时期，会很自觉地参与到无中心的状态中去，进而成为话语主体，并成为信息主体。同时又因为网络在发展的过程中速度快捷，造成信息在传播过程中形态和路径发生了根本性的改变，出现了"去中心化"的特点。

对于现在的大学生来说，都比较喜欢新鲜的事物、追求时尚和刺激，大学生由于社会经验不足，缺乏明辨是非、评判真假善恶的能力，因此，容易被社会上的一些事物所煽动，将认为制造的误导视为标准和乐趣而盲目地追随，这就给高校大学生思想政治教育工作制造了难题、提出了考验。

(五) "反权威性"削弱了思想教育工作者的主导性话语权

由于网络具有"平民化"与"草根性"的特点，进而导致了使用者在使用的过程中产生了一定的"反权威性"的心理。这主要是因为人们能够利用网络来实现自我的需求，同时能够加大学生所具有的判断能力，大学生能够进行自我表达，不再利用传统的思想路线进行判断，通常会利用网络来表达自我的思想与观念。

在网络时代发展下，大学生借助娱乐化和碎片化的形式进行阅读，对社会上的一些问题都要阅览，因此对于传统教育下所强调的思想上的深刻性、逻辑性和内容上的全面性都被置于边缘化。

受教育者从前所具有的习惯是"遇到问题问老师"进而在网络的影响下直接"问百度"，将教师之前所传播的"主流价值观"已经转变为"将信将疑"的态度，甚至出现了信任危机，对于学术权威不再具有敬畏与仰视。

(六)"超现实性"弱化了思想政治教育对大学生的道德约束功能

由于网络是虚拟的,进而在传播的途径上都有一定的虚拟性,使用网络的人都具有较强的隐匿性,所以,在网络世界和现实生活中二者都具有不同的精神体验。人们在现实世界中所不敢从事的事情,都敢在网络上进行表达,能够找到发泄自我的办法。

网络发展快,各种信息良莠不齐,面对这个复杂的大染缸,无数的网络群体为了实现自我非理性的需求或者是各种冒险的心态,就会做出突破社会底线的事情。

尤其是对大学生来说,正处于心理不成熟的时期,人格方面都尚未稳定,因此,他们的世界观、人生观以及价值观更容易被外界所改变,容易被煽动,同时又由于相关的法律规定不是很完善,网络监督管理上出现了很多难关,网络的"超现实性"大大弱化了思想政治教育工作对大学生的道德约束功能,使大学生极易沦为不良信息传播的主体,这无疑为大学生思想政治教育工作增添了极大的障碍与阻力。

二、网络信息传播的影响

(一)网络信息传播的"开放性"对大学生思想政治教育的舆论导向提出了挑战

每个国家间都有自我不同的精神意识,意识形态工作注定是一场看不见硝烟的战场。对于我国来说,意识形态和舆论导向都具有一定的主动权,并逐渐演发得更加激烈。同时我国的领导人都很重视对意识形态、舆论导向的掌握,并在多种场合下提出:要有效地把握好时代的舆论导向,站在时代的潮头。

在传统的媒体时代下,每个国家的思想传播都是在比较密闭的情况下进行的意识灌输,一些外来的意识形态对于本国的冲击是比较小的,但是在网络的不断发展下,这一情况发生了改变。网络所具有的开放性和共享性使各种意识形态都可以借助网络平台实现信息的传递和传播。

由于大学生在社会生活等方面还缺乏一定的经验,所以在遇到一些不健康的信息时,容易丧失自我,会在一些消极、极端以及反动信息的煽动下,形成不健康的人生观与价值观,从而危害了大学生的身心健康。随着时代的不断发展,每年在大学生中都会发生很多的案件,因此可以看出,网络的发展带给传统高校极大的挑战,同时舆论导向的控制权也受到了极大的冲击。

(二)网络信息传播的"无屏障性"影响部分大学生的价值观

由于网络社会是虚拟的,因此在这个虚拟的社会人们要遵循怎样的价值存在很大的争议。一部分人认为,虚拟的社会虽然人们看不到但是与现实的社会是一致的,同样具备法律效应。另一部分人认为,虚拟社会要高扬人性,不应追求效应最大化为发展的标准。

但同时却发生了一些现实的事件,随着网络的深入,在大学生生活和发展的过程中,网络深刻地影响了他们的思维方式以及思想观念,这对于思想政治理论课在教学手段和教学效果上都构成了严峻的挑战。

(三)网络技术的快速发展使高校传统的思想政治教育模式受到挑战

网络的快速发展,能够改变人们接受新事物的能力、改变人们的思维方式以及交往方式，也从根本上影响了大学生的认知能力，这对于高校在进行思想政治教育方式的过程中，以及做出的各种教育模式上具有很大的挑战。

传统的"一支粉笔、一块黑板、一本书"的教学灌输模式在向受教育者传授的过程中仍然存在着时空界限、信息有限，以及教育形式单调等多处弊端。同时传统的方式内容陈旧呆板，方法单一，与日新月异的社会脱节。

在大学教育者口中所讲述的内容知识都与大学生日常生活中所见所听存在很大的出入，同时一些教育者不重视学生的自我体验和情感方面的调动，很少能打动学生。

在网络的教育环境中，学生的主观意识形态被调动起来，学生能够自主地进行交流，能够与他人毫无顾忌地表达自我的心理所想，具有很强的主观能动性以及表达能力，学生就不仅是单方面地接受思想政治教育工作者进行的外部灌输，同时进行的是平等、双向地互动交流，进而加剧了教育模式向更加民主与自由的方向转变。这对高校传统的以单向灌输的教育模式产生十分激烈的碰撞，形成了巨大的冲击与挑战。

三、加强网络信息的教育建设

信息时代的到来为大学生网络思想政治教育带来了新的机遇，同时也提出了新的挑战。因此，高校全体教职人员都要意识到德育工作的重要性与复杂性，同时要重视大学生网络思想政治教育，认真看待网络带给学生生活和学习上的影响，积极采取一切措施引导学生正确地使用网络，进而顺利地完成大学时期的计划，为毕业后走上工作岗位或继续深造奠定基础。

（一）网络不良信息涌入，对高校德育工作造成困扰

网络是把"双刃剑"，任何事物在发展的过程中都具有两面性。当网络在融入大学生的生活中时，各种丰富的网络信息在很大程度上拓宽了大学生的知识面，帮助高校在提升教学质量上具有促进的作用，但同时网络上一些不良的信息会限制社会的发展，由于大学生在认知上还不太成熟，很容易沉溺在自己的世界观、人生观以及价值观中，影响了教育工作的进行。

现实世界中存在的污染问题在网络环境中主要以信息污染的形式出现，诸如迷信、色情、犯罪等有害信息以及某些西方国家的霸权主义思想等都对当代大学生身心健康发展危害极大，造成正义感和责任感缺失，原有世界观、人生观、价值观产生动摇，形成错误的方法论，甚至走上犯罪道路，无形中增加了大学生网络思想政治教育工作的难度。面对实践环节中的各种复杂情况，处于德育工作一线的教师容易产生困惑，工作压力与日俱增。

从推动整个社会的发展来看，互联网是具有极大的优势的，当网络中涌入了各种不良的信息时，尤其是高校要坚持正确的教育观念，全体教育工作者要运用社会主义思想道德来武装自己的头脑，用客观的眼光看待网络中的问题。

要对校园网络的管理进行充分的加强，将冗余的信息进行排除，重视高校思想政治教育工作，充分感受网络世界与现实世界的联系，运用马克思列宁主义基本观点认清事物的实质，培养大学生的自律能力，防止由于对客观事实的片面认知导致师生犯下过于主观的错误。

高校积极致力于网络技术以及信息的研究工作，始终处于主动的局面，以主动的姿态参与到网络文化建设中去。同时，要大力的规避各种不良的信息，利用网络来宣传党的方针政策，用社会主义思想道德形成广泛的防御体系，从而减少高校德育工作中的困扰。

在网络环境下，必须要提高大学生的思想认知能力，以此才能够形成正确的思想观念，通过认真地收集网络中的信息，并对其进行分类整理，针对其本质做出科学的分析和判断。当人们在对某一件事情产生困惑时，就会很容易陷入自我的批判中去，因此，如果个人没有较强的心理承担能力，就容易滋生出自卑的情绪，甚至出现信任危机。

在实际的教学工作中，教师需要培养学生对网络的判断能力，要使学生能够在网络中正确地认识自我的立场。同时各高校要正确地对网络所带来的社会问题进行开展，避免学生盲目地对网络中的信息进行依赖和信任，要把握好社会舆论导向。

教师应当要培养学生对网络的判断能力，即使网络打破了时空界限，网络环境具有开放性，但网络信息同样也受到了各种主观因素的限制，在利用网络信息之前必须对其进行认真的考证。

（二）对当代大学生的综合素养形成严峻考验

网络文化具有强大的包容性，进而使多元文化得到了发展，虽然在网络信息的获取上变得越来越容易，但同时也要提升大学生的自我接受能力，从本质上理解这些信息所具有的内涵，能够具有自我的判断能力，抛弃其中具有的糟粕，取其精华，增强自我的控制能力，合理恰当地使用网络。网络技术的飞速发展也令社会的竞争日益加剧。

为了能够使我国的经济得到稳定、快速的发展，使我国高校可以培育出更多全面发展的人才，大学生不仅要具备专业的基础知识，同时还要拥有高尚的道德品质，这样在不断发展的国际环境中才能够站稳脚跟，凭借拥有诸多人才形成强大的综合国力，紧跟经济全球化脚步，以更加独立自主的姿态屹立于世界民族之林。

在高等教育体系中，德育与智育始终占据着相同重量的地位。学生学习科学文化知识的前提是要具有高尚的思想道德品质，教师教书育人的根本是培养适合社会发展需要的人才。高校必须将大学生网络思想政治教育的意义提升到全民族的思想道德素质以及科学文化素质的高度中去，教师不仅要向学生传授课本中的知识，更要通过网络引导学生积极地参与到社会实践中去。

从实践中领悟社会主义思想道德品质的重要意义，领悟做人的真谛，在互联网上建立社会主义思想政治教育阵地，以肯定的态度来看待网络文化，运用创新精神加强大学生网络思想政治教育。鼓励学生上网，注重人本原则，从兴趣出发不断丰富校园网络文化内涵。大力传播健康向上的网络信息，真正把校园网管理、利用好。

虽然网络简化了人际交往的流程、缩短了人与人之间的现实距离，但是随着网络世界与现实生活的联系密切，社会发展过程需要大学生将诚信作为人际交往的前提，无论是在网络上还是在现实的生活中，都要坚持以诚相待的理念。

这样才能保证利用网络媒介实现更加广泛的合作，从根本上提高社会生产力，推动整个社会向前发展。网络上用户采取匿名制，因此更需要大学生养成自律的网络行为习惯。

绝对不可以忽略网络与现实世界的普遍联系，尊重他人，承担起应有的责任。

通过网络思想政治教育，可以不断地提高学生的综合素质，引导大学生坚持走正确的人生道路，远离对网络不切实际的幻想，杜绝各种网络犯罪活动的出现，树立起主人翁意识，在网络轻松自由的环境中真正提升自我的实践和思考能力。

这需要高校在技术研发、人力资源管理、教育内容规划、教育方法制定以及出台相关制度方面做出不懈努力，全体师生共同进退，勇于迎接时代对大学生综合素养的严峻考验。

管理的最佳状态是个体具备良好的自我管理能力。面对网络技术的高速发展，对高校德育工作提出了新的要求，大学生网络思想政治教育要重点对学生的自律能力进行培养，学生无论是利用网络来获取信息，还是参与网络娱乐，都要有一定的适度性，千万不可为了弥补现实生活中的缺憾而过分地沉溺到网络世界中去。

这不仅难以实现真正意义上的心理平衡，还会对现实生活产生严重的负面影响，诸如网瘾等问题就是最好的佐证。大学生身上肩负着社会主义现代化建设重任，必须以高度的责任感和百倍的热情迎接挑战，坚持解放思想、实事求是，以严谨务实的治学态度成为推动社会发展的坚实助力。

（三）加强师风师德建设成为当务之急

当下教育过程中，不仅要对学生的思想进行正确的引导，同时要对教师的作风进行建设，师风建设是高校能够顺利开展大学生网络思想政治教育的根本，也是整个大学生网络思想政治教育的灵魂。教师在这其中发挥了不可忽视的作用，占据主体地位。教师是高校中最重要的人力资源。教师的综合素养直接影响大学生网络思想政治教育的质量。

高校不仅在专业素养方面对教师具有严格的要求，同时关于教师的思想政治觉悟以及道德修养方面也同样具有很重要的位置，教师要对党的路线方针政策展开积极的学习和讨论活动，教师应当具有坚定不移的社会主义思想道德观念，应当表彰先进工作者，同时树立高尚的思想道德品质与爱国主义情操。

每个学生都会对教师产生一种向师性，所以教师应当要发挥出自己的表率作用，学生才能从心底里接受教师所传输的思想内容，进而形成尊师重道的风气，将大学生网络思想政治教育潜移默化地形成。

形成高校思想道德品质的过程比较漫长，需一步一步进行，教师在面对学生的过程中也是要有足够的耐心，无论学生提出什么问题都要进行积极的讲解，以诲人不倦的精神认真看待大学生网络思想政治教育工作。教师在日常的工作中要严格规范自己的行为，要为学生起到表率的作用，并从日常的点滴小事做起，起到带头的作用，维护好在学生心目中的形象。

大学生网络思想政治教育只有紧跟经济发展步伐，强化教师作为社会先进思想道德代表的导向性力量，才能通过积极开展网络环境下的德育活动，对学生产生健康向上的影响，把握好大学生网络思想政治教育发展速度，使学校硬件设施建设与校园文化和谐发展，用教师乐观的人生态度、正直诚实的品行影响学生，从而形成稳定的思想道德规范以及行为准则。

教师始终是学生学习的榜样，必须认真踏实地将大学生网络思想政治教育创新理念付诸于教学实践各个环节中，努力将社会主义思想道德内化，使其成为自己坚定不移的人生信念。这样才能真正达到教学相长的最佳状态，无论是教师还是学生的综合素养都得以实现本质意义的提升。

坚持科学发展观主要还是针对大学生网络思想政治教育体制的要求，要关心学生、爱护学生，这也是师风师德建设的主要核心。事实上，教师对学生的关爱是无条件的、不计较任何回报的，这体现了教师工作的神圣性，也是对本职工作热爱的最好体现，直接关系到大学生网络思想政治教育工作的成败。

教师只有真正热爱学生，才能够从学生的角度看待和思考问题，注意到学生对大学生网络思想政治教育的接受程度以及相关兴趣，从教育内容、教育途径、教育方法等方面积极创新。此外教师还应当让学生感受到这种关爱，师生之间加强沟通，使学生能够理解并且配合教师的工作。

网络的即时在线交流功能要求教师善于利用新技术创造性地改变以往传统的面谈方式，从根本上建立学生对自己的信赖感，这样在大学生网络思想政治教育体制稳步发展的基础上，教师与学生密切配合，为我国社会主义现代化建设贡献力量。

（四）大学生网络思想政治教育内容更新迅速

时代的发展是快速的，信息在当今社会上的需求已经比以往任何时候都更加具有价值。网络始终处于时代发展的前端，更加凸显出信息所具有的价值，带来了很多新的理念与思考方式，这对大学生网络思想政治教育是极大的挑战。

它要求教师充分发挥自己的创新才能，对学生群体中产生的新问题引起足够重视，面对西方思潮的冲击，要引导我国学生坚定自己的立场，保持危机意识，要有坚定的人生观和价值观。我国高校的教育系统正处于深化改革的阶段，因此，网络的多元化势必会对大学生的思想教育内容产生新的影响。

高校领导要重点提高教学质量，重视德育工作，要组织教师积极地对大学生网络思想政治教育内容进行研究，以社会主义思想道德为主要内容，将目光放长远，协调好各方面的力量，应当站在全局发展的角度上对大学生网络思想政治教育工作进行科学的分析与规划，进而应用到日常的学习生活中去，通过实践来丰富理论体系，以便于适应信息时代下大学生网络思想政治教育理论的更好发展。

在网络开放性平台上，用户的参与行为被鼓励与提倡，这也因此促进了全民大讨论热潮。人与人之间充满差异性的思想碰撞出火花，创新被充分培育和生长。具有高学历的、同时对新事物具有较高接受程度的大学生需要在网络思想政治的教育下不断充实自我，进而才能满足自身的成长和社会发展需求。

高校德育工作要善于从其他领域借鉴相关知识与经验，实现理论与现实充分结合，教学内容与学生的接受程度有效适应，教学方法与大学生的兴趣相结合，在瞬息万变的信息时代从根本上扭转高校德育工作的被动局面，对网络技术引发的社会问题积极预防，用正确的理念武装师生头脑，教师有效引导学生形成坚定的人生信念和爱国主义精神，培养高尚的思想道德品质，在组织学生参与网络活动过程中实现大学生网络思想政治教育理论层次的突破。

大学生网络思想政治教育体系要随时保持动态的更新，尤其是作为高等教育体系中的重要部分，大学生网络思想政治教育要紧跟时代的潮流，与时代共同进步，才能推动我国教育的改革。

无论是进行课堂教学，还是组织课外的活动，都需要在动态变化中实现内容的更新，充分利用网络平台将时间和空间的界限打破，摒弃过于保守和过于激进的思想，净化网络环境，形成健康和谐的文化氛围，真正根据学生特点制订教学计划，做到因材施教，实现教学相长。

发展大学生网络思想政治教育的前提是要确保网络技术在飞速发展的背景下进行，这样就能够使教育的内容更加丰富与全面，进而在不断的创新过程中找到存在的意义，要建立起大学生的思想阵地，有效地发挥出网络信息的实效性作用，在构建和谐社会的过程中给予充分的肯定与支持，这同样也是整个教育系统在发展过程中的必由之路，也是时代对大学生网络思想政治教育机制创新的现实要求。

（五）大学生网络思想政治教育途径需要不断拓展

由于社会的不断发展，在人才上面也有很高的要求，社会所需要更多的是具有创新意识的人才，高等教育必须注重学生的个性化发展，要充分利用网络改变传统的课堂模式，以社会主义思想道德指导学生正确地面对社会上以及生活上的复杂问题。

全球经济化要求大学生在面对网络思想政治教育的过程中，应秉持教育与科学的同步发展，通过培养学生的分析和判断能力，进而有效地发挥出信息的价值，摆脱网络带给人们的困扰与疑惑。

在课堂教学的过程中要尊重学生的兴趣爱好，提高学生的接受能力，有效地保证网络思想政治教育的质量。在网络技术的帮助下，高校德育工作将会更好地得到拓展，在未来，这一趋势还会加强。

在网络环境下，高校德育工作强调的是全方位教学，尤其是在课堂外，教师要加强对学生的渗透式教育，增强大学生主动应对网络信息的能力，站在社会主义立场上看待瞬息万变的社会环境，要将所学的专业知识应用到实践中去，在社会实践中培养自己的爱国主义精神以及主人翁意识，要引导学生战胜自我、不断地完善自我、超越自我，从容地应对各种学科考试、升学考试、就业压力以及人生中出现的各种不如意的现象。

在整个校园环境中，要将校园文化与网络文化充分地结合起来，但同时要坚定社会主义思想道德信息，形成严谨的治学风气，实现大学生网络思想政治教育的线上线下的有机互动。高校加强大学生网络思想政治教育阵地建设，以免学生被不符合社会发展规律的思想蒙蔽了双眼。

用先进的思想理念代替错误的网络信息，教师真诚与学生做朋友，积极帮助他们走出迷茫状态，以更加清醒、理智的头脑迎接时代的挑战，充分利用在线聊天工具、网站、论坛、博客、电子邮件等各种手段将社会主义思想道德植根于大学生心灵深处，在调查研究基础上对教学反馈信息分类收集，有重点、有针对性地对大学生网络思想政治教育途径进行创新，实现大学生全面发展，令大学生网络思想政治教育体系得以不断完善。

高校在发展思想政治教育的过程中要坚持以学生为主体，大学生网络思想政治教育工作与社会的实际发展以及学生的接受程度是相互符合的。因此，要找到适合当前高校实际情况发展的教育途径，进而才能有效地实现大学生网络思想政治教育的总体目标，使高等教育发展上升到新的层面，从根本上推动我国的社会主义现代化建设。

第四章 高校思想政治教育的现代化转型

第一节 社会转型与思想政治教育现代转型

思想政治教育是社会的一部分，社会变化决定了思想政治教育的变化。随着传统社会向现代社会的转变，思想政治教育也会发生转变。社会转型在本质上是社会结构的转型，同样，社会结构转型促使思想政治教育结构转型。思想政治教育转型的核心是思想政治教育结构转型。

一、思想政治教育社会结构的改变

依据社会学社会转型理论，社会转型本质上是社会结构的转变。思想政治教育现代转型不仅仅是发展变化，而是结构性的转变。改革开放以来思想政治教育得到很大发展，取得十分可喜的成果，同时这种转变远远跟不上社会对思想政治教育的需要，远远跟不上思想政治教育面临的巨大挑战。长期以来，思想政治教育远远不能适应社会的变化，难以从社会挑战中走出来，与思想政治教育转型滞后有很大关系。思想政治教育必须自觉地推进这种转型，使之迅速跟上时代变化和社会转型，实现思想政治教育的主动。中国社会正在发生巨大的转变，本质上是社会现代化。

（一）时代变化

这里所说的时代，是指时代的主要特征。中国社会正在由传统向现代转变，同时出现后现代现象。中国的现实社会，是传统性、现代性和后现代性叠加存在的社会，但现代性处于主导地位。城市化、工业化以及科技、教育、知识、文化、理性、消费，以及人的因素、环境、生态、知识社会、信息社会、消费社会、风险社会、全球化或世界社会等因素成为社会的基本因素。

（二）社会变化

核心是社会结构的分化与转型。社会结构发生分化，大量社会要素本来具有内隐性特征，在社会上并没有占据位置，现在已成为显性因素，这些社会因素不仅在社会系统中凸显出来，而且占据重要位置，发挥重要作用。这是造成社会多样化的基础原因。

（三）力量变化

由体力到机器、由资本到智力，知识在现代社会的地位越来越重要，越来越成为重要的力量。这是社会和人对文化提出了更高要求，是知识因素对社会、人的影响，进而人和社会对思想政治教育提出要求。这些构成思想政治教育的客观环境。从社会视角看，思想政治教育由传统到现代的转型，是由中国社会向现代转型所致。

二、思想政治教育现代转型的提出

改革开放以来，随着社会条件的变化，思想政治教育不断进行改革创新，努力适应社会环境、对象需要和自身工作的需要，得到创新、发展和加强。特别是在高校系统，采取一系列措施，从学科建设到队伍建设，从课程建设到师资培训，从制度建设到机构设置，大学生思想政治教育得到了明显加强和改进。但就社会环境而言，思想政治教育面临新的挑战，有些情况甚至比以往更加严峻，使工作变得更加困难。社会上存在否定思想政治教育的思潮，思想政治教育机构数量也在萎缩。思想政治教育需要相应的社会文化生态，只有社会子系统领域开展思想政治教育，与社会大系统领域思想政治教育文化做到相互呼应，才可能实现思想政治教育取得良好效果。

改革开放以来，为了适应社会主义现代化和社会主义市场经济发展，推进思想政治教育的加强和改进，思想政治教育领域提出了诸如转变论、创新论、发展论、改革论、加强论、改进论、现代化论、科学化论等，对思想政治教育现代化科学化进行了广泛探讨，发挥了积极作用。从现实和理论上进行了分析，提出了"从传统思想道德教育向现代思想道德教育转变"的任务。

三、思想政治教育结构转变

（一）思想政治教育现代转型

现代转型同样是思想政治教育结构的转变。思想政治教育结构本身是一个需要探讨的课题。思想政治教育结构包括外部结构和内部结构两部分。思想政治教育是做人的工作，做人的思想的工作。这类工作不只是思想政治教育在做，其他社会活动，至少与人有关的社会活动都在做。有人的地方就有思想政治教育，人人都是思想政治教育对象，人人都是思想政治教育者，全社会共同来做思想政治教育，思想政治教育分为专职人员和兼职人员等，这些观点都是这种情况的体现。这表明，思想政治教育并不是思想政治教育一家在做，除此之外，还有许多社会主体在做思想政治教育。众多社会主体做思想政治教育所形成的关系，我们称为思想政治教育的外部结构，形成了思想政治教育的外部格局。在计划经济体制条件下，思想政治教育由党委来做，而党委宣传部门又是思想政治教育专门管理部门，全社会思想政治教育具有主体单一性和活动统一性的特征，构成思想政治教育单一格局。

改革开放以来，社会现代化造成社会多样化，这种多样化造成思想政治教育多样化。各种社会主体在社会中的活动，名义上并不称为思想政治教育，实际上具有思想政治教育功能，有些实际上就是思想政治教育。新出现的社会组织和活动（精神文明办公室及其精神文明创建活动、志愿者组织及其志愿活动、民间社会组织及其公益活动等），政府的思想文化功能也在新社会条件下突出出来，它们与原有组织及其活动（党委系统、工会、共青团、妇联等）共同构成新社会条件下思想政治教育新格局。显然，全社会的思想政治教育格局已经突破了过去宣传部门专门管理的局面，形成了多样化格局。

（一）思想政治教育内在转变

思想政治教育是一个系统，是由多种因素共同构成的整体。思想政治教育系统在社会现代化过程中发生变化，包括要素发育、要素之间关系的调整、整体形态的变化。例如，思想政治教育工作者要素，思想政治教育专职人员群体过去只有专职政工人员，主要是思想政治教育实际工作者，现在已经由专职政工人员、教师、研究工作者三类人员所组成。又如，思想政治教育科学化获得长足发展，设立了思想政治教育学科，建立了思想政治教育人才培养体系，形成了思想政治教育专家，发表出版了一批思想政治教育学术论著。思想政治教育要素之间的关系也在调整。首先是分化，整体性结构（要素）分化为功能分工明显的结构（要素），如对象、内容、机构；不同领域、不同层次、不同对象、不同内容的思想政治教育有了区分，不同层次、范围、对象、目的、任务，以及不同的地域、机构、社会组织的思想政治教育有了明显的区别。其次是调整关系，思想政治教育要素在思想政治教育系统中的地位和作用发生了变化。从思想政治教育整体形态来看，思想政治教育知识已经由经验形态向科学形态转变，思想政治教育的学术性、科学性、现代性初步呈现，思想政治教育科学性更加彰显，思想政治教育正在由传统形态向现代形态转变。

上述情况表明，思想政治教育必然要发生转变，而这种转变不是简单的变化和发展，而是转型。思想政治教育现代转型，①从思想政治教育与社会的关系来看，思想政治教育是社会的一部分，思想政治教育系统是社会系统的一个子系统，社会结构改变，思想政治教育必然会发生改变。反之，思想政治教育不改变，就会受到来自社会其他方面的压力，甚至被社会所淘汰。②思想政治教育自身也是一个系统，是结构性的组成。思想政治教育在社会转型影响下改变，必然促使思想政治教育结构的改变；而且也必须是思想政治教育结构的改变，若没有达到结构的改变，思想政治教育仍然不能适应社会，思想政治教育所受到的挑战或压力就得不到解除。思想政治教育应主动认识和推进现代转型，用现代思想政治教育发挥思想政治教育的作用，为社会提供智力支持、精神动力、思想保证和文化条件。

思想政治教育现代转型随着社会现代化而产生，社会现代化属于社会变迁。社会变迁有两种类型：一种是发展性变迁，另一种是转型性变迁。在发展性变迁情况下，社会变化基本上是由于社会变革所带来的显著、巨大的经济增长与发展所引发和促成的，是伴随着人们物质生活的不断充裕与富足而得以实现的，表现在生产要素的更新和生活方式的转变方面，诸如技术的更新与传播、贸易与市场的扩展、人口的自主流动以及社会的不断开放，它更多的是一种自在自为的社会过程。在转型性变迁情况下，社会变迁的根本成因在于社会结构和制度的转变与更新，在于各种社会关系和社会规则的转变与整合，表现在社会资源的占有与分配、身份地位和权力声望的社会构成的变化，尤其体现为价值意识即人的意识参与社会转变的社会过程。转型社会的变迁不仅要改造社会原有的社会组织格局，更是重新构建起新的社会组织格局，从而实现从旧秩序社会通过转型走向新秩序社会的变迁。这种社会变迁将是深刻的具有根本性的变革，它所带来的影响也是广泛和深刻的。思想政治教育现代转型属于转型性变迁，会带来非常深刻的变化。对此，我们应有预见和准备。

第二节 高校思想政治教育现代化转型的发展方略

经济全球化是当今世界经济发展的历史必然趋势，面对这一趋势，我们只有积极应对，参与到经济全球化的历史进程中才能应对其所带来的各种挑战。高校思想政治教育工作应当积极倡导面向未来，面向世界，面向现代化，革新完善教育指导方针，不断更新教育教学内容，创新教育教学的方式方法，保持自身的生机与活力。

一、大学生思想政治教育现代化转型的理念创新

理念的现代化是思想政治教育现代化实现的前提，那就是，理念决定实践的方向和性质。因此，思想政治教育现代化首要的任务就是对思想政治教育理念进行全面反思，去除那些在思想政治教育理念中存在的过时和保守的思想，从僵化的观念束缚中解放出来，建立多维度的、开放的和创新的思想政治教育理念。

（一）树立开放性教育理念

全球化加速了各国文化之间的碰撞，世界上每一天都有不同的文化被其他的文化所影响、所同化。在中国，有很大一部分的人，特别是辨别是非能力较差的青少年群体，很容易受到西方资产阶级腐朽思想的毒害，西方国家通过电视、网络等多种手段，悄悄地实行自己的价值理念渗透计划，意图成为文化霸主。同时，网络的发展也使各种良莠不齐的信息充斥其间，给国民带来了很多负面影响。而社会主义市场经济的发展，也使得思想政治教育工作日益暴露于一个开放的环境之中，开放的社会环境固然有着广阔的发展前景，但也需要我们好好利用，不然必将给思想政治教育现代化的实现带来诸多障碍。

1. 创新教育形式

树立开放性理念，要求我们一方面要对传统的文化进行批判继承，保留其中优秀的部分，去除其中不符合时代的落后内容，其中最重要的就是保留思想政治教育课堂。然后，应当创新性地通过一系列的德育实践活动来增强受教育者的思想道德水平，活化思想政治教育课堂的教育形式，同时，要有目的性地寻找受教育者存在的问题，针对在思想政治教育课堂上新出现的问题和情况，尝试运用创新的理念和方法去解决，以开放性的理念看待问题、解决问题。

2. 坚持理念统一

思想政治教育受教育者的思想态势由于社会不断增强的开放性在发生着相应的变化，思想政治教育工作者应当摒弃自己的陈旧观念，学习新内容，掌握新方法，同时，要在树立自身开放性理念的同时，坚持主流文化主导性和鼓励受教育者多样化发展相统一的理念，不应当也不能限制受教育者的个性化发展，如果只允许存在主导性否认多样化，就会使受教育者由于个性使然产生强烈的抵触情绪，或者造成受教育者发展方向单一化的后果；同样，如果只注重多样化而否认统一性，那么思想政治教育就容易走上歪路，导致受教育者最终遭受挫折，削弱思想政治教育的实效。

（二）树立以人为本的教育理念

思想政治教育是关于人的社会实践活动，既然是实践，那就一定要讲究科学的方法，

以人为本的教育理念是时代发展的产物，它主张将受教育者放在第一位，以受教育者作为教育教学的出发点，顺应受教育者的天赋，提升受教育者的潜能，完整而全面地促进受教育者的全面发展，尊重、理解、关心和信任的教育是必不可少的。

1. 确立主导地位

一直以来，理想信念教育都是党的思想政治工作的核心内容。一个人的理想信念教育，对他来说是非常重要的，我们提倡的坚持以人为本，并不会弱化思想政治教育，而是应当更加强化，要更加强化受教育者进行理想信念教育，要努力坚定理想信念和人生观、世界观、价值观教育的统领地位，培养受教育者的高尚品德。如何对受教育者进行理想信念教育呢？其一应该坚持不懈地用马克思列宁主义、毛泽东思想、邓小平理论、"三个代表"重要思想、科学发展观、习近平新时代中国特色社会主义思想武装受教育者；其二要深入进行正确的"三观"教育，激发出他们的爱国和集体主义情操，引导他们不断追逐更远大人生目标，坚定他们的马克思主义信仰，坚定他们走中国特色社会主义道路的决心，把个人的奋斗和国家的前途命运联系在一起，肩负起实现中华民族伟大复兴的历史使命。

2. 思想问题与实际问题有机结合

思想政治教育应当把解决思想问题与实际问题有机结合起来，才能体现思想政治教育的人本性。为何受教育者总是有思想问题产生，究其原因，是因为他的某些问题没有得到真正的解决。思想政治教育者要为受教育者解决实际问题，以此来增强思想政治教育的说服力和感染力，激发受教育者接受思想政治教育的自觉性和主动性。既要有管理意识，更要有服务意识。应该从提高管理水平和工作效率的角度来看，也应当站在为人民全心全意服务的立场上进行工作，让他们的心更加稳，让他们的心更暖，让他们的心更有归属感，多办好事和实事，要多去倾听受教育者的呼声，了解受教育者的情绪，关心受教育者的困难，要说真话，做实事，用真理的力量和人格魅力，晓以情理；同时，要加强对受教育者进行择业就业指导，增强学生的就业竞争力，要关心心理异常的受教育者，减缓他们的心理压力。

3. 积极进行自我教育

培养受教育者动手能力和自我服务的能力，构建和谐管理环境。建立有效的服务体系，改变受教育者被动接受教育和管理的状况，引导他们进行自我教育、管理和服务，为他们创造有利的成长环境，只有这样，受教育者才有他们的个性发展被着想，他们的自我实现被考虑的切身感受，从而产生强烈的归属感，并希望通过施展才干来实现自我价值，强化对自己认识和行为的责任感；在这种情况下，受教育者更易将规章制度内化成自觉行为，这对于促进受教育者人格的完善，全面提高受教育者的素质，无疑具有非常重要的作用。

（三）树立动态发展的理念

实现思想政治教育现代化是一个动态的发展过程，要求思想政治教育工作者用发展的观点去主动发现问题和研究问题，最终解决问题。传统思想政治教育无法取得较好的实效性是因为自身的封闭性和静态性所导致的，其没有明晰事物是变化发展着的这一哲学基本原理，实现思想政治教育理念的现代化，要求思想政治教育工作者要熟读马克思主义基本理论，特别是其中对发展理论的阐述，同时，还要深刻认识科学发展观这一重要理论，这两个方面是其进行思想政治教育工作所必须拥有的理念。故步自封是无法取得任何发展的，传统的思想政治教育针对性、吸引力不强，往往是大笼统，没有针对性与个性化，只有以发展理念作为自己行动的指针，才能更好地做好思想政治教育工作，增强其实效性。

二、现代化思想政治教育转型的内容创新

（一）坚持正确的教育观

世界观、人生观和价值观，就是人们思想的总开关，人们思想的先进性取决于这"三观"是否正确，三者是一个有机的整体，有什么样的世界观就有什么样的人生观和价值观，人生观、价值观是世界观的重要组成部分，又是它的具体体现。

大学时期正是大学生价值观形成的重要时期。高校思想政治教育必须面对新情况、新问题，正确把握全球化对大学生思想的影响，并采取相应对策来教育和引导大学生形成健康向上的世界观、人生观、价值观。在积极参与全球化的进程中，高校思想政治教育应旗帜鲜明地廓清文化全球化的危害性，对西方各种思潮、价值观念的涌入和渗透保持高度的警惕，要根据国际政治、经济、文化发展最新特点和学生思想动态的实际，加强马克思主义基本理论教育，培养学生正确认识西方的自由、平等、人权、法治等思想，正确区分资产阶级价值观和无产阶级价值观。进行弘扬科学精神的教育，树立科学理念，杜绝迷信活动和迷信思想的传播；加强社会主义核心价值观教育，对学生进行奉献精神教育，培养学生的集体观念和全局观念；坚持理想信念教育，把树立坚定正确的政治方向作为思想政治教育的核心；贯彻以人为本的教育思想，根据大学生的身心规律和特点塑造学生的思想品格与卓越人格，并最终使大学生形成正确的世界观、人生观和价值观，使大学生保持自身思想和道德的正确性和先进性。

（二）培育民族精神

时代背景的变化使我们感受到大学生的民族精神培养和爱国主义精神教育与以前有了很大的不同，新的时代背景下对大学生的民族精神培养和爱国主义教育提出了新的要求。民族精神是一个民族在长期的生产和生活实践中形成与发展的为大多数成员所具有的内在品质、心理特征、精神风貌、价值取向和人生追求。青少年是弘扬与培育民族精神的重点人群，因为他们是祖国的未来，对于青年中受教育程度较高的大学生，更是弘扬与培育民族精神的重中之重。为了加强对大学生的思想政治教育，坚持引导大学生弘扬与培育民族精神，对大学生进行爱国主义教育、理想信念教育、艰苦奋斗教育、健全人格教育，增强大学生的民族自信心、民族自豪感和民族凝聚力，进而确立科学的人生观、世界观、价值观具有极为重要的现实意义。

（三）强化集体主义教育

有人认为，全球化是以市场经济为基本特征的，而市场经济强调的是市场主体的各自利益，为人民服务和集体主义的精神已失去意义。还有的人认为，为人民服务和集体主义是对党员和领导干部的要求，在市场经济时代，向广大公民提这样的要求，太脱离实际。这说明，部分学生对为人民服务和集体主义教育的认识是模糊的。

为人民服务是无产阶级的价值观，是社会主义道德建设的核心；人是社会的人，每个人必须在社会中才能存在和发展。因此，集体主义不但与社会主义市场经济相契合，而且是社会主义市场经济的客观要求；为人民服务和集体主义是社会主义经济基础和发展社会主义市场经济的必然要求。当代大学生只有树立为人民服务和集体主义思想，才能在经济全球化的迅猛发展过程中，才能在社会主义市场经济条件下，自觉抵制极端个人主义、享乐主义等腐朽思想，把个人理想、抱负与国家、集体利益统一起来，在为国家和人民的奉献中，充分实现自我价值。

三、高校思想政治教育现代化转型的方法创新

面对错综复杂的新形势新问题，我国高校的思想政治教育如果简单地沿用以往的老方法、老套路，就难以收到良好的效果。因此不断转变和创新思想政治教育工作的方式和方法，努力增强思想政治教育工作的针对性和实效性，才能使其紧跟时代的步伐，真正发挥教育人、引导人的作用。

（一）促进自我教育

自我教育是思想政治教育的一种方法。所谓大学生自我教育是指在大学生思想政治教育要求的影响和启发下，思想政治工作对象发挥自主因素进行自我认知、自我调控和自我发展的思想和行为的教育活动。自我教育理念下的大学生思想政治教育实践，是一种创新实践，是教育理念的全新变革，是以学生为中心、以个体发展和完善为目的的教育。探索一条以自我教育为核心的思想政治教育模式，是一种方法上的突破。引导学生进行自我教育，就是在政治、思想品德方面，帮助学生学会正确地认识自己和评价自己，培养学生自我协调、自我控制的能力，进而把自己放在一定的社会关系中，在与社会的相互交往中，实事求是地评价自己，坚持好的，修正错误的，使自身修养得到不断地升华。

（二）多种方法相结合

1. 心理咨询法

主要是指在思想政治教育过程中运用心理学的知识和方法，通过形象生动的表述，借助科技成果的帮助，使受教育者的心理产生影响，从而在认知和情感上发生变化，消除心理障碍。心理咨询的结果就是帮助咨询对象重新认识自我、接纳自我、实现自我的发展，心理咨询运用激励的原则，在思想政治教育中发挥着重要的作用。改革开放后，随着经济、文化的交流以及外来思潮的涌入，一些大学生产生了不良的反应。由于学生自控能力低、思想意识形态尚未成熟，因此，在外来文化面前，一些人很容易被错误的思潮左右，他们有的厌恶学习、行为过激，甚至憎恶社会，对社会的安全构成威胁，这些都是病态的反映。这时，采用心理咨询法，让他们辩证地去看待问题，告诫他们不能因为一时的失利产生错误的想法，从而有效地对学生加以引导，使他们回归到正确的轨道当中来，努力在社会主义建设中实现自我。

2. 冲突缓解法

主要是指针对受教育者由外而内的矛盾和冲突，通过建立健全化解机制和宣泄渠道，使教育对象产生正确的思想认识和平衡的心理态度。冲突缓解法具体可以分为缓解和处理

两种方式,其中缓解又一分为二,分别为事态缓解与矛盾缓解。①事态缓解是指在任何冲突发生之前,都会有事前预兆提示,我们要在有征兆苗头出现的时候,就将其解决,以免事态扩大、不可控制。②矛盾缓解是指在冲突发生过程中,采取疏导、分流、调整、疏通、宣泄、转移等方式来疏导对立情绪,改善紧张局面。事态处理是指在矛盾情况发生后要果断采取措施,它要求严格的时间性,即在短时间内将问题处理和解决,这种情况往往针对那些有严重后果、不容耽搁的紧急状态。采用的方式多为切断源泉、紧急求助等方式。

冲突缓解法和心理咨询法是依据不同的困境产生方式形成的有效解决方法。只有将两种方法进行有效的结合,才能更好地改善受教育者的心理状况,使其能够正确地对待困境、走出困境。

00后大学生,是复杂的、不易琢磨的一类群体,自主、自立、轻易间不易改变、坚持自我、钻牛角尖等现象都是现代大学生所特有的,当前大学生刑事案件时有发生,不得不引起我们足够的重视,这就给思想政治工作者带来了严峻的挑战,督促他们采取合理有效的手段,对出现的问题及时加以控制。

3. 实践锻炼法

主要是指教育者积极引导受教育者参与社会实践活动,受教育者在改造客观世界的过程中提升自己的主观意识,不断提高自己的思想觉悟和认识能力,培养正确的世界观和价值观。实践锻炼法包括社会服务、技能参加、社会考察等活动。社会服务是运用自己的智力、体力和技能,为人们提供帮助、解决困难。社会服务活动的过程,使服务主体能够更加充分地感受到社会的正能量,能够更好地帮助服务主体朝着正确的方向行进,这项活动在今后解决问题、处理矛盾、调整社会关系等方面都有一定的促进作用。技能参加就是将人的体力与智力参与到自己对口的活动中并加以锻炼。在技能比赛过程中,能够使人得到综合能力的提升,领悟到团队合作的向上精神,既能解决能力范围内遇到的困难,又能有效帮助他人摆脱困境。社会考察是人们认识社会、探索社会的重要途径。在社会考察当中,我们可以接收到多种多样的锻炼,可以得到各种各样的学习,这是一条最丰富的学习途径,能让人的能力得到全面的提升,思想得到更大的进步,从而在处理多变的问题时,能够正确灵活应对。

4. 自我教育法

主要是是指受教育者通过自我学习、自我锻炼、自我反思的方式,主动接受正确的引导,形成良好的价值观和世界观;在思想政治教育过程中,学校教育是一种外在的培养形式,最终还是实现自我教育的目标,内化成学生自己的个体品质,才能在某种意义上,实现思想政治教育的真正作用。自我教育主要包括自主学习、深刻反思、严格自律等,要更好地实现自我教育,集体活动是一个很好的教育载体,通过集体活动,在集体中接受反思,接受教育,能够时常全面认识自己。通过自我教育这种方法,受教育者可以自觉地摒弃不良思想;自觉遏制不良行为的发生,能从根本上解决问题。

5. 显性方法

主要是指具体施用在受教育者方面的活动。教育者为了受教育者的改变,采取直接面向受教育者的引导方式,通过最普通最直接的言传身教,和学生之间平等的互动,达到思想政治教育的目的，学生实现向好的方面改变；或者是和学生参加某种活动，参与过程中一起探讨活动的目的和意义，让学生受益匪浅，使他们在社会活动中，敢于担当责任，敢于面对问题，敢于合理解决问题，实现自己的人生价值。

6. 隐性方法

主要是相对显性方法的一种隐蔽的教育方式，它的教育活动形式不直接面对受教育者，而是教育者将有目的的教育内容运用到喜闻乐见的教育载体上，使受教育者间接地接受教育的过程。教育者在实施教育过程中，可以带领学生多看一些有教育意义的纪录片，让学生在观看的过程中，汲取影片中的教育成分，潜移默化地引导学生正确认识问题和处理问题；此外，教育者在批评某些学生的时候，尤其那些深受错误思想影响的学生，要采用正确合理的有效方法，可以把受教育的学生与拥有正确观念的学生放在一起，通过对两者思想观念的讨论评价，达到教育的目的。

长期以来，大学生深受国外错误观念的影响，导致在现实生活中表现出道德冷漠、逃避责任和诚信缺失等问题，在学习态度上，表现出对高校思想政治理论课的厌恶和反感，使高校思想政治教育的效率大大减弱。为了解决这一问题，思想教育者付出了多倍的努力，他们既不否认单个教育方法具有的特色和功能，也不完全认同独立方法的教育效果，而是将二者有机结合起来，使其互相补充、互相促进、互相影响。从而更好地开辟德育渠道，实现德育应有的积极作用，探索出具有中国特色的思想政治工作方法。显性教育与隐性教育作为高校思想政治教育的两个主要途径，他们的有效结合，更能发挥思想政治教育的效果，越来越得到人们普遍认同。

（三）运用新兴工具开展思想政治教育工作

1. 利用网络开展教育工作

网络的出现和发展，虽然给大学生思想政治教育工作带来了难度和挑战，但同时，也为教育工作提供了更先进的条件、方法和渠道。通过网络，教育工作者可以快捷、准确地了解大学生的思想状况、关心的热点问题，并能及时与学生进行沟通和解决。因此，高校思想政治教育工作应当充分利用网络资源，采用加强网络信息管理、开设思想政治教育网站、建立思想政治教育信息资料库、有效利用微信、微博等方式，循循善诱、正面引导，扩大思想政治教育工作范围，提高大学生思想政治教育工作的影响力和渗透力。

2. 运用新媒体开展教育工作

目前，以互联网、微媒体为代表的新兴媒体已实现对大学生的全面覆盖、全程融入，上网成为当代大学生一种重要的学习方式和生活方式，因此互联网络也为开展大学生思想政治教育工作提供了新手段、拓展了新空间。尽管当前高校已经认识到了网络这块思想政治教育新阵地的重要性，并且也建立起了各类内容较为丰富的网络学生思想教育专题网站或者思政教育网络版块，但是这种网络教育更近似一种单向的网络宣传的形式，而双向的互动交流则相对缺乏。高校需要继续高度重视网络思政教育阵地的作用，尝试改版和完善各类学生工作网站，充分利用微信、微博等新型传播介质，要在要求全校政工干部在网络背景下不断研究新情况，解决新问题，总结新经验，发现新规律的基础上，积极利用这些新兴媒介和环境同大学生进行双向信息交流，加强信息反馈，主动占领这一新型思想政治教育阵地，提高思想政治教育工作的时代感与实效性。

因此，在全球化背景下，大学生思想政治教育关系到高等教育改革发展，关系到人才培养的质量。高校思想政治教育必须以马克思主义立场、观点和方法为指导，坚持正确的原则，明确基本思路，革新基本方针，更新教学内容，创新教学方式，努力构建新的工作机制和方法体系。

（四）打造特色校园文化开展教育工作

大学生是我国思想政治教育受教育者的重要主体之一，构建特色的校园文化，优化思想政治教育环境，对提升思想政治教育实效，促进思想政治教育现代化有着重要作用。"育人为本，德育为先"理念的提出，使我们对德育工作极端重要性的认识进入了新境界。教育工作者一定要站在新时代的高度，把思想和行动统一到中央精神上来，进一步增强做好德育工作的重大使命感、责任感和紧迫感，激扬豪情，凝聚力量，抢抓机遇，乘势而上，切实推动大学生思想政治教育再上新台阶。

全面贯彻落实习近平新时代中国特色社会主义思想，积极推进和谐校园建设，坚持以人为本、德育为先和贴近实际、贴近生活、贴近学生的原则，充分发挥党政团干部、思想政治理论课教师、辅导员队伍的作用和党、团组织、学生会、班级、社团等组织优势，通过组织开展丰富多彩的主题教育活动，不断提高思想政治教育的针对性、实效性和吸引力、感染力，努力培养德智体美劳全面发展的建设者和接班人；通过思想政治理论课、举办知识讲座、培训会、交流会、研讨会、形式政策报告会、开展社会实践和文体活动、张贴宣传画或宣传材料、开展心理健康咨询等多种形式，突出主题，让学生在学习、生活等方面时时处处受到教育，努力打造良好的校园文化：

1. 加强建设

规范和活跃团总支、团支部工作，修订和完善团的工作考核制度，发挥团员的先锋模范作用和支部的战斗堡垒作用，用"党校""团校"的阵地作用，做好学生入党积极分子的培养教育和优秀团员推优入党工作。

2. 加强宣传

充分发挥校园广播站、报栏、黑板报、校园网络、学生记者站、学生报等宣传工具的作用，营造良好的校园文化氛围。加大对外宣传力度，及时向省、市高教工委、团市委、市委宣传部报送信息。加强与新闻媒体联系，积极向电视、报纸投稿，大力宣传学校，不断提高学校知名度，扩大对外影响，促进学校发展。

3. 加强学习

通过组织学术专题讲座、学习报告会、优秀学风奖、奖学金评选、组织师生座谈会等活动，激发学生学习热情，克服厌学情绪，增强学习的自觉性。

4. 完善社团

不断研究探索社团发展的规律，鼓励、支持、引导成立更多内容丰富、形式多样的学生社团，进一步规范社团管理，健全各项社团管理规章制度，增强对各类学生社团的宏观管理和引导，发挥学生社团在校园文化建设中的主力军作用。

5. 加强心理教育

进一步完善心理健康教育各项制度和工作场所，成立学院"心理健康教育委员会"，在班级设立心理委员，开展"心理健康教育月"活动，对学生的心理健康状况深入了解和测量，高度关注和帮助那些家庭经济困难的学生、有心理疾病的学生及其他有困难的学生，建立基本档案，关注他们的生活、学习、心理、就业。

6. 加强安全教育

开展安全教育月活动，通过学习《安全知识手册》、举办安全知识讲座、安全知识竞赛、安全大检查、紧急情况逃生演练等活动，让学生掌握必要的安全常识，不断提高安全意识和自我救助能力。

四、高校思想政治教育转型机制创新

（一）决策、管理机制创新

在思想政治教育过程中，思想政治教育工作者的工作决策和对受教育者的管理对整个教育活动有着非常大的影响，决策的合理与否、管理的科学与否，都对思想政治教育的实效有很大程度的决定作用，因此，必须要实现思想政治教育决策和管理的现代化。

其一，要建立决策和管理的控制机制，在思想政治教育过程中，要对思想政治教育过程中的稳定因素加以保持，对其中的不稳定因素进行分析研究，并使其能够稳定发挥作用。任何决策和管理都应该做到让思想政治教育整个实践活动变得更具有稳定实效性，控制好其中的每个部分功能。

其二，要建立决策和管理的激励机制。思想政治教育工作者应当将激励融入思想政治教育的决策和管理机制中去，并且努力践行，提高受教育者的主动性和积极性。

其三，要建立决策和管理的系统性，在对思想政治教育实践活动做出相关的决策和管理之前，应当考虑到整个实践活动的整体性，发挥其整体功能大于部分相加之和的功能，使思想政治教育活动取得最大程度的实效。

（二）运行机制创新

思想政治教育的运行与结构机制决定了其教育活动的运行能否顺利、效果是否良好等因素，一个合理而科学的运行体系能够更好地发挥思想政治教育机制的系统功能。

1. 要优化运行主体

要加强思想政治教育工作者的理论功底，提高他们的思想道德水平，进而全面提高其综合素质，一个好的教育者是思想政治教育实践活动取得成功的一半，发挥思想政治教育工作者的先锋模范作用，有利于更好地激励受教育者的积极性和主动性，促使他们配合工作。

2. 要优化运行方式

思想政治教育工作者要坚持从实际出发，实事求是，在尊重客观规律的基础上发挥主观能动性，站在受教育者的立场为他们着想。同时，要打感情牌，增强与受教育者的联系，打造亦师亦友的关系，提升受教育者的归属感和认同感。

3. 要优化运行目标

从结果入手，将思想政治教育实践活动中其他无关的因素和虚幻目标予以剔除，明确目标的指向性，再从过程出发，充分考虑思想政治教育实践活动中的各项影响因素，抓住主要矛盾和矛盾的主要方面，确保教育活动的顺利开展。

4. 要建立起预警和应急处理机制

思想政治教育各个工作部门都应该成为受教育者思想动态和生活状态的动态监控点，及时搜集并记录受教育者的信息，供思想政治教育评价部门做参考。应建立一支由分管领导牵头、其他部门为支撑，思想政治教育者为基础的信息预警体系，随时反映受教育者中的热点问题，及时发现影响安全和稳定的因素，与此同时，建立一支各部门共同参与、骨干积极配合的网络监控队伍，对受教育者的网络言论和动态进行实时监控和引导。

（三）成效评价机制创新

思想政治教育活动能否取得预定的目标，需要靠教育活动的反馈和完整的评价机制来判定，后者对于思想政治教育现代化来说是非常重要的，因为取得思想政治教育效果是开展教育活动的最终目的，其目标是否达成、达成的程度如何，对后期思想政治教育活动的开展有着重要的标榜作用。建立一个现代化的思想政治教育评价体系，是使思想政治教育能够更科学、更严谨的客观要求。由于现行的思想政治教育评价体系面临诸多困境与瓶颈的制约，我们应积极探索评价体系的重构问题。

1. 构建评价体系

（1）自查自评

教育者和受教育者要进行自查自评，按照指标体系和要求，根据自身的工作重点，有针对性地通过走访、座谈、问卷调查、阶段总结、自我反思等形式进行自查自评。定期向所在思想政治教育工作领导小组提交一份自查自评报告。

（2）平时督查

加强对受教育者平时情况的督查，思想政治教育工作部门要按照指标体系和要求，加强平时的督促检查，督查情况、落实结果，存在的问题要逐一详细登记，按时进行小结，作为思想政治教育成效评价的重要依据。

（3）民主评议

思想政治教育工作部门分别对教育者进行考核，同时要抽取一定数量的受教育者参与到这个评价过程，对各单位思想政治教育工作开展情况进行评议。

首先，学生工作部门应作为收集这些信息资源的主体，应当在综合分析的基础上，为其他工作部门创造信息的附加价值；其次，要建立科学的学生工作考核体系。学生工作应作为与教学、科研和社会服务等高校主体工作并列的内容，列入年度考核计划。这个考核计划主要是对学生工作队伍的工作进行考评，考评方式包括学生工作部门打分、相关其他部门打分、学生打分等，考核结果记入相关院系年终考核总成绩。学生工作系统外的考核，涉及学生教育、管理和服务的，学生工作队伍要派出同志参与，要组织学生一起评议，打分要占一定的比例，对于学生工作系统内同志的考评与聘用，应由学工职能部门直接负责，涉及院系工作岗位的，院系分管领导共同参与。最后，激励广大教师积极投身于大学生思想政治教育，并且按照教育工作的需要加强自身修养，不断提高自身的思想政治素质。

然后，还要加强对学生中各类杰出人才的培养和选拔工作，对于在各级各类学生组织中涌现出来的优秀学生干部，经各院系推荐，学生工作部门选拔，留校作为辅导员，并纳入学校党政管理的后备干部人才库。进一步探索评先树优的激励机制，建设新思路，充分发挥学生党支部和党员个人、三好集体、三好学生、文明寝室等荣誉称号的榜样示范作用，使之成为激励广大学生追求上进的重要动力来源。

2. 科学的评价思想

（1）要高度重视思想政治教育工作

思想政治教育工作部门要坚持"育人为本、德育为先"的方针，牢固树立"全员育人、全过程育人、全方位育人"的理念，按照"常规工作抓规范、重点工作求突破、创新工做出特色、整体工作上水平"的工作思路，坚持"平时考查和年终考核相结合、工作考核与民主评议相结合、自查自评与统一考评相结合、狠抓落实与积极创新相结合"，通过思想政治教育工作考核评议办法的贯彻落实，进一步完善"党委领导、小组协调、系部为主、部门配合、骨干引领、全员服务、主体自觉、师生互动"的思想政治教育工作评价机制，逐步建立起"指标明确、主体参与、着眼平时、注重建设、程序规范、突出实效"的思想政治教育工作考评体系，不断提高受教育者思想水平。

（2）要切实加强常规性工作和平时督促检查

要正确认识和对待考评工作，考评是手段，促进工作是目的。思想政治教育工作部门要进一步规范日常工作制度，强化岗位职责，坚持抓好党团组织与干部队伍建设不放松，做到常规性工作不断线、无缺口，杜绝常规工作的随意性、盲目性。各被考评单位和人员要把精力更多地用到扎扎实实地做好日常的教育管理工作上。认真做好平时督查工作，及时发现问题、分析问题、解决问题，并准确记录督查情况与结果，以促进工作落实，为考评提供可靠依据。

（3）要努力抓好重点性工作和创新性工作

思想政治教育工作任务艰巨、责任重大。要善于抓重点，解决好难点和热点问题：深入开展中国特色社会主义理想信念教育，是当前思想政治教育的首要任务和重中之重，要采取有效措施抓紧抓实与受教育者切身利益密切相关的生活服务保障工作及权益维护，这是当前思想政治教育工作的热点，必须从育人的高度抓实抓好。随着信息时代的到来和社会的日益开放，受教育者的成长环境日益复杂，思想政治教育工作面临的课题也层出不穷，特别是理想信念教育、心理健康教育、网络思想政治教育等领域的问题给我们提出了新的挑战，对此必须加强调查、深入研究，在理论和实践上积极创新，要注意在创新实践的基础上总结升华理论性的成果，并将其应用到新的工作实践中，从而实现工作机制的创新。

（4）要严格考核评议程序

严格按照考评实施办法做好考评工作，确保考评的客观性、真实性，考评结果要公开，拟表彰的先进集体和个人要公示，以确保考评工作的公平、公正，考评工作人员要遵守考评纪律，本着实事求是的原则，客观、认真地对考评对象进行考评，不得借机报复，不得徇私舞弊，一经发现，严肃查处。思想政治教育现代化不仅是思想政治教育自身发展的时代要求，而且是思想政治教育发展的本质需要，其离不开思想政治教育理念、内容、方法、机制现代化的实现。在理念上要坚持以人为本，树立开放和发展的理念，是思想政治教育现代化的重要前提；思想政治教育现代化的内容应当包括科学发展观、社会主义核心价值体系等教育内容。通过网络思想政治教育这一全新载体以及与其他学科的交融借鉴，打造校园文化等实现思想政治教育途径的现代化。要建立完善的决策管理、运行和评价体制，对思想政治教育实行严格的控制和规划，实现思想政治教育机制的现代化。

第五章 高校思想政治教育的资源整合

第一节 高校思想政治教育资源整合的基本依据

一、高校思想政治教育资源整合的必要性

新媒体技术的迅猛发展,为高校思想政治教育活动提供了广阔的空间,但无形之中也增加了思想政治教育的价值实现难度。资源整合的最直接意义就是使有限的资源最大限度地满足人们的需要,使资源利用达到最大化。在新媒体环境下,高校思想政治教育工作要突出资源整合意识,从资源的视角来研究和探讨资源整合对思想政治教育价值实现的意义。实行高校思想政治教育的资源整合,主要基于以下几方面原因:

(一)克服新媒体时代高校思想政治教育资源自身短处的内在需求

长期以来,高校思想政治教育资源存在"三大短处":

1. 资源短缺

当前,我国高等教育已经进入了大发展时期。大众化教育发展迅猛,一方面是大批中等职业院校升格为高等专科职业院校;另一方面是独立学院的兴起,使得高校数量激增。此外,原有高校不断扩招,促成了庞大的受教育群体。由于高校思想政治教育资源的增长幅度与受教育群体的增长速度不同步,许多高校的思想政治教育资源在短时期内显得相对短缺。因此,实行思想政治教育资源整合不失为解决这一需求矛盾的有效尝试,也有利于促进不同地区思想政治教育公平。

2. 资源发展不平衡

高校思想政治教育资源发展的不平衡,主要表现在两个方面:一是地区性不平衡。由于经济和文化发展的不平衡,不同地区的政府和教育行政主管部门对高等教育的财政经费投入有所不同。经过多年艰辛的努力,高校的思想政治教育学科建设取得了较大的成就。目前,全国马克思主义理论与思想政治教育一级学科学位层次已达到齐备的程度,硕士、博士学位点几乎遍及全国各个大区,数量多,分布广。但目前这些研究性环节主要分布在经济较发达的东部和政治文化氛围浓厚的北部地区,一大批有理论素养和实践经验的思想政治教育专家、学者相继向其聚拢。二是领域性不平衡。在社会领域内,社会思想政治教育资源主要有网络、影视、新闻、媒体、书刊、博物馆、纪念馆以及各类标志性建筑物等;社区思想政治教育资源主要有工厂、商店、社区、文化娱乐部门、司法机关等单位和部门,这些思想政治教育资源内容丰富但缺乏系统性和理论指导作用。而高校的思想政治教育资源虽然较为系统且具有很强的指导性,但缺乏生活气息和吸引力。在不增加或少增

加思想政治教育投入的前提下，实行高校与社会、高校与高校之间的资源整合，可以最大限度地发挥现有的高校思想政治教育资源的作用，提高教育资源的使用效率。同时还有利于高校之间交流研讨，促进高校与社区间双向互动关系的形成，改善和巩固高校与社区间的相互合作关系，提高办学效益和教育教学质量。

3. 资源发展存在差异

高等教育的发展类型和层次具有多样性。从院校的生源层次来看，存在着本一批、本二批和本三批院校；从院校的办学性质来看，存在着公办院校、民办院校和独立学院；从院校的办学类型来看，存在着文科类院校、理工科类院校、艺术类院校及综合性大学。各级各类院校在思想政治教育资源方面存在着较大的差别。现实中，各种高校思想政治教育资源分散在不同的地区和不同的单位，受时空的限制无法实现有效聚合。资源整合是通过一定的手段和方式，使资源在一定程度和范围内集中。在思想政治教育资源总量一定的情况下，实施资源整合，也是各级各类高校解决思想政治教育资源差异性问题的有效尝试。

（二）适应新媒体时代高校思想政治教育资源新特点的现实需要

新媒体时代，新媒体以其海量的信息、迅捷的传播速度、"多对多"的传播方式、受众范围广以及影响结果直接显著等特色，使其在高校思想政治教育中所起的资源性作用正逐渐被认识和重视。新媒体在高校思想政治教育中的地位和作用的显现，赋予了高校思想政治教育资源新的特点：

1. 潜在性

如同其他资源一样，思想政治教育资源无论其存在形态、结构，还是其功能和价值，都具有潜在性，必须经过思想政治教育工作者实施主体自觉能动地加以赋值、开发和利用，才能转化成现实的思想政治教育资源。新媒体时代，高校校园媒体的教育功能需要经过思想政治教育工作者自觉主动地加以开发和整合才能得以实现。

2. 多样性

思想政治教育资源的"客观状态"具有多样性，不同地域、不同时代、不同文化背景下，可供开发和利用的思想政治教育资源不同。新媒体时代，知识层面的、活动层面的以及环境与设施层面的高校思想政治教育资源，在概念和外延上得到了拓展。新媒体所承载的内容信息、文化、思维方式及其自身的知识传递的功能性作用，使得高校思想政治教育资源得到了极大的丰富。

3. 动态性

思想政治教育资源是一个与社会资源系统、人的主观价值系统和开发条件等动态适应的子系统，因而不同主体在不同情景下面对可能开发利用的思想政治教育资源是不同的。新媒体的开放、迅捷、及时和海量化信息承载量，赋予了高校思想政治教育资源动态的、开放的和较强情景性的特点，因而必须针对具体的时空条件和情景进行开发与利用。

4. 选择性

思想政治教育资源是客观社会资源经过主体筛选后具有主观性和客观性的资源，其涉及范围广泛，包括制度层面、精神层面和物质层面。新媒体在高校校园的兴盛丰富了高校思想政治教育的手段和途径，扩大了思想政治教育资源的选择性。

(三) 加强高校思想政治教育资源利用的必然要求

加强高校思想政治教育资源整合是为了合理地利用资源，使大学生思想政治教育具有更强针对性和实效性。如今的高校思想政治教育资源整合虽然取得了显著的成效，但是在整合过程中仍然存在着一些不可忽视的问题。因此，必须深化对高校思想政治教育资源整合必要性的认识，深刻认识"四个必然要求"：

1. 提高高校思想政治教育资源使用效率的必然要求

一般来说，教育者在高校思想政治教育实践中遇到和直接运用的都是大学生思想政治教育个别而具体的资源形态。但是，无论哪种资源形态都不是孤立存在的，而是与其他的资源形态相互依赖、相互支撑，有机结合在一起而形成一个整体。在高校思想政治教育资源整合过程中，存在着现有高校思想政治教育资源的有限性和所需资源无限性之间的客观矛盾。只有在现有的条件下，充分把握思想政治教育资源的属性，正确地审视和理解高校思想政治教育资源之间的内部关系，再进行全面的合理整合与配置，达到资源共享，才能更好地提高高校思想政治教育资源的使用效率。

2. 提升高校思想政治理论课实践教学资源质量的必然要求

高校思想政治理论课实践教学资源的质量，是指思想政治理论课实践教学资源作为一个系统，它的各组成要素能否满足实践教学的要求，以及各要素之间能否实现最优组合，形成合力，使之功能效益最大化。实践教学资源的质量也是影响高校思想政治理论课实践教学环节顺利实施的重要因素。新媒体时代，高校思想政治理论课实践教学资源既有人、财、物等有形的要素，又有教风、学风、校园环境、社会舆论等无形要素，这些要素之间的结构是否搭配合理，既反映了资源本身的质量，又直接影响和制约思想政治理论课实践教学的效果。即各种实践教学资源对思想政治理论课实施所起的作用不是一个简单的、直接的、机械的过程，而是一个有机的、综合的复杂过程。任何单个要素所起的作用都是十分有限的，只有将各种实践教学资源的力量联合起来实现资源共享，才能形成教育合力，达到资源综合利用的最佳效果，而这些只有通过对资源的充分整合才能实现。通过整合，可以将所需要的各种思想政治理论课实践教学资源按计划和要求进行调配和优化组合，使其相互联系、相互作用、相互影响，以提高资源的质量和利用效益，从而实现实践教学的既定目标。

3. 推进高校思想政治教育社会化的必然要求

高校思想政治教育社会化是指高校思想政治教育要适应社会发展的需要，贴近大学生的实际生活，以学校为中心，在全社会共同关心支持下，引导大学生适应社会、参与社会、服务社会，实现高校思想政治教育与社会教育相互渗透、相互作用的过程。高校思想政治教育的社会化从本质上来说就是为了促进大学生的社会化，它不仅是高校的任务，也与各级部门和社会各界有密切联系，因此，社会上的相关部门和相关群体都要关注和重视大学生思想政治教育，特别是要树立全员育人、全过程育人和全方位育人的大学生思想政治教育观念。随着新媒体的广泛运用，决定了高校思想政治教育资源整合方式的多样化，只有通过多样化的资源整合方式，才能达到高校思想政治教育资源利用率的最大化和效益的最优化，从而有力地促进高校思想政治教育社会化。

4. 对大学生进行立体教育和综合培养的必然要求

当前，新媒体的发展进程不断地改变大学生的思想、学习和生活状态，拜金主义、享乐主义和个人主义等社会思潮严重冲击着大学生的思想道德观念，高校思想政治教育工作者必须适应时代发展的要求，以社会主义的教育方针为指导，在大学生思想政治教育实践中，将学校教育、家庭教育和社会教育相结合，形成合力，并将各种校内资源和校外资源进行合理整合，充分发挥高校思想政治教育资源的作用，以提高大学生思想政治教育的适应性和有效性。只有这样，才能对大学生进行立体教育和综合培养，规范大学生的思想和行为，引导其走上符合当前社会主义教育事业发展要求的道路上来。

二、高校思想政治教育资源整合的可行性

（一）需求的交互性为高校思想政治教育资源整合打下基础

高校思想政治教育资源整合的指导思想在于"优势互补、相互促进"。各高校既是思想政治教育资源的供给者，又是需求者，这种交互作用使得资源整合成为可能。不同地区、不同类型的高校在思想政治教育资源方面存在着很大差别，这种差别表现为三种情况：一是学校之间存在着思想政治教育资源的差异性。在大批的研究型院校中，思想政治教育资源优势主要体现在理论研究和学科建设方面。不足之处是教学与思想政治教育的实际工作相脱节的现象较为普遍，学校培养出来的博士大多又继而从事学科建设、理论研究，极少有人投身思政教学和实践工作，理论研究优势没有转化成教育实践优势。从长远看，虽然学科建设最终会大力推进思想政治教育的资源建设，但是，近些年来，在客观上造成的现实是大批学者很少直接面对本科生开展思想政治教育工作，脱离思想政治教育工作第一线，思想政治教育资源"流失"。由于马克思主义理论与思想政治教育学科建设，尤其是与思想教育实践相脱节，造成高校思想政治教育资源的结构性"流失"严重；而以教学型为主的大批独立学院和高职高专院校，恰恰弥补了这一缺陷，思想政治教育工作者（教师、行政、辅导员队伍）主要从事一线的思想政治教育工作，体验深刻，其优势在于教育观念开放、实践经验丰富以及思想政治教育信息资源密集。缺陷是队伍偏年轻化，缺乏理论归纳和总结能力不强。从整体发展来看，研究型高校与教学型高校实现思想政治资源的优势互补，既是促进我国高校思想政治教育资源均衡配置的必由之路，也是各高校提高思想政治教育实效性、创新性的现实要求。二是部分高校存在着思想政治教育资源闲置浪费的状况。一些重点院校和有思想政治教育学科设置的文科类院校，其雄厚的师资力量和丰富的实践基地等资源并未得到充分利用，因此愿意以某种方式提供给其他学校使用。三是部分高校的思想政治教育资源不足，存在着共享的需要。以上三种情况使得思想政治教育资源整合存在可行性和合理性。各种类型的高校通过资源整合实现双赢的同时，最终将促进高校思想政治教育整体水平的提高。

（二）有利的政策环境为高校思想政治教育资源整合提供保障

要实现高校思想政治资源教育整合，除了对资源的分布进行分析外，还必须从资源整合的支持系统进行考察。事实上，高校思想政治教育资源能否实现整合，以及在什么情况下能够实现整合往往受环境条件的制约。从我国现有的支撑政策来看，我国非常重视青少

年的思想政治教育工作，为大力支持高校做好思想政治教育工作，连续出台了相关文件，并组织了思想政治理论课教材的编写，以及组织骨干教师培训和辅导员队伍培训。各级教育部门也实行思想政治理论课教师全员培训，推行了持证上岗制度。这在高校的各学科领域里是独特的优势，国家和行政主管部门的政策支持为高校思想政治教育资源整合提供了政策保障和便利条件。

（三）迅速发展的互联网技术为高校思想政治教育资源整合提供支持

迅速发展的高校互联网是高校思想政治教育资源整合的技术支持，互联网具有信息量大、信息发布快、可异地传送以及不受时间、空间限制等优点，能够在一定程度上解决高校思想政治教育资源相对分散的问题。高校可利用网络技术来收集思想政治教育的资料，通过网络来丰富思想政治教育资源。目前，全国绝大部分高校都建立了思想政治教育网络或相关的校园网。从硬件设备角度看，当前开展网上思想政治教育在技术上已经比较成熟，我们只需要一些多媒体计算机，开通网络就可以参与高校思想政治教育资源的共建共享，充分发挥各类教育资源在高校思想政治教育中的作用。

总之，高校思想政治教育资源的整合与共享不仅是必要的，而且是可行的。它的必要性会随着高校的改革发展而愈显迫切，它的可行性会随着党建工作内容和技术的双重推进而与日俱增。

第二节　高校思想政治教育资源整合的理论支撑

新媒体时代高校思想政治教育资源整合需要理论支撑，不仅需要哲学、经济学和教育学等基础理论和最新形势政策的依据，还要充分吸收其他相关学科的理论知识，并密切关注其他学科的最新理论发展，唯有如此，才能使高校思想政治教育资源达到最佳整合，并充分发挥资源整合后的效应，更好地推进新媒体时代高校思想政治教育工作。

一、哲学支撑

（一）马克思主义关于社会存在与社会意识关系的原理

马克思主义从观察社会历史现象的"现实的前提"出发，详细地论述了社会意识从产生到发展的过程及其本质，马克思和恩格斯对社会现象的变化和历史发展与演进都做了全面的概括与分析，从这一前提出发，详细地阐述了有关社会意识的相关问题，主要包括社会意识是如何产生、怎样发展以及它的本质是什么。马克思和恩格斯在历史唯物主义原理中所提的社会存在决定社会意识，指的是社会存在是社会意识的根源，是第一性的；社会意识是对社会存在的反映，是第二性的，社会存在决定社会意识的发展变化。

如果要全面正确地理解社会存在与社会意识的辩证关系，不但要认识到社会存在决定社会意识，还要特别重视社会意识的能动的反作用和其相对独立性。这就要求我们在高校思想政治教育实践中，不但要弄清社会存在与社会意识的关系，还必须正确理解社会意识尤其是先进意识对社会存在的能动的反作用，只有这样，才能充分发挥思想政治教育的巨大作用，从而对高校思想政治教育资源存在的必要性和可行性有个全面的认识和高度的重视。

所以，只有加强对大学生物质生活状况及其变化发展规律的研究，探寻大学生产生思想问题的物质根源，才能较为全面地掌握大学生的思想面貌以及变化发展的趋势。在具体实践中，必须准确把握大学生的生活实际，积极争取社会中的有利力量，抵制和克服社会中的消极影响，从而深化高校思想政治教育资源配置的效率和水平，提高资源的利用率和使用质量，不断增强高校思想政治教育的针对性和实效性。这就为高校思想政治教育资源的有效整合提供了最基础的理论支撑。

（二）马克思主义关于人的本质的理论

马克思主义关于人的本质的论述，为我们科学地认识大学生及其思想提供了基本的理论依据。马克思和恩格斯对前人的观点做了系统的研究和批判，去粗取精，从而吸取了人类思想史上最具有价值的理论成果，批判地继承了黑格尔辩证法的合理内核和费尔巴哈唯物主义的基本思想，创立了辩证唯物主义和历史唯物主义。马克思和恩格斯结合自己的研究，在此基础之上，在人类历史上第一次科学准确地阐述了人的本质是什么。马克思在《关于费尔巴哈的提纲》中作出了对人的本质的科学论断："人的本质并不是单个人所固有的抽象物。在其现实性上，它是一切社会关系的总和。"这就是马克思主义关于人的本质问题的最经典表述，它不仅是对人的本质的科学论断，还为科学考察人的本质开辟了正确途径。

根据历史唯物主义的观点，马克思主义第一次提出了人的本质由社会关系决定的理论命题，这具有开创性的意义，自此以后，人类研究人的本质具有了科学的思维方法和准确的理论基础。社会关系作为一个整体性的系统，是十分庞大而且非常复杂的。从马克思主义关于人的本质理论看，人的思想的形成与发展变化无时无刻不是受到社会关系的制约，这就要求高校思想政治教育必须建立在社会关系的充分发展基础之上。

以上的论证成为高校思想政治教育资源配置的重要理论依据，为高校思想政治教育资源整合确定了科学合理的目标。这也要求在高校思想政治教育资源整合的过程中应该认识到以下几个问题：首先，高校思想政治教育的主体是人，并存在于一定的社会关系之中，思想政治教育资源是被人所利用的，也一定是蕴含在一切社会关系的总和之中的；其次，大学生的思想以及高校思想政治教育资源都应该具有一定的特点和差异，要对其作出准确的把握和判断，只有将其放在大学生所处的特定的社会关系中去理解才有意义；最后，大学生思想和高校思想政治教育资源的发展变化，必定与大学生所处的各种社会关系的发展变化紧密相关。只有这样，才能充分把握和利用高校思想政治教育资源，用以增强高校思想政治教育的社会性和适应性。

（三）"以人为本"的理念

高校思想政治教育的培养目标，决定了在大学生思想政治教育工作中必须贯彻"以人为本"的理念。人是高校思想政治教育的主体，高校的思想政治教育工作必须坚持从"以人为本"的基本点出发，不断突破在传统理念上所形成的思想政治教育的既定思维，从理论上为促进学生全面发展和思想政治教育工作改革指明正确的方向，从而使高校思想政治教育工作落实到为学生服务的根本上来，最终贯彻到不断促进人的全面发展。

全面协调可持续是加强和改进高校思想政治教育的基本要求。必须着眼于实现思想政治教育系统内外诸要素的有机结合，提高高校思想政治教育的针对性，全面协调各种思想政治教育资源，为大学生发展进步创造条件。统筹兼顾是科学发展观的根本方法。高校思想政治教育资源整合也必须掌握统筹兼顾的科学方法，正确、妥善处理各方面的关系。

二、经济学支撑

（一）供需均衡理论

我国经济已由高速增长阶段转向高质量发展阶段，在实践中必须把握三个具体要求，坚持质量效益导向、坚持创新驱动发展、坚持全面深化改革。

供需均衡是一个经济学术语，它涉及两个概念（即供给和需求）和一种状态（供给——需求状态）。经济学中的产品生产是指厂商的行为，产品需求是指消费者的意愿行为。供需均衡理论，指的就是生产者提供的产品只有符合消费者的需求，市场的供求才会达到均衡。如果供给与需求不匹配，即供给者提供的不是消费者所需要的，那么，一方面生产者浪费了为生产其产品所耗费的人力、物力和财力；另一方面，消费者的需求得不到很好的满足。所以，消费者所具有的现实和潜在的消费需求，应该成为生产者在生产过程中的目标基础，只有这样，才能生产出满足广大顾客需求的优质产品，否则，生产者的生产就具有盲目性，生产和消费的供需平衡就不能圆满实现。

高校思想政治教育资源作为一种特殊的商品，其生产者为"教育者"，即高校思想政治教育相关部门、教师和职工；需求者为高校大学生，作为高校思想政治教育重要载体的思想政治教育资源在教育者和大学生之间存在着"供给——需求"关系。按照市场规则，如何配置资源、组织生产都取决于消费者的消费需求。

在高校思想政治教育过程中，大学生的需求状况是分析决策参考的一个最为重要的因素。高校思想政治教育资源必须与大学生的学习、生活和思想实际紧密结合起来，从人本理念出发，切实做到大学生想之所想、急之所急，只有这样才能使传统思想政治教育过程中教育内容"入耳不入心"的被动局面得到良性转变，从而充分发挥高校思想政治教育的巨大效用，也就能够为高校和谐发展提供强有力的思想文化基础。

在经济生活中，需求和供给是相互独立而又相互依存的，一方面需求带动供给；另一方面供给也创造需求。然而，在高校思想政治教育中强调供求一致，并不是完全按照大学生的需要来提供思想政治教育资源，他们需要什么就生产什么，而是要对大学生的需求进行正面引导和层次提升，使思想政治教育产品的生产不仅遵循了供求规律，而且符合高校思想政治教育的切实需要。因此，我们提供给大学生的思想政治教育资源首先是能够符合大学生实际需求的，绝不能是无原则地、只是随意迎合学生的任何需求，而是要求必须将大学生的个人需求与高校和社会的整体需求进行统一，从而能够最大限度地满足其个人需求。对于那些不符合高校和社会目标的思想政治教育资源，则应当加以引导和纠正。

（二）成本效益分析理论

成本效益分析是一种通过比较项目的全部成本和效益来评估项目价值的方法，成本效益分析是一种经济决策方法，就是将成本费用分析法运用于政府部门的计划决策之中，以寻求在投资决策上达到如何以最小的成本获得最大的效益。需要量化社会效益的公共事业项目价值就经常用这种分析方法来评估。

随着现代社会经济的迅速发展，政府的职能逐渐多元化，政府投资项目也开始逐渐增多，在政府的实践应用和积极推动下，这一理论在经济运行过程中的作用也越来越明显。这促使广大人民也开始更加关注投资，重视投资项目支出的经济和社会效益。在此基础上，成本效益分析理论在实践方面也得到了迅速发展，现如今这种能够比较成本与效益关系的分析方法已经被世界各国广泛采用并运用于各种领域。例如，成本效益分析法运用在高校思想政治教育领域，这种成本包括思想政治教育的实际成本和机会成本，其中实际成本也叫直接成本，指的是以货币支出的教育资源价值，机会成本也叫间接成本，指的是因资源用于教育所造成的价值损失，也就是说，如果资源不用于大学生思想政治教育，它可能获得的最大的收益。

效益是检验高校思想政治教育资源整合水平的唯一标准。从本质上讲，高校思想政治教育工作的效益是一种精神效益，是人的世界观、人生观、价值观以及知识量、信息量等主观世界的某些积极变化。各类高校思想政治教育资源在形式上有很大的差异性，在作用上也有很强的替代性，必须结合高校思想政治教育实际确定使用哪种资源、使用多少以及选择使用的时机和场合，这就是新媒体时代高校思想政治教育资源整合所需要解决的重要问题，它直接关系到高校思想政治教育的效果。高校思想政治教育资源整合是一个动态的过程，主要是组织和支配各类教育资源为大学生教育目标服务。在资源整合过程中，应该遵照成本—效益分析的方法，使教育资源能够得到有效配置，形成合力，达到事半功倍的效果。

三、教育学支撑

（一）"三个面向"的教育理论

教育要面向现代化，面向世界，面向未来。"三个面向"教育理论是基于我国正处在社会主义初级阶段的基本国情提出来的，是对我国教育事业发展的指导方针、教育的性质和方向的深刻阐述，也由此形成了鲜明的理论主题和科学体系。

随着经济全球化发展的不断深入，不同国家和地区政治、经济、文化的交融与碰撞也日益增强。我们已经不能再以孤立的眼光来看待整个社会，更不可能与世隔绝搞现代化，办教育事业同样不可能闭门造车。"三个面向"的教育理论实质上对教育事业提出了三项要求：第一，教育的发展必须紧密结合社会经济发展的实际情况，与国家的战略目标和战略步骤相适应，按照我国现代化建设的要求培养相应的人才，从而带动我国公民素质在科学技术、文化知识和道德水平上的整体提高；第二，要以世界的眼光和开放的精神来看待教育问题，学会借鉴和吸取世界各国先进的科学文化知识，对于世界范围内全人类共同创造的文明成果要能够为我所用；第三，教育必须在仔细分析自身特点的基础上，认真考虑现代化建设的长远目标，运用发展的思维，使培养出的优秀人才能够适应和满足未来社会发展的需要。

"三个面向"教育理论具有实践性、开放性和预见性的基本特征。它在很大程度上突破了传统高校思想政治教育资源在空间和时间上的限制，指明了高校思想政治教育资源的开发和利用的正确方向。在新媒体时代，高校思想政治教育资源整合必须遵循社会主义现代化建设的一般规律，运用世界性的眼光和发展性的思维来考虑问题，这样才能实现资源整合的科学化和合理化。如果仍旧被限制在传统陈旧的教育思想观念之中，冲不破影响高校思想政治教育资源开发和利用的制度性障碍，就培养不出社会主义的合格建设者和可靠接班人。在对高校思想政治教育资源进行整合时，只有将其置于开放的环境中，将现实与未来相结合起来考虑，才能充分发挥高校思想政治教育资源的实用性和有效性。

（二）生活教育理论

生活教育理论主要包括生活即教育、社会即学校、教学做合一相互联系不可分割的三个方面。这一理论最主要的特点就是主张教育要同实际生活相结合，反对传统教育中死读书的旧观念，更加注重儿童的创造性和独立工作能力的培养。

"生活即教育"是生活教育理论的核心。教育这个社会想象，起源于生活，生活是教育的中心，教育应为社会生活服务，在改造社会生活中发挥最大的作用。"社会即学校"，是"生活即教育"思想在学校与社会关系问题上的具体化。陶行知认为自古以来，社会就是学校，因为所有的教育思想都来源于社会，所以社会应该是人民大众唯一的、共同拥有的大学校。"教学做合一"，是"生活即教育"在教学方法问题上的具体化。生活教育理论要求学生在接受教育的过程中手脑并用，劳力与劳心同行，这就大大突破了传统教育上只重视学校教育而忽视社会教育，只重视书本学习而忽视生活实践、劳心与劳力相分离的限制，迸发出强烈的时代气息。

从生活教育理论阐发的观点来看，在新媒体时代尤其强调高校思想政治教育的实践活动必须克服传统教育理念上的错误看法，改变过去那种以学科、课堂、教师为中心的传统教育模式，树立起源于生活、最终还要回归于生活的教育理念。我们要深入发掘现实生活中的高校思想政治教育资源，使现实社会生活中教育资源的作用得以充分发挥，对理论教学和现实生活中的思想政治教育资源进行优化整合，努力实现理论教学和现实生活的相互融合与统一。

第三节　高校思想政治教育资源整合的路径选择

一、转变思想观念，科学定位资源整合

新媒体时代，高校思想政治教育的环境发生了重大变化，思想政治教育资源整合必须首先从转变思想观念入手，树立整体、全面、开放、效益、发展的新思想政治教育资源观。为此，需要树立"四个资源观"：

（一）树立思想政治教育资源辩证观

确立高校思想政治教育资源辩证观，需要我们正确处理好三个重要的资源矛盾关系：一是思想政治教育资源的有限性与无限性问题，思想政治教育的人力资源、财力资源、物力资源、组织资源等就其物质性而言是有限的，但新媒体所提供的思想政治教育资源以及

教育工作者利用资源的潜能是无限的。二是思想政治教育资源的有用性与有害性问题。新媒体所提供的资源海量、鱼龙混杂，既可以成为思想政治教育的有利资源，也可能对大学生造成不良的影响。三是思想政治教育资源量与质的问题。量与质的辩证关系要求我们在不断丰富高校思想政治教育资源的同时，也要不断提高资源的"质"，提升资源的利用率。

（二）树立思想政治教育资源层次观

高校思想政治教育资源是可以从纵横双向划分的矩阵系统。从横向来划分，思想政治教育资源可以分为人力资源、财物资源、信息资源、组织资源、制度资源和文化资源等。就文化资源而言，又可从纵向划分为传统文化资源、国外文化资源与网络文化资源等。思想政治教育资源的层次观要求我们对各个层次的资源进行有效整合，让思想政治教育贴近大学生生活实际，改变过去对有些思想政治教育资源不客观、不现实、理想化过重、人为拔高的情况。

（三）树立思想政治教育资源整体观

新媒体时代高校思想政治教育资源是丰富多彩的，融传统与现代、虚拟与现实、国内与国外、整体与部分为一体。一般来说，教育者在思想政治教育中直接碰到和运用的总是个别而具体的资源形态。然而，无论哪种资源形态都不是孤立的，而是同其他与之相关的资源形态结合在一起的。这就是资源的整体性质。要提高思想政治教育资源的利用效益，就必须树立对教育资源的整体观，协调好思想政治教育工作者队伍内部以及思想政治教育工作者和非思想政治教育工作者之间的关系，既要看到具体的思想政治教育资源的特性，又要看到相关的各种资源的整体优势，避免资源的重复建设与浪费。

（四）树立思想政治教育资源发展观

由于高校思想政治教育资源是同新媒体的发展和人的发展需要以及教育者的开发能力联系在一起的，因而便具有了历史性质，不仅其品类、数量、规模在不断的变化中，而且其功能也在不断地发展着。思想政治教育是精神文明建设的重要组成部分，客观上应与物质文明和政治文明同步发展。高校思想政治教育工作者应坚持资源化建设导向，主动充实网络思想政治教育资源；同时要善于将各类信息加以系统分类整理，变信息资源为网络思想政治教育资源。

二、坚持整合原则，规范资源整合

新媒体时代高校思想政治教育资源整合是依据一定的目的和需要而进行的信息加工活动，是涉及技术可行性、整合后的知识间的关系性以及高校教育功能、学生的满意度等多方面因素的复杂工作，所以在整合的过程中高校要制定出相关的原则、标准来对思想政治教育资源的整合过程予以约束、规范，只有这样才能充分发挥思想政治教育资源的强大功能和优势，更好地为大学生服务。归纳起来，高校思想政治教育信息资源整合原则有以下几种：

（一）开放性原则

开放性，是新媒体时代的重要特征。当今世界，全球化趋势日益加剧，只有致力于推进世界思想政治教育资源供应体系和需求市场的共同开放，不同思想政治教育资源才能借助于不断扩大的开放发挥互补效应。任何一个实行闭关锁国、地方保护主义政策的国家和地区都不可能在开放的时代背景中领先。要保证思想政治教育资源开发成果辈出，必须以开放的眼界，放眼整个人类资源市场。具体而言，就是要学会利用国际、国内两个资源市场，加强区域之间的思想政治教育资源整合，实现合理开发，有效使用。思想政治教育资源系统本身是一个开放的体系，它不断地同外界的其他不同系统之间发生着信息交流，实现不同地区之间资源的互补和动态交流。但同时也应当看到，新媒体技术的发展使得高校处于一个开放的信息环境之中，也使高校思想政治教育环境日趋复杂。因此，高校在构建思想政治教育环境中必须坚持社会主义的政治方向，开放高校校园媒体信息，在学生自由的选择接受和发布信息的同时，学校应给予积极的、主流的引导和约束。

（二）创新性原则

创新是一个民族的灵魂和生命力所在。创新就是要突破已有的、不合时宜的旧框框，建立起符合时代新需求的新方法、新体系。新媒体时代高校思想政治教育资源的整合也离不开创新，创新是思想政治教育资源整合应坚持的重要原则。人们总是希望能够看到新闻传媒中有新的东西出现，千篇一律的事物很容易让人产生审美疲劳，导致人们对校园媒体所传播的内容关注度下降，校园媒体的作用就随之减弱。因此，校园媒体思想政治教育资源在进行整合和利用的过程中，应该坚持创新的原则。

（三）系统性原则

高校思想政治教育资源整合是一项系统工程，按系统论基本原理，一方面，高校思想政治教育资源整合系统自身的动态平衡，是维持该系统可持续存在的基础；另一方面，各高校思想政治教育资源系统之间彼此释放的功能应互相契合，建立良性的互馈机制。在教育中，最忌讳的是各种教育因素的无系统性、不协调性所导致的各种教育影响的相互冲突，使教育的效果被抵消，甚至使被教育者产生思想混乱，导致负效应。因此，在系统整合高校思想政治教育资源过程中，应在充分开发和利用人力资源的基础上，使优秀的高校教师掌握和采用最有效的介体资源，创造最有利的环境资源，充分利用雄厚的网络资源、文献资源，有效协调高校教育系统内部各部门、各单位之间的关系，使高校思想政治教育系统的内部各要素，目标一致、紧密配合，实现高校的各种思想政治教育资源的最佳整合，以充分发挥高校思想政治教育系统的整体功能。坚持系统性原则，最优化是系统论的一个组织原则，可以理解为选择解决某种条件下各种任务的最好方案，使之在资源整合过程中尽量高效、合理、协调。总之，保证高校思想政治教育资源整合系统的功能契合，保持系统内部的动态平衡，是新媒体时代高校思想政治教育资源配置环境协调发展的最基本原则，应严格遵循。

（四）实效性原则

高校思想政治教育资源整合应以学生需求为出发点和落脚点，只有紧紧把握学生需求，以学生满意的方式提供给他们所需要的信息资源，提高信息资源整合的全面性、综合性、时效性和准确性，才能真正确立在新媒体环境下经得住考验的思想政治教育资源体系。所以，在整合的过程中高校必须站在学生的角度去分析、设计和规划，尽可能地方便学生使用，增强思想政治教育资源检索系统的可操作性和实效性。

在整合高校思想政治教育资源过程中，还应兼顾各种校园媒体的经济性和效率性之间的平衡。根据资源本身的属性特征，高校网络媒体思想政治教育资源的整合必须遵循经济性的原则，充分体现实效性。所谓经济性原则就是指要追求资源整合能实现的最佳效益，能用最少的投入来追求德育资源价值的最大化，要尽可能用少的物质支出和精力支出，达到最理想的效果，具体包括开支的经济性、时间的经济性、空间的经济性。整合高校网络媒体思想政治教育资源要立足经济性，追求实效性，实现效益最大化。在经费上，要用最节约的开支取得最优化的效果。在人力资源上，要充分发挥学生个体、学生团体的力量，让学生积极主动、有质有量地参与到校园媒体的运作过程中。

（五）科学性原则

在高校思想政治教育资源整合的过程中，高校要对信息资源的整合对象、整合内容、整合方式等进行科学的论证，运用一定的技术手段和方法，确定不同类型、不同层次的信息资源整合的范围、比例，并且制定出明确的计划，科学有效地开展整合工作。只有这样，才能使高校思想政治教育资源得到合理的组合，使整合后的思想政治教育资源取得最好的组织结构和功能，最大限度地发挥新媒体时代高校思想政治教育资源的总体效用。另外，还要看到，由于思想政治教育资源本身以及学生需求都具有明显的层次性、差异性，所以高校思想政治教育资源整合过程中还要按不同类型、不同层次、不同方式进行多维的整合，切忌随意拼凑。

（六）超前性原则

思想政治教育的功能不仅在于处理人们已经表现出来的思想问题，纠正其行为偏差，更重要的是要善于预测人们的思想走势，可能出现的思想问题，防患于未然。同样，在新媒体环境下，整合高校思想政治教育资源，也必须以超前性原则为指导，根据当前社会的发展趋势和人们思想发展态势，前瞻性地开发未来思想政治教育所需要的资源，从而提前做准备，增强思想政治教育对受教育者的影响。例如，鉴于新媒体技术的发展和互联网用户激增的趋势，当前应该加强对网络技术资源的利用，率先将其引入思想政治教育活动中，抢占思想政治教育网络阵地，让网络成为思想政治教育资源开发的重要内容。

（七）增效性原则

高校思想政治教育资源整合应切实体现以效益为主的原则，即高校思想政治教育资源整合要有利于重新合理地组合现有资源，使其发挥更大的合力作用，实现1+1>2的增效效应。经济活动讲效益，高校思想政治教育资源整合也要讲效益，任何设定目标的社会实践活动都必须讲求效益。只有重视效益，合理整合资源，避免造成资源浪费，才能达到比整合前增效、增量的目的，最大限度地避免各种资源浪费，提高思想政治教育资源的利用率。

（八）可持续性原则

随着人们对资源稀缺性特点的认识，可持续发展战略逐渐被各国作为国策加以贯彻实施。在思想政治教育资源整合系统中，思想政治教育自然资源、社会资源和人才资源开发都必须严格遵循可持续发展原则，贯穿始终。因此，贯彻可持续发展原则，就是要求思想政治教育资源的整合既要满足当代人进行思想政治教育的需要和愿望，培养有平等公正意识的、能与自然协调的、可持续发展的新人，又不至于违反思想政治教育规律和社会发展的规律，影响下一代人和未来社会的发展。具体来讲，合理整合思想政治教育教育资源，就是要及时确保教育资源的补偿和再生，避免教育资源的缺乏和枯竭，从而保证思想政治教育的"再生产"和"扩大再生产"。在这一过程中，必须注重发展的持续性、稳定性、整体性、协调性等。此外，不仅要求节约利用，合理配置资源，而且要求对资源进行保护和更新建设，做到在整合中保护，在保护中整合。总之，不利于整合的保护是无价值的，不做保护的整合是不可持续的。

三、加强网站建设，充分发挥资源共享的功能

当前，为适应新媒体时代的要求，要通过高校思想政治教育资源整合，突出抓好以下"五个网站"建设：

（一）思想政治教育主题网站建设

高校思想政治教育主题网站，常称校园"红网"或"德育网"（简称主题网站），它以大学生为主要服务对象，以中国特色社会主义理论为构建网络内容的理论支撑，以学生熟悉的网络软件和信息技术为手段，通过开辟喜闻乐见的栏目，弥补现实思想政治教育手段的不足，有目的、有计划、有组织地全方位渗透马克思主义世界观、人生观、价值观，准确传达党的路线、方针、政策和政治主张，帮助学生排除干扰、辨别是非，提高政治思想素质，为实现伟大中国梦而勤奋学习科学文化知识。主题网站是高校思想政治教育的重要载体和集中表现形式，是高校传统思想政治教育的补充和延伸，是传播红色思想的平台、提供师生交流的平台、实现信息共享的平台、引导心理健康的平台、创新思维方式的平台。正因为如此，各级教育行政主管部门和各高校均非常重视加强主题网站建设，从实施的情况看，不少高校建成了有特色的主题网站，网站栏目和网页设计较新颖，内容紧贴时事和学生生活，更新较及时，特别是新媒体技术的充分运用，使网页愈加生动，吸引力进一步增强，网站点击率高，学生受到先进文化潜移默化的感染和熏陶，收到润物无声的效果。这些成功经验值得总结推广。

（二）党校、团校网站建设

高校的党校是在校党委直接领导下培养党员、党员领导干部、教学理论骨干和入党积极分子的学校，是高校学习、研究、宣传马列主义、毛泽东思想、邓小平理论和"三个代表"重要思想、科学发展观、习近平新时代中国特色社会主义思想重要讲话的主要阵地。高校团校是高校对团员骨干和学生干部的培训机构，是高校团组织的一种重要教育组织形式，是加强和改进大学生思想政治教育的重要阵地，对于加强共青团的思想建设、组织建设和能力建设起到了十分积极的作用。积极分子的党性教育，具有特殊的教育优势和不可替代的作用。新媒体时代，高校党、团校要充分发挥自身优势，通过开展政治理论的专题课堂教学、以时政热点为主题的研讨会、辩论会、知识竞赛等活动，在提升大学生的思想政治素质上发挥重要作用。一方面，高校的党校、团校是大学生进行理论学习的重要平

台；另一方面，大学生参加党校、团校学习，还带有一定的学习任务性质，是促进大学生学习理论知识的重要途径，因此，应大力加强党校、团校网站建设，尤其应不断丰富其内容，增强其吸引力和实效性。

（三）党委职能部门学生事务管理服务部门网站建设

党的委员会根据工作需要，本着精干高效和有利于加强党的建设的原则，设立办公室、组织部、宣传部、统战部和学生工作部门等工作机构。各机构在履行其工作职责的过程中，其网页设置的基本栏目除了直接与工作相关以外，还应建有专栏，介绍党的基本知识。这些内容，构成了网络思想政治教育资源不可或缺的内容。高校的学生事务管理部门在教育、管理和服务学生的过程中，主要是在校园网上发布大量工作信息，特别是关于学生奖励、活动和违纪学生处分处理的信息，对学生的思想政治教育起着重要作用，构成高校思想政治教育资源的重要内容。

（四）内设教学、科研机构网站建设

高校内设教学、科研单位包括内设行政机构、科研机构和教学单位。现在高校校园网络的建设，除了专题性的网站外，多属于工作平台性质。在这样的架构下，高校内设行政、科研机构的网页建设，多数均没有思想政治教育价值取向的内容设计，但在事实上，这些内设机构网页上的内容，作为一种隐性思想政治教育资源，也应从思想政治教育视角进行建设，使其充分地发挥作用。高校的教学院系，作为教育教学的基层单位，其网页建设的学科专业特色较强，与学生所学专业关联度高，学生关注度高，实际浏览次数多。因此，教学院系网页中的党建栏目、学生工作栏目、团学活动栏目等，也应承载大量的思想政治教育资源，成为新媒体时代高校思想政治教育资源的重要阵地。

（五）其他专题性网站建设

在高校开展党建和思想政治工作的过程中，总会结合一段时间的中心和重点工作建设专题性网站，如在"保持共产党员先进性学习教育""学习实践科学发展观""创先争优""群众路线教育"等活动中，建设保持共产党员先进性教育活动专题网站、学生党员科学发展观学习实践活动专题网站等。在新媒体时代，这些专题网站建设，应特色鲜明、主题明确、学生集中关注度高，使其成为开展高校思想政治教育活动的重要载体、高校思想政治教育资源的重要补充。

四、优化资源整合，提高资源利用率

当前优化高校思想政治教育资源整合、提高资源利用率，可从以下几个方面入手：

（一）扩大整合主体范围，充分发挥微观资源和宏观资源的作用

1. 从微观资源方面分析

首先，马克思主义理论课教师应该成为新媒体时代高校思想政治教育资源的主要整合者。马克思主义理论课教师具有丰富的思想政治教育理论知识，具有一定的教学经验，熟悉本校及所属地区的思想政治教育资源分布情况，熟悉学生的思想状况，加之熟练掌握新媒体技术，他们是整合思想政治教育资源最合适的人选。同时，教师本身具有的思想、知识、经历等，其言行、教学方式等都是重要的思想政治教育资源，教师本身是这种资源的拥有者，当然应该是这种资源的整合和利用的主体。其次，大学生应该成为开发的主体。现代社会的发展，使得新媒体成为大学生生活中不可缺少的部分，新媒体在大学生之间的交流和学习中所起的作用越来越重要，他们在相互交流的过程中既受到新媒体传播的信息影响、也受到对方思想的影响，他们的思想、经历、生活经验等都成为思想政治教育资源，所以，大学生不仅是高校思想政治教育资源利用的主体，同时，也应该成为整合的主体。

2. 从宏观资源方面分析

高校领导者和教师（马克思主义理论课外的其他教师）都应该转变各自为政的思想，尤其是学校领导的思想关系到整个学校及校外思想政治教育资源的整合，学校领导首先要重视新媒体时代高校思想政治教育，只有从思想上重视，才能谈资源的整合和利用。学校领导是思想政治教育决策系统的核心，只有重视思想政治教育，才会在制度、规范的制定上有所体现，才会在奖惩等方面进行合理分配，所以，学校领导既是制度层面的静态资源的开发者，也是高校思想政治教育人力资源的整合利用主体。学校领导也是校内、外资源整合的协调者。新媒体时代，建立学校、家庭、社会"三位一体"的思想政治教育网络，形成全员育人的局面已是大势所趋。

（二）创新整合模式，实践探索高校思想政治教育资源整合

从技术操作层面探索高校思想政治教育资源整合模式，有"三种整合模式"可供参考。

1. OPAC 整合模式

OPAC，即 Online Public Access Catalog，联机公共检索目录，是高校图书馆进行信息资源整合的最基本方式，值得高校思想政治教育资源整合借鉴。OPAC 书目系统资源整合包括馆内资源整合和馆际间的资源整合两种方式。馆内 OPAC 系统资源整合主要指 OPAC 书目出处与其电子全文图书、电子全文期刊、视听资料的对应链接以及书刊与其评论信息、来源信息的对应链接。学生检索到书目信息后，可以立即阅读书刊的全文，还能浏览与之相关的文字、音频、视频等资源。馆际间 OPAC 系统资源整合主要是通过执行"Z39.50"协议，聚合不同平台上的异构 OPAC 数据库，建立书目整合检索系统。整合后，学生只需通过一个 OPAC 系统界面即可检索到相关思想政治教育的 OPAC 资源。这里的"Z39.50"协议是一个对于整合数字信息资源有重要意义的计算机网络协议，它在信息资源的整合中正发挥着越来越大的重要作用。

2. 跨库检索的整合模式

由于不同的数据库有着不同的编码结构和表达方式，每个数据库使用的检索技术和数据存放格式不同，各数据库以不同的检索界面呈现给学生，学生要掌握这些检索系统的使用方式并非易事。因此，对不同的思想政治教育资源数据库的信息资源进行整合，构建同一个检索平台，实现多数据库的跨库检索。跨库检索的实现机制，就是学生登录到同检索界面提交用户名和密码，指定检索配置，提交检索词，选择要检索的数据库和站点、检索方式等，然后提交选择，系统调用每一个选定的数据库和站点，并把检索表达式转化成系

统可识别的表达式，让每个数据库自主完成检索过程，数据库返回的是包含有相应记录信息的静态页面。同时，系统还要对各静态页面进行格式转化以及信息解析工作，提取所需要的信息，转化成统一的格式，最后再对检索的记录进行整合排序，把整合好的统一结构的记录提供到统一的检索界面。

3. 指引库建设的整合模式

在网络思想政治教育资源整合过程中，要把杂乱庞杂的信息资源整合成用户易于接收的形式提供给学生，就必须开发出具有二次信息检索功能的指引库。但指引库实际上只是采用超文本技术建立的虚拟数据库，从物理上并不存储各种实际的信息资源，但学生通过对其访问却可以检索到有关思想政治教育的实际资源，即它可以指引学生到特定的网址获取所需要信息。指引库的建立首先要搜索相关网站，这种搜索可以采取自动搜索技术、用户登录和手工查找等方式，然后集成相关站点的相关页面信息和数据库信息，确定检索体系以及所使用的检索语言，同时建立各种索引，如关键词索引、分类索引等，最后建立便于用户使用的人机检索界面，可使用户直接点击或浏览所要查询的主题。

（三）有效运用资源，增强高校思想政治教育的效益

1. 适用人力资源

人力资源是从事高校思想政治教育的专兼职人员。整合新媒体所提供的高校思想政治教育资源，需要有专门的队伍进行专门的研究和操作。要增强思想政治教育的效益，首要的还是必须充分发挥好人力资源的优势。

2. 善用财物资源

财物资源是构成高校思想政治教育所需要的物力和财力的各种成分的总和。高校思想政治教育的网站建设和技术维护都要依赖于具体形态的物力资源，也离不开高校思想政治教育的经费投入与支持。物力资源与财力资源一起在高校思想政治教育过程中起着一种物质基础和支撑作用。因此，必须确保资源投入的总量与实际需要相适应。

3. 巧用组织资源

高校思想政治教育是高校党政工作的一个重要组成部分，加强和改善校党委的领导，是做好思想政治教育的关键；需要强调的是，大学生党员应以身作则，在思想、道德、作风上自觉成为其他同学的表率。思想政治教育只有在党委的统一领导下，党、政、工、团共同努力，齐抓共管，各部门密切协作，构建一个纵横交错的思想政治教育网络，群策群力，才能使大学生的思想政治教育有声有色。

4. 活用文化资源

新媒体时代高校思想政治教育内容是思想政治教育文化资源整合的结果，没有思想政治教育文化资源就没有思想政治教育内容，思想政治教育也就无从谈起。思想政治教育文化资源越丰富，思想政治教育内容的选择性也就越广越充实。因此，我们要善于借助新媒体技术，大力开发整合思想政治教育的文化资源，为其教育内容改革提供充足来源。

（四）以校内资源为中心，优化整合校际资源

各高校的思想政治教育资源各有所长，应该在整合利用本校资源的基础上，优化整合校际资源，促进资源共享。新媒体的发展为高校思想政治教育资源共享提供了可能。首

先，加强校际合作，促进教师资源共享。教师资源共享形式多样，可以互聘教师、交流思想政治教育经验、跨校选课、进行远程教育等。其次，加强校际资源共享，创造新的资源。各高校思想政治教育资源的整合主体具有各自的思想和智慧，在校际合作情况下，不仅可以整合利用本校资源，还可以利用外校资源，从而可能产生新的想法，形成新的资源。最后，建立以中央网站为中心的高校思想政治教育网络平台。可以建立以中央网站为枢纽、各高校思想政治教育网站为支撑的网络系统，共同组成网站网络，自己作为网络的子系统，可以共享其他网站的资源，这既体现了统一性，又体现了多样性。

五、建立健全管理体制，为资源整合提供保障

（一）要整合好传统媒体与新型媒体资源

网络是报纸、广播、电视等传播媒体的延伸。高校校园媒体在高校文化建设，特别是高校思想政治教育中的作用是通过它的导向性和影响力来实现的，而这种导向性和影响力又要通过校园媒体的整合和延伸来实现。因此，传统媒体作为承担校园宣传工作的首要因素当之无愧。在新媒体技术高速发展的今天，新媒体已经成为我们生活的主流媒体，它不仅对大学生的学习和生活产生重大影响，而且在高校思想政治教育中所起的作用也越来越显著。无论是传统媒体还是新型媒体，每一个媒体都有对自己的定位，即对自身传播的性质、任务、传播对象的规定。如何充分利用各个媒体的资源，充分发挥各个媒体的传播优势，以达到最佳的思想政治教育效果，是高校媒体联动和整合的主要目标。因此，我们要整合好传统媒体与新型媒体资源，通过极强的视觉吸引力和声音感染力，充分发挥两者在高校思想政治教育中的作用。

（二）要实行管理模式的变革

高校的媒体管理工作多由学校党委宣传部或共青团组织、学生工作部门以及学生社团负责，这体现出高校媒体运作中的政治把关性和操作主体的学生化倾向，学生在校园媒体中的主动权在提升，这一趋势有其存在的必要性和合理性。但在新媒体时代，文化多元、信息激增、受众兴趣和选择方式日益多样化，如果一味固守现有管理模式，势必影响到高校思想政治教育资源的进一步优化整合。因此，高校校园媒体有必要实行管理模式的变革，实质性的变革措施就是依据校内各大媒体形态已经基本完备的现实状况，组建校内媒体的综合管理协调部门，统一负责全校各种媒体的有机配合和协调运转，从而形成校内新闻宣传的整体系统合力，打破以往高校报纸、校园广播、电视或校园网络分别由多个部门分散管理、各自为战的格局。只有这样，高校媒体才有可能获得一个较有利的、有序、有效的发展空间，并依托其中，扬各自优势，避各自不足。目前，我国许多高校已在实践探索中组建了能较好地实现上述功能的校园传媒统一管理机构"新闻中心"，有了这个机构，党委宣传职能部门对媒体的管理相应转变为对媒体传播内容上的必要指导和要求，相关具体运作则交由新闻中心去实施，从而实现真正意义上的宏观舆论调控。这样，高校校园媒体传播就可以获得更多的、能遵循自身运作规律的发展空间，为其顺应时代发展争取到一个较为有利的环境。例如，将各媒体的新闻资料综合起来，由负责报纸的媒体编辑出版报纸，由负责网络的媒体发布网上新闻，由负责广播的媒体播出一些时事的新闻，由负责电

视的媒体制作视频新闻。新闻中心负责新闻采写和平衡协调各媒体，新闻中心的采编人员在熟悉全面工作的前提下，具体负责某项工作，从而使媒体整合的广度和深度得以延伸。新闻中心的运作可以有效地解决稿件的综合处理、相互传递、技术手段、时间差等问题，统一策划和采访新闻、撰写通稿、编排版面、制作节目等相互配合、相互补益，使理论和实践更好地结合。即是说，整合后，新闻中心的采、编、播、制作、管理、发行等工作融于一体，成为统一的信息集散地。

（三）要建立健全运行管理的相关制度

高校校园传媒主管部门要统一制定媒体运行、管理的一系列规章制度，保证校园传媒工作的制度化和规范化，以制度建设推动思想政治教育资源整合。第一，重视队伍建设，突出专业化，通过建立人才引进制度，规定校园传媒的用人标准和选拔程序，保证通过竞争选拔专业知识牢固、专业技能扎实的新闻传播人才。第二，建立一套完整的工作制度和纪律，制定校园传媒传播工作中的具体行为规范。第三，建立培训制度，定期或不定期举办业务培训班，以提高校园传媒工作队伍的实际工作能力。第四，建立绩效考评制度，定期对校园传媒工作者的工作进行考核，对在宣传工作中表现突出的，给予奖励和表彰。最后，强化网络监控，有效引导网络舆论等基本内容，从而为高校思想政治教育资源整合提供保障。

六、加大投入，为资源整合提供支撑

加大资金投入，增加高校思想政治教育资源的总供给量。如果没有相应的资金投入，是难以取得所需要的思想政治教育资源的。一些地方思想政治教育资源储备较为丰富，但整合利用不够，其原因常常是缺乏必要的资金投入。因此必须加大投入，以增加高校思想政治教育资源的现实供给量。随着经济的发展，国家应加大高校思想政治教育投入比例，并且要有计划地逐年增加；地方应结合本地经济发展状况和思想政治教育发展需要进行投入，制订切实可行的投入计划，保证投入到位；每个单位应根据自身思想政治教育活动开展情况来加大投入，进一步完善新媒体技术硬件建设，为高校思想政治教育资源的有效整合提供资金支撑。

第六章 高校思想政治教育的新内容

第一节 高校网络道德教育内容

道德教育永远是思想政治教育的重要内容。由于道德是一个历史的社会的范畴，在当今中国进行的道德教育，必须是以服务于中国特色社会主义建设和实现伟大中国梦作为道德教育根本内容。与此同时，网络思想政治教育中的道德教育，必须包括两大组成：一是通过网络进行的具有社会普遍性的道德教育；二是网络本身的伦理道德教育。

一、积极进行网络爱国主义教育

爱国主义是社会最基本、最重要的道德规范，也是个体最基本、最重要的道德要求。由于网络是一个没有国界的世界，容易使人忘记自己的国别身份。大学生是最重要的网络受众，所以高校思想政治教育中道德教育必须突出爱国主义教育。

（一）爱国主义是当代大学生必须具备的道德品质和人格精神

当代大学生是中华民族未来的栋梁，是中华民族精神的承上启下的一代，是中华民族真正屹立于世界强国之林的实现者。当代大学生身上是否具备民族精神，直接关系到其身上神圣使命能否完成的关键。民族精神是一个民族在长期的生产和生活实践中形成与发展的为大多数成员所具有的内在品质、心理特征、精神风貌、价值取向和人生追求。民族精神的实质是爱国，"爱国主义，始终是中国青年运动的旗帜"。进行爱国主义教育的最好教材就是中华民族为实现民族振兴和人民幸福而奋斗的伟大实践。

1. 中华民族几千年文明史是进行爱国主义教育的基本教材

它可以让大学生了解民族、理解民族、归属民族、热爱民族。几千年文明史所展现出的文明漫长性、连续性、创造性、放射性、辉煌性等，必然会激发大学生的民族认同感、民族自豪感和民族自信心。

2. 中华民族近代史是对大学生进行爱国主义教育的重要教材

近代史，既是外国列强不断奴役中华民族的历史，也是中华民族奋起反抗捍卫民族尊严的历史。通过中华民族近代史教育，增强大学生的民族危机意识和忧患意识，培养大学生的民族使命感、责任感。

3. 中国共产党领导人民进行社会主义革命和建设的历史是对大学生进行爱国主义教育的现实教材

从新民主主义中国到社会主义中国、从模式化的社会主义中国到中国特色社会主义中国，中国共产党领导中国人民使中华民族发生了翻天覆地的变化，使中华大地上焕发了勃勃生机。这一现实教材可以使大学生增强报效祖国的自觉性。

网络爱国主义教育首先是将爱国主义教育的上述活生生的教材展现在网络上，使网络界面、板块、链接等中具有爱国主义教育的活教材。在此前提下，网络爱国主义教育必须使大学生用爱国主义道德规范自己的网络行为，使每一个大学生的网络行为变成网络爱国行为。

（二）弘扬与培育民族精神是网络爱国主义教育的重要内容

民族精神是一个民族在长期的共同生活和共同的社会实践基础上形成和发展的，为本民族大多数成员所认同和接受的思想品格、价值取向、道德规范，是一个民族的心理特征、文化传统、思想情感等的综合反映。民族精神，不仅是一个民族告别落后、走向文明进步的强大动力，而且是维护一个民族稳定和发展的强大精神支柱。经过五千多年的历史积淀，中华民族形成了以爱国主义为核心的团结统一、爱好和平、勤劳勇敢、自强不息的伟大民族精神。

青年人是民族精神的继承与担负者，大学生网络受众，作为社会有知识的群体，更应该成为民族精神的体现者和传承者。正因为如此，网络应当成为弘扬和培育伟大民族精神的重要场所及途径。网络的多媒性、互动性等使它更有利于民族精神的传播和培育。不管是专门的红色网站，还是所有的一般网站，都应当把传播和培育民族精神作为自己的神圣使命。高校网站更应当通过多种多样的形式将伟大的民族精神转换成网络教育资源，创造出大学生网络受众只要上网就能受到民族精神熏陶和洗礼的网络环境。

二、大力开展网络伦理道德教育

随着网络的迅速发展和广泛应用，网络正在对人类产生越来越深刻地影响。大学生是最早接触和最早接受网络的群体之一，且上网人数逐年剧增。他们的思想道德素质不可避免地受到网络的影响：一方面，网络文化有助于大学生形成时代需要的某些道德素质；另一方面，网络中的不良因素又对其道德价值观产生消极影响。高校教育工作者肩负着培养具有良好道德品质的社会主义建设的高级专门人才的使命，必须对此进行分析研究，探索网络时代在校大学生的道德教育的有效措施，做到趋利避害，使网络为大学生的健康成长服务。

（一）利用网络对大学生思想道德素质发展的正面效应，积极培养当代大学生健康的网络意识和网络人格

网络社会具有开放性、自由性、虚拟性、多元性的特点，它使人们的交往突破了物理时空的限制，向人们展示了一个由多元文化构成的世界，为大学生的生活和学习提供了极大的便利和乐趣，也对参与其中的大学生形成和发展时代所需要的某些道德素质起到了积极的促进作用。

1. 独立意识

在传统的教学中，大学生的学习和生活都有教师进行较为全面的安排、指导和管理，遇到难题有教师帮助解决，这种模式容易养成学生的依赖性和被动性。而网络是基于资源共享、互惠互利的目的建立起来的，没有中心，也没有统一的管理者，网民必须"自己为

自己做主""自己管理自己",自觉地做网络的主人。在这个比现实世界更为广阔的虚拟空间中,大学生可以自主选择自己喜欢的学习内容和形式,自主决定所要访问的网站,自主接受不同的信息,主动进行分析比较。当然,他们也会遇到在传统教学中没有遇到过的问题和困难需要自己独立面对和解决,这种生存方式将大大促进大学生的独立意识的发展,对培养和提高他们独立分析、判断和解决实际问题的勇气和能力大有裨益。

2. 平等意识

网络具有参与上的平等性和交流上的平等性。在网络社会,不管一个人身处何方,身份如何,只要他能操作上网,就可以在网上发表自己的见解,平等地共享网上信息资源。网络社会的信息丰富、资源共享和自由沟通将彻底摧毁传统社会金字塔式的自上而下的交流结构,使人们能够在统一平面上,以互相平行、交互的方式从事信息的生产、交流与利用。网络的这种无中心和平等性表明:物理空间的等级制度在网络上失去了意义,权力、阶级、阶层乃至地理位置、国家、民族的界限在网络中被打破。网络社会,没有人能享有比其他人更多的特权。每个人都可能成为网络的中心,人与人之间趋于平等。大学生在网络空间遨游,自然能受到这种弥漫在网络空间的平等意识的熏陶。

3. 民主意识

网络具有自由性。在网络中,不分尊卑贵贱,不受时空限制,不必顾虑世俗的利害冲突,每个人在利用它时都可以与对方处于完全平等的地位,可以自由地上传、发布信息,表达自己的见解,也可以自主选择信息,自由地漫游世界,从中享受到信息接收者和传播者双重身份的乐趣。网络中也不存在权威和学生的区别,不必一味被动地听从权威的命令。只要真实合理,就会得到承认和接受;如果虚假伪饰,就会受到唾弃和批判。这打破了传统媒介单向传播、权威控制的局面,必将极大地激发大学生的积极参与热情,锻炼和提升其民主意识。

4. 开放精神

在传统社会中,大学生的生活圈子局限在家庭、学校、社区等范围内,交际范围主要由同学、老师、亲友构成,"熟人社会"成为其成长的外在环境,对其个性心理特征、行为方式、道德素质的形成起着重要的影响作用,使其带有一定的地域特征。而在网络社会中,信息的传播突破了地域和时间的限制,借助于先进的电子技术手段,大学生们可接触到世界上最新的软件和资料库,学习当代最新科学技术成果,了解不同国家、不同民族的不同的价值观、风俗习惯、生活方式,结交居住在世界各地的网友,这就为大学生学习和积累社会知识提供了更为广阔的社会环境,强化了开放意识,铸就了时代所需要的开放精神。

5. 创新精神

在传统的教育中,教师是施教者,学生是受教者,教师往往是单向灌输式教育,学生处于被动地位,即使是进行道德教育、做思想工作,也往往是采用"我灌你听、我说你服、我令你行"的方式,加上中国传统文化和思维方式的影响,使学生比较习惯于服从与接受。与西方国家相比,我国学生基础知识扎实,但创新精神和创造意识较为缺乏。而在网络社会中,学生获得了更大的主动性、更多的选择性。学生可以从丰富的网络信息资源中汲取知识,完善知识结构,可以通过与众多网友的信息交流,在平等的气氛中相互学习、相互探讨，去发现问题、解决问题，这种交互式的网络思维有利于学生积极探索、大胆尝试、不断开拓。而且，网络展现的是一个开放世界，学生从中可以真切地感受到高频率的技术更新和高节奏的技术创新，从而激发其强烈的求知欲望，促进其创新意识的觉醒。

（二）针对网络对大学生思想道德素质的负面影响，不断消除大学生网络人格的扭曲因素

由于网络是一件新鲜事物，网络的特点、作用还没有被充分地了解和正确地对待；同时，在浩如烟海的网络信息中，充斥着许多不良信息，充满了诱惑，这些信息对大学生的思想道德素质会产生负面效应。

1. 防止和克服大学生网络受众的道德人格扭曲，促进大学生网络受众人格的健康发展

置身于网络无边无际的信息海洋中，人会感到自己的渺小，这可能催人奋进，也可能使人内心充满无助和无奈，产生自卑、压抑心理。网络又是虚拟的世界，信息的传播方式表现为一种符号化的交流，在现实交往中备受关注的人的特征都能借助于虚拟技术得到充分地隐匿和篡改，人们可以任意创造自己喜欢的角色在网上从事活动，这种虚拟的身份使一些人做出了在物理空间的"熟人社会"难以做出的事情。网络还具有高度综合性、声像多维一体化和高度图像化的特点，如果过多地依赖电脑网络，脱离现实社会，会导致人的社会互动能力、思维能力、表达能力、实践能力、社交能力下降，这样，沉迷于和个人终端打交道，将大量时间耗费在网络上，把感情沉浸在网络内容中不能自拔，会使人变得心灵扭曲、行为古怪，忘却现实烦恼的同时也忘却了对现实社会的责任，最终导致道德情感冷漠和道德人格发展畸变，不利于大学生健全人格的培养和形成。

2. 防止和克服大学生网络受众的道德价值取向紊乱，促进大学生网络受众的科学道德价值观的建立

网络是开放的、自由的空间，网上信息言论自由、传播速度快、效率高、掩护性强，且目前尚未建立或形成有效的管理机制，这使得网络空间信息良莠不齐，其中不乏资产阶级自由化思潮、拜金主义和享乐主义的思想，反伦理的淫秽、色情、暴力等内容。由于世界各国和各地区对不良文化的认定尺度存在差异，有的对这些文化的传播还有各种制度的保证，更使其在网上四处蔓延。大学生在网上有意无意地浏览到这些不良信息，有可能会使其价值观受到腐蚀。另外，由于网络缺乏统一的普遍适用的网络道德体系，当网络把异质的思想观念、价值取向、风俗习惯、道德文化呈现在人们面前时，网上这种多元的道德价值观并存的状况就为人们提供了多种道德选择的可能，也使政府、学校甚至社会传统一直灌输的道德观念仅仅成为人们众多道德选择中的一种。由此造成的道德评价失范、道德相对主义可能导致大学生道德选择的迷惘和价值取向的紊乱。

3. 防止和克服大学生网络受众的无政府主义和个人主义思想滋长，培育大学生网络受众的集体主义和社会秩序的道德良知

在网络中，没有一个最终的管理者，所有的人都是网络的一部分，都是自己的领导，因此，网络是一个真正"自由"、彻底"民主"的地方，任何人都可以按照自己的思维和逻辑说任何话、做任何事，这易使网络成为滋生无政府主义的场所。而大学生由于缺乏深厚的理论根基和丰富的人生阅历，身心发展尚未完全成熟，虽然对信息的自主选择意识大大增强，但对网上信息正确辨别、判断和选择能力不足。长期接触互联网，容易被表面现象所迷惑，受网上内容所隐含的意识形态所冲击，可能会使社会学校教育中推崇的集体主义受到不同程度的消解，导致个人主义的滋生蔓延。大学生是受教育程度较高的极具现代意识的一群精英，无政府主义和个人主义对他们的思想侵蚀，会造成更大社会危害，必须引起足够的重视。

4. 防止和克服大学生网络受众的诱发犯罪行为，培育大学生网络受众的法纪意识

由于网络社会主体的行为隐秘性强，取证困难，缺乏有力的监控机制；网络的数字化交往方式，又使主体无法直接感知自己应承担的责任，以为自己的所作所为只是敲击了几下键盘、点击了几下鼠标而已，易于引发网络犯罪。网络犯罪主体以青少年为主，且大多数是精通电脑的学生。在当前的互联网上，还存在着很多负面信息，这些信息包装精巧、修饰华丽，并辅以迷人的形象、刺激的场面和离奇的情节，对青年学生有极大的诱惑力和欺骗性。有些意志薄弱者就可能在这些不良信息的暗示和诱惑下，由欣赏走向趋同，由无意识模仿走向有意识追求，以致滑向犯罪的泥潭。

（三）从"慎独"教育着手，加强大学生网络诚信教育

在网络伦理道德教育中，网络诚信教育格外重要，这不仅是因为诚信是社会，尤其是市场经济健康运行的基本，而且还因为网络社会大大地危害着诚信的建立和存在。

互联网作为网民获取信息的主要渠道，其公信力仅次于电视，是网民信任的第二大媒体。大学生是网络的最大消费群，网络诚信状况严重影响着大学生的诚信品质。大学生是社会最有文化、最有活力、最有抱负的群体，应该成为社会诚信、网络诚信建设的推动者、身体力行者，成为网络诚信的表率。在网络诚信教育中，要重点进行"慎独"教育。"慎独"一词，始出《中庸》："君子慎其独。"是指在无人监督、个人独处时，自己能谨慎小心，防止违背道德的观念或不符合道德要求的言行，自觉遵守道德规范，做一个真正的道德高尚的人。"慎独"内涵极为丰富，包容着慎始、慎隐、慎微、慎言、慎欲、慎辨、慎终等具有积极意义的道德精神。在网络迅猛发展的今天，基于网络世界特殊性，借鉴传统"慎独"蕴涵着的这些精神教育上网大学生，将成为一种提高大学生网络道德修养、落实大学生网络道德教育实效的新的实践方法。

1. 通过"慎始"教育，培植大学生良好的、正确的网络道德理念

慎始，即谨慎地开头，开始就要做好。道德修养必须迈好第一步，慎重第一次，抓住第一道防线，不从"一"破例。如果开始没有做好，那结果很难成功。因此，做任何事情，皆当慎其始。大学生心理不够成熟，社会经验不足，认识水平相对较低，喜欢追求新鲜、刺激和冒险。在开放的网络环境中，对网上环境的复杂性、交往特点及危险性认识不足，容易不经意冒出一些不良的念头，做出一些不符合规范的行为，甚至形成一些错误的网络道德理念，如认为网络交往无须遵守诚信和社会公德、网络黑客技术高超令人佩服等。由此，在他们一开始踏上网络征程之时，注意加强"谨慎开始"的教育是相当必要的。"谨慎开始"教育是一个基础性教育，它要求抢先于网络技术教育，这种教育的内容

主要包括：一是加强网络道德知识的教育，让青年学生充分认识到网络作为第二生活和学习环境，同现实世界一样，要求所有加入者都必须具备正确的网络道德观念。我们一旦踏进网络世界的领地，就应该了解网络道德的规范内容，遵守相应的网络道德规范。在网络中不应随心所欲、为所欲为，而应注意摒除不善的想法、收敛自己可能的失范行为。二是加强"开个好头"的观念教育，努力克服任何企图违背网络道德要求的"闪念"，注意不要为不良诱惑所打动，保证自己思想上不打开缺口，行为上不留下斑渍，不迈出不道德的第一步，自觉克制产生的任何初始杂念，防止"其始小洞不补，而后大洞一尺五"的可能趋势，从而形成良好正确的网络道德认知。

2. 通过"慎微"教育，培养大学生"恶小不为"的网络道德意识

慎微，即谨慎那些看似微不足道的细枝末节，以防造成巨大的错误或损失。实际上小与大、微与巨常常是分不开的。小者大之源，微者巨之端；没有小，就没有大，没有微，就没有巨；大因小而生，巨由微而成。水滴甚微，积之成渊；土尘甚微，累之成山；解步甚微，积以千里；小善甚微，累成大德。结合"慎微"思想教育上网青年学生，便能较好培养其"微处自律"的精神，认真做好对网络小破坏的防范工作。

第一，教育上网青年学生不要低估"微"所蕴藏的巨大能量，自觉形成"恶小不为"的正确认知：因特网由很多局域网所构成，采用离散结构，不设置拥有最高权力的中央控制设备或机构。无论是谁，都可以在网上自由发表见解，并能即刻被世界上千千万万的人所看到，任何细小的破坏行为都能随时传遍各地，造成对整个网络的巨大影响。针对这些细节，引导青年学生自觉冲破"网络可为小恶"的认识误区，并从中走出来，就显得相当必要。

第二，教育上网青年学生时刻谨慎自己网络行动的细枝末节，自觉防微杜渐：互联网没有中心，没有明确的国界或地区界限，缺乏有效的监控机制，人们甚至可以随意地在网上做出破坏行为。只要通过"慎微"教育，使其重视自身行为的细微之处，规范和约束自身网络行动的细节，尽量降低自己为恶的可能性，就能自觉防微杜渐。

3. 通过"慎隐"教育，引导青年学生自觉践行网络道德的规范要求

慎隐，即在隐处自律，在缺少监督、不会为人发觉可能做坏事的情况下，做到不自欺，不昧良心做坏事。这是"慎独"的最基本要求，也是恪守"慎独"的硬功夫。结合"慎隐"思想来教育上网学生，可以更好地引导他们自觉遵守和践行网络道德的规范要求。

第一，教育青年学生准确理解网络特性，明确自觉遵守网络道德要求的根本原由：网络既然以虚拟为基本技术支撑，就具有明显的隐匿性特征。青年学生以一个"符号"为身份在网上活动，直接通过电子邮件交流思想，隐名或不隐名地在网上聊天室、网络电子公告牌上敞开心扉交谈感受，其责任感和对惩戒的担心被大大消除，网上行为变得极为"隐匿化"和"非实体化"，现实生活中的道德他律环境在网上构建不易，直面的道德舆论抨击难以进行。故而，对网络道德规范的遵守就只能依靠他们的自觉。

第二，教育青年学生正确认识网络环境，自觉落实遵守网络道德规范的实际行动："慎隐"思想提醒人们无人境地仍有"天知地知，你知我知"。网络环境亦如此，其虽具有隐匿特性，但名隐而实不隐。在人所不知的网络世界，人们必须自觉遵守网络"交通"中的规则，考虑到其他网络参与者的存在和负担，认识到作为一个自由翱翔于网络天空的

用户，虽可以被允许以不露面的方式接近其他网络或者连接到网络上的计算机系统，但决不能超出每个网络或系统自己的规则和程序，网络之中一定要做好隐处的自律。

4. 通过"慎言"教育，敦促青年学生认真做好网络言论的文明诚信

慎言，即在没有约束的独处之地谨慎自己的言语，勿放纵。互联网提供给人们更自由表达自己思想的空间，人们身处其间完全可以轻易就一个问题发表自己的言论。于是，谣言、谩骂、鄙俗之言随处可见，形成大量"网络垃圾"。加强对上网青年学生的"慎言"思想教育，可以促使其认真做好网络言论的文明诚信。

第一，教育青年学生正确认识网络言论不慎具有严重危害性：网络需要积极健康的语言环境，如果网上经常有谣言惑众，人们就会把网络视如畏途，加以排斥，整体网络用户将会锐减，导致网络经营终将难以维持。由此，我们在网上一定要注意管住自己的口，严格自律，积极履行维护网络信用的义务，不造谣、不传谣。对自己不能准确判定的事物、观点和现象，不在网上随意评论，不发表不负责任的言论，不"信口开河"地乱说一通，也不传递来路不明、是非模糊的信息。

第二，教育青年学生准确理解网络语言的特性，自觉做网络言论文明诚信的使者：网络语言不等同于现实生活中的那种没有任何回应的单向传输性的命令语言，而是一种基于双向甚至多向传输的互动语言。在网络中，语言的作用远远大于人的作用，不是人控制语言而是人反被语言所控制；不是"我在说话"而是"话在说我"，人们在网上进行的交流、对话、沟通、理解等活动都是借助语言来"牵线搭桥"的。要体现出对他人人格的尊重，人们在网上必须自觉谨慎而言。只有这样，才能做一名言之有物、言而有信的网络文明传递者。

5. 通过"慎欲"教育，着力增进青年学生抵御网络诱惑的自控能力

慎欲，意思为慎过分之欲、不正之欲，即慎重对待各种可能违背道德、有悖良心的感性欲望。五彩缤纷的网络世界并非一池静水，亦非世外桃源，在其绚丽多姿的背后往往涌动汹涌的暗流。面对网络中太多的诱人"小甜饼"，不让青年学生上网，不让他们接触网络的办法是注定要失败的，唯一选择是与"慎欲"教育结合，增进其抵御网络诱惑的自控能力。

第一，教育青年学生认识"欲"的负面效应，确立正确的动机和网络行动目的：网络中包装精美的信息随时都在诱惑上网青年学生，并可能将他们不断引入消极颓废的境地。只有通过准确认识欲望的负面效能，不断修正自己的认识过程，使正确的认识动机不断战胜非正确的认识动机，才能达到确立正确网络行动的目的。

第二，教育青年学生自觉克制欲望冲动，逐渐磨练抵御网络诱惑的坚强意志：青年学生自制力不够成熟，往往经不住网络信息的诱惑，对网络信息常常感到新鲜、刺激，产生兴奋和冲动，容易陷入网络的虚拟世界，经常怀着好奇的心理去寻找一些不健康东西进行阅读。这多体现为他们意志力薄弱，缺乏坚持精神，不能自我克制，不能自律。要解决此问题，关键就是教育他们随时随地自觉克制欲望的自由冲动，增强自己的意志能力，形成坚忍不拔的道德精神。

第三，教育青年学生理智对待欲望，培养自我控制和自我监督的能力：青年学生在光怪陆离的网络世界里遨游，有一定的欲望并不可怕，只要理性地认识欲望，不让其任意自由放纵，就能培养自己的自我控制和自我监督能力，就能在网上的西方价值观、腐朽生活方式以及黄色信息面前，自觉地抵制诱惑，免于成为"迷途的羔羊"。

6. 通过"慎辨"教育，使青年学生养成高度科学的网络理性思维

慎辨，即谨慎辨析身边事物的是非曲直。互联网上的某些机构和个人基于某种目的故意散布错误和虚假的信息，导致网上客观存在思想政治斗争的现实，特别需要青年学生具有一种科学的网络理性思维方式，而这种思维方式是可以通过加强"慎辨"思想教育实现的。

第一，教育青年学生学会识别网络信息，独立分析和判断网络信息：网络中的海量信息缺乏必要过滤，当人们坐在计算机前，面对由数字化处理的符号系统组成的各种网页，他所搜索和阅读的信息并不全都真实，有相当多的信息是错误的和虚假的。这便需要教育青年学生学会认知、学会辨别，分清网络信息的真、善、美与假、恶、丑，坚持用马克思主义的立场、观点和方法武装头脑，在各种知识、信息、社会思潮的相互碰撞、比较中识别优劣、准确分析，并独立对各种网络信息做出正确地判断。

第二，教育青年学生坚定自己的认知方向，对虚假错误信息视而不见：面对互联网络，青年学生必须保持清醒的头脑，对网络信息作审慎处理，不要盲目听信网络信息，也不要分散大量精力、耗费大量时间沉溺于对网络信息的猎奇，应该在网络中侧重寻求有用信息，对垃圾信息视而不见。

第三，教育青年学生学会网络信息选择：学校网络道德教育不光是要求学生接受几条简单的道德规范，而是培养他们的道德主体性，将学生从信息的洪水中拉上岸来，吐出呛入口内的污水，教他如何在这随时可使人遭受灭顶之灾的信息洪涛中找到自己真正所需要的那一点点东西。这样才能成熟其高度科学的网络理性思维。

7. 通过"慎终"教育，养成青年学生持之以恒的网络道德修养习惯

慎终，即谨慎对待结果，始终如一，一辈子都不做坏事，保持崇高人格风范。这是完美人格的最高体现，是恪守"慎独"的美好结局。从始到终的过程很漫长，其间会碰到很多诱惑，遇见很多挫折，赶上很多困难，如不能持之以恒，坚持不懈，一以贯之，就可能虎头蛇尾，有始无终。其实，若想饱尝成功的喜悦，享受成就的快乐，就必须永不懈怠，永远保持起始的信念、精神和道德。网络时代的社会互动被赋予了新的内涵，青年学生结缘于电脑空间，并且逐渐创造出一种全新的生活方式。在我国一些大城市，几乎100%的学生都使用互联网，包括浏览新闻、使用电子邮件和游戏。甚至连一栋宿舍楼都会有自己的网站，在青年学生中间已经开始对报纸和电视产生一定程度的漠视。面对这些客观事实，结合"慎终"思想教育上网青年学生，便可时刻提醒他们保持清醒的头脑，持之以恒地进行网络道德修养。特别是随着互联网不断向前发展，上网青年学生人数不断增加，网络世界的情形会变得越来越复杂，更多的新的非道德问题和现象可能继续出现和产生，青年学生在进行重塑自我的网络道德修养实践活动时，只有紧紧跟随网络发展的整个进程，长期坚持不懈地根据网络道德提出的新要求、新情况，时时注意更新自己的网络道德需求，处处以网络道德提出的最新标准严格自律，才能持之以恒地做好自身网络道德修养，达到"从一而终""善始善终"的最高"慎独"境界。

第二节 高校网络人格及心理教育内容

一、健康人格教育是网络思想政治教育的必要环节及内容

大学生素质教育是引导青年学生成长成才的重要工作，而大学生素质结构是一个多要素的系统，只有政治、文化、科技、道德和心理等素质要素的协调发展，才能取得良好的效果。大学生人格的合理建构和健康发展是实现其素质协调发展的关键所在，是培养大学生的社会责任感、创新能力和社会适应性，实现素质教育目标的基点。根据心理学原理，大学生人格处于关键的形成期，而人格的形成与环境及自我活动直接相关。当代大学生重要的生存环境是网络，重要的活动是上网。所以，通过网络，塑造科学的网络人格、网络心理就显得格外重要。

（一）人格塑造

人格塑造在大学生素质教育中的地位重要，作用突出。人格是一个多义词，不同学科从不同的研究角度给人格所下的具体定义也不同。伦理学称人格为做人的基本道德品质；心理学称人格为人的各种心理特征综合；社会学则称人格为个人行为特质的统一性和固定性的配合形式。在素质教育的一般意义上，我们理解人格是人作为合格的社会成员所具备的基本条件，包括基础的认知能力、清晰的道德意识和稳定的心理状态，简言之，人格就是做人的基本资格及其所表现出来的精神面貌。从对人格概念的理解出发，我们不难发现人格价值之所在。人格价值是对做人的基本条件和基本精神的价值判断，即人的价值观。

人格价值决定了大学生成长成才的方向、道路和目标，决定了他们能否为社会、为祖国、为人民做出贡献，或做出贡献的大小。明确了什么是人格，什么是人格价值，也就明确了人格塑造在大学生素质教育中的定位。大学生素质教育以培养大学生社会责任感、创新能力和社会适应性为主要目标，显而易见，其中每一个目标的实现都不是靠提高或强化大学生某一单方面的素质所能达到的。要实现素质教育目标必须提高大学生的全面素质，使他们素质结构中的各个要素协调发展。在人的素质结构中，起基础推动作用和协调各要素作用的就是人格。没有健全人格的支撑，人的素质结构就好比是没有根系的树木，树越高，树冠越大，越容易被风吹倒；没有人格的不断提升，人的素质发展就会出现偏向，形成素质"木桶理论"中的"短板"效应，使人们的发展空间和才智发挥受到限制。因此，大学生素质教育要以人格为基点，以"人格工程"作为基础性工程。

（二）人格塑造的误区

人格发展是一个自我完善的过程。在社会主义市场经济条件下，大学生的人格价值容易受社会利益机制驱动的影响而出现偏差，出现人格自塑中的误区。

1. 大学生主体意识越来越强烈，价值取向自我化，出现"唯我"人格

随着市场经济体制的确立，经济主体各自独立经营，相互竞争，经济运行的规则影响大学生的主体追求。网络的自由性和开放性更强化了大学生的主体意识，他们以市场经济运作的要求审视自身的价值，"以自我为主体"的人生价值观得到普遍认同，强调自己在

社会生活中的主体性、能动性和独立性，在与他人、与社会的激烈竞争中塑造自我。在以实现自身价值为目标的人格追求中，大学生中出现了过于强调自我实现的倾向。有的大学生盲目进行自我设计，脱离社会现实，脱离自身条件，且对不同的人生见解加以排斥，唯我独尊。在社会不能满足其人生设计时，牢骚满腹，垂头丧气，有的甚至自暴自弃，放弃人生追求，表现出"唯我"人格的典型特征。

2. 大学生对物质利益的要求越来越明确，价值取向功利化，出现"功利"人格

在市场经济条件下，经济主体对自身物质利益的追求成为市场经济运行的动力，这种经济上的利益驱动机制也投射到了大学生身上。而网络世界利己主义人生观的泛滥，一切以自己好恶为标准，以自己损益为标准，这就使他们往往以自己利益的得失程度作为行为选择的标准，特别是在职业选择上，物质利益导向更加明显。大学生对国家经济生活的关注程度比对政治、理论思潮和道德文明的关注强烈，反映了他们"功利"人格在人的追求上更趋向物质层面。透过表面现象，我们可以发现在大学生思想深处，存在着"合理利己主义"的思想，试图设定出既利人又利己的道德准则。这种设定有时在现实生活中难以实现，个人功利与时代功利还不能完全契合，时常激起大学生在"功利"人格的行为选择中的矛盾和痛苦。

3. 大学生受社会影响的因素越来越复杂，价值取向多元化，出现"多元"人格

伴随着社会主义计划经济向市场经济的转轨，社会经济、政治、文化等各个方面不断发生变化，原有的社会价值系统所依赖的社会生活基础的改变，使社会价值系统的作用力日渐衰弱，而新的适应社会转型的价值系统尚未有效地确立。更由于网络的多元文化并存，各种价值观杂陈，这种社会状况客观上使大学生的价值观向多元化发展。因而，在大学生群体中呈现出不同的理想信念、不同的道德水准和不同的生活追求，人格自塑的超前性与务实性并存，人格目标的多样性与统一性交织在一起。多元化的人格可能导致大学生无所适从。

4. 大学生通过对我国政治历史的了解和反思，价值取向逆向化，出现"逆反"人格

大学生在网络上接触和了解许多未经点评、未加注释的所谓"历史事件""历史真相"，一方面可能使大学生在政治上成熟起来，能够从当时的社会历史条件出发，分析党的政策和政治事件，看待政治领袖和党的干部，进行客观公正的评价；另一方面，又可能对过去的理想、崇拜、信仰逐渐淡化，加之社会现实中腐败现象屡禁不止，使大学生不再相信权威，不再期待完美，有的大学生则从对社会的顺从走向对社会的逆反。如果这种逆反倾向成为一种稳定的心理倾向，就形成了"逆反"人格。"逆反"人格实质上是通过反向社会倡导来平衡由于丧失完美目标而带来的个人烦恼和情绪，如不加以重视，任其发展，就可能导致对社会秩序的"违纪"和破坏。因此，引导学生成长非常重要。

(三) 引导健康人格的塑造，促进大学生素质教育培养

塑造大学生健康人格最根本的途径是引导和帮助大学生进行人格自我塑造。因为在人格形成和完善过程中起关键作用的是内因，通过外部所施加的影响必须转化为人的内在需要才能起作用。因此，在网络思想政治教育中，引导和推动大学生人格的健康发展是一项艰苦细致、意义深远的工作。要在肯定大学生正当、合理的物质和精神需求的基础上，坚

持正确的人格方向，针对他们人格自塑中的误区，调整主导文化的内容、目标和手段，引导健康人格的塑造，促进大学生素质教育。

1. 在网络思想教育中引导大学生崇尚集体，追求道德升华

集体主义原则是社会主义道德的基本原则，是教育和引导大学生如何做人的最基本的出发点，也是帮助大学生走出"唯我"人格误区的一剂良药。大学生作为思想最活跃、最容易接受新观念的群体，随着他们主体意识的觉醒，在市场经济大潮的冲击下和自由网络的影响下，其价值取向和价值追求出现"唯我"和"多元"是可以理解的。大学生素质教育要以重塑集体主义观念和社会主义道德理想为核心，在网络思想政治教育中，充分发挥高校"思想政治理论课"的网络教育资源主渠道、主阵地作用，引导他们正确认识国家前途与个人命运、集体利益与个人回报以及理想与现实之间的关系，明确自己的社会责任。只有从集体主义原则出发，自觉将个人价值与社会价值有机统一起来，才能克服从自我出发的利己主义的不良人格倾向，从根本上扭转大学生的人格偏差。在教育和引导过程中，要针对大学生的心理特点，研究他们的成长规律，将道德人格教育融入他们网络生活的各个方面，把一种属于个人的道德良心转换成有利于社会、有利于集体、有利于他人的精神能量，不断促进大学生道德升华。

2. 引导大学生崇尚奉献，争做时代楷模，认清奉献的真谛是无私的给予

在市场经济利益驱动和利益多元化的社会现实下，对民族功利的道德追求和对社会利益的道德认同是奉献精神的具体体现。在网络思想政治教育中引导大学生树立奉献精神，要从培养他们道义感入手。道义感是一个人根据人类社会的伦理秩序逐渐生成并不断强化的一种道德情感，是维护人的尊严的心理需要，包括自尊和尊重两个方面的情感体验。因此，既要引导大学生的自尊体验，使他们通过对高尚道德目标追求的行为选择，在高尚的道德生活中获得极大的精神满足，又要引导他们从遵从社会道德规范和满足他人的道德需要中获得愉悦的情感体验，并将两种情感体验结合起来，形成强烈的道义感。通过对大学生道义感的强化，时代功利、社会效益成为他们首位的选择，而个人功利、经济收益则居于次席，从而消除和淡化大学生的"功利"人格，走出人格自塑的误区。

3. 引导大学生崇尚智慧，追求科学真知

智慧是思维质量的表现，也是人类社会的精神能量，社会对科学的需求、对知识的期待，体现了人类正在走向知识理性与科学精神的复归。知识经济时代的到来点燃了大学生探求新知、追求真理的智慧火炬，为引导大学生的智慧人格提供了最佳时机。而网络时代又为大学生获取知识，促进智能创造了条件。我们在网络思想政治教育中，要改变"工具性"的教育观念和教育方法，不仅要通过网络传播促进大学生对自然科学、管理科学和技术知识的掌握，吸收和借鉴西方现代科学技术和文化发展的先进成果，培养他们求真求是的科学精神，而且要通过网络注重引导他们从中国传统文化中汲取智慧，学习和继承东方文化的精华，增强文化底蕴，培养他们至善至美的人文精神。一个人生活在具有优秀文化传统的社会，不等于他就有深厚的优秀文化修养。大学生要学习中华文化的精华，需要像学习科学技术那样富有钻研精神，并自觉将传统文化的智慧融入自己的生活之中。大学生决不能满足于自己已有的专业知识和所达到的基础认知水平，要通过各种渠道扩大知识视野，刻苦钻研，按照21世纪人才的智慧标准进行自我人格塑造，掌握宽厚的自然科学、

社会人文知识基础和求索知识、运用知识、创新发展、服务社会的观念与能力。大学生是民族的未来和希望，只有富于智慧的民族，才能屹立于世界民族之林。

4. 引导大学生崇尚完美，追求和谐发展

在网络中要正确引导大学生对生活完美的渴望和追求，坚定对理想人格的信仰，确立现时代的完美价值，以促进人与自然、人与社会的和谐发展为人格追求目标，摆脱感性的盲从和物欲的诱惑，努力从自己的价值行为中提炼具有时代意义的精神素质。通过网络思想政治教育要使大学生懂得，只有顺应时代潮流，树立与社会发展要求相一致的完美目标，并朝着目标努力奋进，才能体现自身社会价值和生存意义。

二、心理教育是网络思想政治教育的重要一环

大学生作为社会急剧变化时期成长的一代，作为独生子女成长起来的一代，作为应试教育培养起来的一代，作为心理发展过程中的特殊年龄阶段，其心理素质本身就存在一些问题。这些问题在网络社会中，有些得到了消除或缓解，有些则得到了强化。因此，正确认识信息网络对大学生心理健康的消极影响，努力寻找信息网络时代大学生心理健康的教育对策，这正是网络时代教育者要思考的一个全新课题。

（一）信息网络对大学生心理健康的消极影响

1. 信息网络导致大学生思维片面发展

网络是集文字、声音、图像于一体，构成一种立体化的传播形态，并且网络信息丰富且生动形象，它在开阔大学生眼界，帮助他们了解更多的新鲜事物方面起着积极作用。但是，网络传输的突出特点是高度综合性，超越了简单文字和静态图像的局限，它能使人们思维简单化、浅形化、直观化，这对大学生思维发展，尤其是对形式思维和辩证思维发展产生一定的阻碍作用。这是因为大学生在从网上获取各种信息的时候，就不再需要像在现实中那样要主动去概括、抽象、反省，努力寻求事物的本质。在这种情况下，大学生难以接收到能够挑战其思维能力（主要是形式思维能力）的刺激，久而久之他们会倾向于注重对事物的感知，而非理性的分析，其逻辑思维发展空间相对较为有限和局促。于是，他们往往拥有发达的形象思维能力，而想象力和逻辑思维能力却较差，对事物的认识能力肤浅化、感性化，难以把握事物的本质。同时网络信息的庞杂无序，干扰了大学生对有用信息的选择和吸收，也影响了大学生的思维向深度发展。

2. 信息网络造成大学生情感冷漠，处世态度消极化

信息网络的出现使人与人之间的交往方式发生了变革，在沟通感情方面也有其独特之处。但网络交往在"人——机——人"的相对封闭的环境里，使人们在很大程度上失去了与他人、社会直接接触的机会，容易加剧人们的自我封闭，造成人际关系的淡化，出现人际情感的逐渐萎缩和淡漠。在现实生活中，有的大学生在人际交往中遇到冷遇和挫折，不是积极地去调节、完善，而是选择了放弃，转而沉湎于网络交往中，对身边的人和事漠不关心、冷漠无情，陷入孤立疏懒、空洞贫乏的人生状态和空虚苍白的心理状态。还有的大学生与现实生活产生距离感，他们从网络走出来的时候，对不理想的社会现实感到悲观失望。还有的个别大学生由于在网络上与志趣相投的陌生人交流的随意性和隐匿性使自己本

身成为被侵害的对象。可见，即使信息网络能够使大学生在网上与更多的人建立信息交流，但也不能代替学生最直接的生活体验，因为直接交流的方式比网上交流的方式更复杂、更有人情味。

3. 信息网络引发大学生的人格障碍

网络是一个平台，为人们的交往提供了一个开放的、自由的空间，但网络也是一个屏障，它掩盖了人们的真实面目。网络社区的人际交流是在虚拟情境之下，人们各自戴着虚拟身份面具进行的交流活动，它缺乏现实生活中人际交流的真实感和确定性，使人与人之间的关系建立在一种极其脆弱的基础上。由于网络人际交往具有匿名性特点，一些大学生在网上以为对自己的言行无须承担责任，往往在言语上非常随意，容易形成攻击性人格。还有一些大学生在网上交际时经常扮演与自己实际身份和性格特点相差悬殊甚至截然相反的虚拟角色，同时拥有多个分别代表着不同身份和性格特点的网名。因而，他们时常面临网上网下判若两人，多重角色差异和角色冲突。当多重角色之间的冲突达到一定程度或角色转换过频时，就会出现心理危机，导致双重或多重人格障碍。

4. 信息网络诱发大学生的破坏欲望

每个人都生活在现实世界的不完美，即有限性与自身欲求的无限性的冲突之中，青年大学生尤为如此。这种冲突一旦失衡，就会转化为破坏欲望。在现实世界中，这种欲望会受到道德、法律、舆论等社会规范的约束而处于"蛰伏"状态，即使冲破社会规范得以发泄，也会因现实条件的限制而影响有限。但在信息网络这个几乎不设防的世界里，大学生"网虫"的所有言行都是通过敲击计算机键盘，向网络输送代码来实现的，他们所有的言行可以不留下任何痕迹，加上他们的自控力和责任感比较弱，大学生极有可能在网络上充分地暴露压抑在心里深层的需要和欲望，完全按照自己的意愿做自己想做的事。我们不可否认大多数青年学生进入网络的初衷是为了享受现代科技发展所带来的成果，不断完善和发展自我。但是，随着网上生活时间的增加，他们当中的一些人逐渐被网络所"异化"。他们在网上漫游，或许好奇，或许无聊，或许想证明自己，或许想发泄心中的不满，就可能冲动地走入破坏性的心理误区。

5. 信息网络使大学生患上网络性心理障碍

驰骋在信息高速公路上，感受信息空间中信息流的冲击；畅游于网络中，体验扮演虚拟社会成员时的感觉，不由得让人流连忘返。尤其是对易于接受新鲜事物，具有极其强烈的探索欲和好奇心的大学生而言，更有着无限的吸引力，这种吸引力往往会导致大学生对网络的极度迷恋，进而发展成为病态的网络沉溺。他们不愿意离开计算机，在他们的心目中，网络是至高无上的。心理学家警告说，青年学生上网学习新知识值得鼓励，但如果过度沉迷其中，将减少与外界接触的机会，久而久之，就有可能患上网络性心理障碍。患者往往没有一定的理由，无节制地花费大量时间和精力在网上聊天，以致损害身体健康，并在生活中出现各种行为失常、心理障碍、人格障碍、交感神经功能部分失调。随着网络技术的普及和发展，类似患上这类病症的大学生将会越来越多，应该引起人们的足够重视。

（二）信息网络时代大学生心理健康的教育对策

1. 培育大学生加工、处理、整合、创造信息的能力

信息网络是一个庞大的信息库，人们既可注入、存储信息，也可从中选择有用信息，

从而实现信息的传递和交换。从理论上讲,网络信息存量是无穷无尽的,而且处于不断刷新与时刻变换之中,它能满足大多数人对信息的需求。因此,在网络时代,一个心理健康的人要善于随时接受新信息,承认新信息的现实性。但是,由于网络上的每个人都可以是传递信息的来源,如何判断资讯的正确性与完整性便变成一个极为迫切的问题。可以这么说,现在我们已经不必担心缺乏信息,却要担心没有时间和能力去消化那些把我们压得喘不过气来的大量信息。信息泛滥的结果,可能反而令我们无力判断真伪,以至于不知所措。就大学生而言,能否根据实际和未来的需要,正确选择、储存信息,对有关信息进行编码加工,使信息系统化、知识化,比以往任何时候都显得尤为重要,它也就成为我们评价当代大学生心理健康的一个重要标准。因此,大学教育不但应该更加注重综合化和通识化,以增强学生灵活性和适应性,而且应该充分利用网络教育资源,发挥网络优势,引导学生在注重个性发展的同时,注重培养自己主动获取和应用信息的能力、独立思维能力和创造能力,引导学生学会预测、预见、构想未来事物发展变化的方向和速度,增强学生学习的自主性与创造性。

2. 培养大学生网上自我教育的能力

随着信息化的迅速发展,当代大学生所面对的信息量空前增加,由信息缺乏而导致的个人对信息很少有选择的时代已经一去不复返了,面对纷繁复杂的信息,大学生必然要独立自主地进行选择。教育活动是一种信息传递过程,现代教育已不是过去那种无选择或很少选择的消极灌输式,而是以积极摄取、自主选择为特征的主动接受模式,这种转变必然有利于促进大学生自我教育的发展。然而,从网上来看,大学生自我教育还存在着许多问题,它严重危害并限制着自我教育的健康发展,因此,对大学生的自我教育行为必须进行积极引导和必要管理。在这方面,学校和教师所起的作用是至关重要的。具体来说,学校和教师应积极介入网络,在大学生自我教育中发挥积极引导作用。这种引导从学校来看主要是加强校园主流文化建设,确立并强化主导价值标准,引导确保校园网络文化及学生自我教育发展的正确方向;从教师来看,主要是利用网络特点,通过间接参与等手段来引导并支持学生良性自我教育活动。例如,教师可化名参加版面讨论或版面回信等,以引导学生讨论朝深入、积极方向发展,帮助大学生提高自我教育的质量。

3. 建立和完善网络社会规范,保护大学生网上心理和行为的安全

网络的发展速度是超乎想象的,传统的道德规范难以适应变化多端的新环境,会造成大量的冲突和失范。大学生是否遵循道德规范,不易觉察和监督,社会舆论、传统习惯在网络上的监督作用微乎其微。这些情况表明,要尽快建立与网络时代相吻合的道德规范,加强对大学生正确的世界观、人生观和价值观的教育和培养。同时,要建立和完善法律法规,规范和保护大学生网民的行为和权益。目前,已有一些国家对网络行为进行立法,以保护青少年不被有害信息侵犯。中国作为网络发展后起的国家,应该认真学习、借鉴其他国家在这方面的成功做法和经验,努力做到网络的法律、法规建设和网络发展同步,向大学生普及网络知识和宣传有关网络的法律、法规知识同步。

4. 加大对部分大学生网络性心理障碍调适的力度

"网络成瘾症""网络孤独症"等网络性心理障碍已经引起了国外精神病学家和临床学家的重视和研究。研究者一般认为,这是个很广的概念,涉及一系列不同的行为和冲动控制问题，它并不像传统的上瘾药物对人们的影响是生理性的，故此不能采取传统的严禁方法。对网络中的心理负面效应，我们应当采取疏导的方法，使他们养成正确的上网心态。要教会大学生保护自己的身心健康，启发他们注意正常而有规律的生活，调整精神状态，上网有节有度，时间不宜过长；要教会大学生克制自己，抵御各种诱惑；要引导大学生树立正确的网络观念，把网络作为知识的来源和学习的手段，而不是作为猎取不良信息的途径；要引导大学生具备良好的网络道德，使他们以自觉的态度进行自我监督、自我调节、自我反省、自我批评，真正做到在网络文化面前的"慎独"。对过分迷恋上网的大学生需要在心理上指导他们，例如，建议他们不要把上网作为逃避现实生活问题和消极情绪的工具，借网消愁，愁更愁；上网之前，先定目标，每次花一点时间想一想上网要干什么，把具体要完成的任务写在纸上；上网之前，先限定时间等。

高校应积极开发和占领网络这块阵地，使之成为大学生健康成长的一个重要的渠道。一方面利用网络的优势开展思想道德教育，直接地及时地了解大学生思想状况；另一方面，借助网络这个载体开展多种多样的文化、艺术、体育甚至游戏活动来宣传我国社会的主体网络道德观念，丰富大学生的课余生活。此外，要严把各校园网站信息的质量关，防止不健康、不可信的信息流入校园；加强现有心理咨询体系的建设，尽快进行大学生网络心理的研究；进一步做好大学生心理档案的建档工作，普及心理卫生知识，做好学生心理咨询的面谈、信件咨询、电话咨询等各项咨询服务，为大学生提供及时高效的心理支持。与此同时，开展网上心理咨询，可以从各方面入手：一是利用网络快捷、保密性好、传播面广的优势，开设网上心理咨询，如设立心理咨询网站，传播心理知识，进行网上行为训练的指导，开设在线心理咨询。二是抓好学生上网的心理、网络人际交往的心理特征、网络心理障碍、虚拟与现实的人际关系的比较等大学生网络心理问题的研究，确立一套可操作的、有效性强的网络心理障碍咨询方案。

第三节 高校网络审美教育内容

按照马克思主义的观点，美育是属于最高的、具有全人类意义的培养人的活动。学校美育所追求的是教育理想的最高境界，即使人得到自由全面的发展。这对培养全面发展的高素质人才有着十分重要的意义。

一、通过网络大力进行美育的价值与价值取向的教育

要弄清美育的价值，首先要弄清美的价值及美的本质。根据马克思主义的观点，美的尺度就是人的尺度，在"美"的境界中，人的本质的确证和人的自由发展居于主导地位。也就是说，美的尺度即人的解放的尺度；人的解放的标志是人的个性和创造力全面发展的尺度。由此，美的本质是人的本质力量的最完满的展现。

人类历史就是一部人类不断解放、不断获得自由的历史。掌握美的尺度，学会创造美、欣赏美，是推动人类和个体解放和获得自由的重要力量。大学生是社会中最有知识、最有活力的群体，更应该成为人类和个体解放及不断获得自由的有力推动者和实现者。从价值观的角度来看，美就是真、善统一的主体自由的最高价值。因此，美育的价值与其他

价值的不同就在于，它既直接表现个人自身在自由自觉的活动中塑造个性，帮助人形成自我超越的能力，实现育"美的人"的目的，又要把对美的鉴赏和创造作为人类一种创造客观世界和完善自身的价值定向，用以追求教育的理想。这样，学校美育的价值取向应是：以美育人、育"美的人"（或完美的人），而不能只停留在培养审美能力或审美的人这一工具层次。

美育固然要培养学生的审美能力，这是"美的人"必备的基本条件。但具有审美能力的人和"美的人"存在着质的区别。审美的人，在一定意义上可能视为具有某种或某些感受美、鉴赏美等方面的技能、专长，或具有较高的审美能力的人。美育的价值取向定位于培养审美的人，那么，美育仅仅被理解为一种知识、技能的学习活动。而"美的人"则是"人的本质力量的最完满的展现"的人。美育所面对的必须是对人的生命存在及其发展的整体关怀。是培养审美的人，还是培养"美的人"，这两种不同的价值取向，源于对美是目的还是手段这一根本问题的认识。

美育的目的是对人性最高层次的追求，是人的生命价值的最高理想境界，即标志着人与自然、人与社会、人与自我的辩证统一，体现着人以全面、科学与合理的方式实现对人自身本质的全面占有。正基于此，美育的价值是"美"的工具性价值与目的性价值的辩证统一。这就是说，人的全面发展及全面发展教育（各育）只有借助美及美育才能得到实现，这是作为工具或手段的价值。而现代意义上的人的全面发展不仅仅指德、智、体、美、劳等方面的发展，更包括人的个性、创造力等方面的自由发展，这就要使美育的价值取向定位于对人的本性的终极关怀，所以美育的目的是培养"美的人"。美育之所以能使人趋近人的生命价值的最高理想境界，是由美的本质和美的价值所决定的。美育是以美育人，即在对美的本质准确把握前提下的真正意义的美育。为此，需要清楚地认识到：现代学校美育不等同于审美教育。审美教育是美育的一个方面，审美活动是美育的基本活动；审美教育并非艺术教育，更不等于音、体、美教学。

培养学生具有感受美、鉴赏美、表达美的能力是美育的任务，而不是美育的目的。美育不是要人们沉溺于与现实人生无关无涉的玄学思辨之中，而是要通过美的审美帮助学生认识客观世界，认识人的创造能力，进而认识现实社会的人的本质力量，更加自觉地按照美的规律去改造我们的生活，改造我们的世界。以美育人，育"美的人"将成为21世纪教育的主旋律与价值追求。美育一旦冲出误区，就能肩负着这样的使命：既是现实的育人实践，又是人类最高教育理想的追求。这时，美育也就从其他各育中"脱颖而出"，上升为高层次的育人活动。美育应是每一个现代教育工作者的必担之责和自觉行为。

二、通过网络进行美育与大学生成才密切相关的教育

全面发展的人才是高等教育人才培养的目标，大学生应当成为全面发展的人才。美育不仅是全面发展人才的重要内容和基本标准之一，而且对其他方面的发展有着非常重要的促进作用。

（一）美育有助于大学生知识结构的完善

未来的人才需要具有民主法制观念，具有崇高的人格和道德观念、宽厚的自然科学、

人文社会科学知识基础和自主求索知识、运用知识、创新发展、服务社会的观念和能力。很显然，如果用这样的标准来衡量人才，只具有高超的专业知识是行不通的。而加强美育就有助于大学生构建完整的知识结构，使学生成为全面发展的人。美育对大学生来说，可以增强精神性格的陶冶，有助于培养大学生的科学创造力、形象思维能力、逻辑思维能力、语言文字能力、交流表达能力、强化记忆能力、增强心理素质，从而使学生开阔视野、活跃思路、触类旁通、激发灵感、突破传统等，更好地完善自己的知识结构。

（二）美育有助于大学生人文精神的提升

人文精神是人的存在的意义和价值的最高展现，它以对生命的意义和对人生价值的理解为前提，以追求真、善、美等崇高价值理想为核心，以人自身的全面发展为终极目的，它是整个人类文化所体现的最根本的精神，是人类文化生活的内在灵魂。西方大学在推行通识教育的时候，就注重人文精神的熏陶，强化人文社会科学在高等教育中的作用，倡导人与自然、人文与科技的和谐发展，进而弥补和解决科技进步与人文精神分离、对立的问题，培养出既有科学素养，又有丰富的人文精神的人才。同样，中国也有一句话，叫作教书育人。简单的四个字阐明了这样的道理：教书是手段，育人是根本。而人之所以成为人，靠的不是他的躯体，而是他的思想和灵魂。只有素质高的人，才会思考人类社会、自然、他人和自身的问题，才可能理解什么是真、善、美，什么是假、恶、丑，才可能与他人融洽地相处，才可能以一种社会可以接受的方式实现自己的目的。

加强人文教育，并使人文知识升华为人文精神，积淀为相对稳定的思想品质结构，在今天显得尤为重要。从内容上讲，美育是人文教育的一个重要组成部分，从形式上讲，美育是人文教育的重要载体，以美载德，以美启智，以美健体，以美导劳，增强人文教育的实效性。

（三）美育有助于大学生健康人格的形成

大学生急需在市场经济的不确定性中，学会避开使人生活表层化、实利化、短暂化的东西，学会自我心理调适以及了解心理健康知识，更好地运用转移，宣泄等方式方法解脱心灵的空虚、孤独。而要做到这一点的有效途径就是加强美育，让他们更多地去占有、掌握人类历史所积累的文明成果，因为人类历史所积累的文明成果中展示出的人性具有十分丰富的内容，它内在地包含在科学、艺术、哲学、语言等众多的领域之中，为陶冶完美人格之所必须。因此，对作为直接表现人的精神世界和精神力量，对发展人的心灵起关键作用的美育，必须予以高度重视，通过美育，升华形成大学生和谐、健康的人格。使其不仅具有崇高的道德理想，而且能正确地处理好个人与社会、个人与集体、个人与他人的关系，并勇于承担对社会、对国家、对他人的道德义务，表现出强烈的自尊、自爱、自强、自律等特征，这也是大学生成才的一个显著的标志。

三、网络是进行大学生美育的新途径

大学生既是网络的最大受众，又是美育的主要对象，利用网络进行美育就成为网络思想政治教育的重要内容：①网络应当引导大学生对美的境界的追求：培养大学生对至真、至善、至美境界的认同和追求。美的一个基本特征就是超功利性。淡泊名利、宁静致远是欣赏美、创造美的基本人格要求。大学生功利思想十分严重，行为的短期性、功利性十分明显，这对他们人格的完善和境界的提高十分不利；②网络应当激发和培养大学生与自然、与社会、与他人和谐相处、心灵相通的意识及能力。"美是和谐"，在古今中外普遍认同。和谐首先是内容的和谐、精神的和谐、心灵的和谐。对待万物要从善如水，切莫人为制造矛盾、挑起事端、破坏和谐。大学生应当首先成为社会中和谐的音符；③网络应当成为大学生欣赏美创造美的主要领域和场所：网络特性使它能够及时地、跨时空地展现美的对象，网络要利用自己的优势，使大学生接触网络就如同接触美的世界、进入网络就如同进入美的世界。与此同时，网络应利用自身互动性参与性的特点，为大学生创造美提供机会和空间；④网络浏览器本身应当成为美的展示：色彩、图形、声音、线条、构图等应当遵循美的原则，使其成为一个永恒的流动地树立在浏览者面前的美的事物，使大学生浏览者在浏览过程中潜移默化地接受美的熏陶；⑤网络消费场所应当成为使人精神愉悦、心神通达的"美的"天地，成为大学生这一网络受众接受美的教育的导入口等。总之，网络世界应该成为美的世界，成为美育的课堂，成为大学生欣赏美、创造美的舞台。

第七章　高校思想政治教育体系创新实践

第一节　高校思想政治教学创新体系

一、教学人才体系创新

（一）提高思想政治课教师素质的重要性

互联网时代，高校思政课教育面临着巨大挑战和机遇。"互联网+"打破了权威对知识的垄断，让教育从封闭走向开放，人人能够创造知识、共享知识以及获取和使用知识。因此，高校思想政治课体系改革势在必行，同时要求高校思想政治课教师必然要具备"互联网+"的思维和能力。这是因为高校思想政治课教师不仅是高等学校教师队伍的一支重要力量，还具有重要地位和意义。

1. **互联网时代思想政治课师资队伍存在的问题和面临的挑战**

互联网时代思想政治课教师传统教学手段和方法受到挑战。教学既是一门科学，又是一门艺术。高校思想政治课教师在做好理论解释的同时，更要注重学生对知识的消化吸收效果，对大学生进行有针对性的、艺术性的思想政治教育和引导。然而，当前高校教师运用互联网技术开展微课、慕课等新型网络教学模式的水平和能力较低，就造成了思想政治教师自身素质与当前互联网时代要求不相适应的局面，使得高校思想政治课教学模式和方法亟待创新。

2. **互联网时代思想政治课教师信息技术能力有待提升**

（1）缺乏收集、分析和利用有效信息的意识

"互联网+"时代的到来、大量信息和数据的存在，使得很多思想政治课教师在利用互联网上意识欠缺，不善于进行自我反思、不善于发现问题。因此，思政课教师在讲课过程中应该能够及时发现不足，有针对性地利用互联网进行各种相关信息的查找，丰富教学内容从而弥补不足。

（2）欠缺收集、分析和利用有效信息的能力

很多高校思想政治课教师对于利用相关网络平台提供的便利条件，有效分析、处理并进一步利用信息的意识和能力欠缺。因此，要针对这些问题对课堂教学进行有效的正确指导，提高教师利用网络的能力，进而提高思政课的实际效果。

（二）思想政治课教师提升的重要途径

"互联网+"时代要加强高校思政课教师自身提升，使思政课教师作为大学生思想政治教育的引导者，能更好地面对"互联网+"时代的新情况、新问题。

1. 教师自我教育、全面提升

（1）坚定理想信念、矢志立德树人

做好一名思想政治课教师，要有坚定的理想信念、崇高的道德素养、深厚的理论水平、创新的教学方法和立德树人的使命感；要明确意识到肩负的国家使命和社会责任，秉承为人民服务、为中国特色社会主义服务、为改革开放和社会主义现代化建设服务的教育宗旨，培养好社会主义事业的建设者和接班人。

同时，思想政治课教师需要充分意识到连接是"互联网+"时代最宝贵的资源。思想政治课教师要提高对数据信息的敏感性，善于搜集、整理、分析数据；要不断学习新知识，掌握新技术，树立以学生为主体的观念；要充分利用微博、QQ空间、微信朋友圈、贴吧等网络空间，以获取更多、更新的信息数据，从而及时掌握学生的学习动态，发现学习问题并给予个性化的引导和具体的帮助。

（2）提升综合知识素养，树立知识权威

一方面，思想政治课教师要充分利用网络这一新媒体资源，通过专题网站、微博、微信等平台加强马克思主义理论与实务的学习；另一方面，思想政治课教师要以敏锐的洞察力和灵敏的政治嗅觉去捕捉变化了的新情况、新问题，将其引入课堂教学过程中，增强思想政治理论课的可信度和实效性。

（3）掌握现代网络先进技术，创新教学模式

在课堂教学中，要善于将网络视频、短片、微课、微信等引进课堂，激发学生兴趣，激发学生学习思政课的积极性，增加课堂实际教学效果；要善于创新建设具有吸引力、高质量的思政教育专题网站、慕课等网络教学资源，提高学生自主学习能力，实现课堂教学与网络教学的优势互补。

（4）积极打造网络平台，注重与学生交流互动

教师在教学过程中，要将专业知识清晰地传授给学生并为其所用，帮助学生解决生活中的实际难题，并通过网络对话交流，让自己成为大学生心中的良师益友；要运用"互联网+"思维，通过构建大学生在线互动社区、微信、微博、网站、App应用为主的新媒体阵地，融合线上线下的O2O运营机制，促进传统线下活动与线上互动传播的有机融合、相辅共进。因此，利用各种有利网络资源成了思想政治课教师传播知识、加强交流互动的重要途径。

（5）重视信息技术培训，提高思政课教师队伍利用"互联网+"技术的能力

在高校思想政治课教师队伍中应开展广泛、分层分类的网络技术培训，使其尽快掌握运用"互联网+"技术的能力，将获得的信息有效发挥作用，运用到自己的教学实践中去，提升思想政治课教师的教学水平和魅力。

2. 高校的科学管理、机制创新

一是学校要加强对思想政治课教师的重视，充分意识到加强高校思想政治理论工作的重要性，并积极制定各种保障政策和条件，切实落到实处。二是完善高校思政课教师的选拔、培养制度。选拔那些政治素养、道德素养、知识素养过硬的教师加入思想政治课教师队伍，积极创造条件，有计划地组织思想政治课教师开展社会实践，使教师进一步了解世情、了解国情，不断地补充新知识、解决新问题。三是完善绩效考核，健全评价体系。高

校要采取综合考查的形式，在职称评聘、考核评优方面给予思想政治课教师足够的重视，并给予一定的政策倾斜。

（三）加强高校学生自主管理中的主体发展

在以人为本、促进人的全面发展的教育背景下，大学生无疑是高等教育的主体。在教育、教学、学生管理等诸多方面体现学生的主体性，促进学生的主体发展也成为高校的主要任务。高校学生管理工作承担着学生自主管理的教育和引导任务，必然要突出学生的主体发展，提升学生的自主管理能力。

大学阶段对于大学生而言是一个进入社会的预备期，面临从单纯的接受知识向掌握社会生存技能的转变，在这个过程中，大学生将完成从学校管理的"他律"向以自主管理为核心的"自律"的过渡，最终形成良好的自主管理能力，以适应大学生活及社会生活的变幻莫测。正确理解学生的主体发展，规避高校学生管理的弊端与不足，探索实用性、操作性强的学生自主管理模式，是当务之急。

1. 学生主体发展在高校学生管理中的重要意义

（1）学生主体发展是大学生全面发展的基本前提

无论是从国家、高校还是从学生自身来看，促进大学生全面发展均是根本诉求。一方面，大学生是国家的宝贵人才资源，是祖国的希望和未来，其发展状况直接影响着社会主义现代化建设的进程，关乎"中国梦"的实现，具有重要的社会意义。另一方面，大学生的主体发展关系大学生的个人成长、职业发展、自身价值的实现等诸多方面，具有重要的个体意义。

大学生获得全面发展的首要任务是通过自主管理获得主体性，主体性是大学生主动学习、求知，主动适应社会的强大动力，也只有具备了这个动力，学生才能把学习和求知看成是自己的事情，其全面发展才能顺利进行。另外，学生的主体发展让大学生以"主人翁"的姿态不断审视自己的行为，不断检测自己的进步，不断自主调整与完善，最终达到理想状态。

（2）学生主体发展是大学生社会化的必由之路

社会化是指个体通过学习，掌握社会技能，不断增强对社会的认同感和责任感，能顺利融入社会，并通过个人努力改变社会的行为过程。对大学生而言，社会化是一个全新的任务，这是因为，大学前的任何一个阶段都是在被动接受学校教育，不太关注与社会的接触，但大学毕业后就是进入社会，社会化对在校大学生而言很陌生，也很重要。

学生主体发展和自主管理是社会化的重要体现。大学生个体的社会化是从不知到知、从知之不多到知之甚多、从不成熟到成熟的社会生长过程。这是一个具有长期性的毕生课题，该课题的完成不仅仅要依靠主体发展与自主管理来完成，更要通过主体发展和自主管理体现社会化的成果。主体发展良好、自主管理能力强的学生，其社会化的进程顺利，反之亦然。

2. 建立学生自我管理教育的新视角

（1）从管理者角度，更新观念，为学生自主管理提供空间

高校及高校学生管理工作者要充分理解"以人为本"的内涵，突出学生在高校学生管

理工作中的主体性，以促进学生的主体发展为根本任务，在这个基本前提下，管理者要变"管理"为"服务"，变"控"为"引"，建立学生自主管理运行机制，培养学生的自主管理能力。

首先，为了学生，突出学生的主体发展。在高校学生管理中，学生占有主体地位，学生管理的内容和方式要以促进大学生健康成长和综合能力的提升为根本出发点和落脚点，这就要求，高校学生管理模式要充分考量是否有利于学生的发展，能否更有利于学生的发展。

其次，相信学生，放手于学生，构建学生自主管理的宽松环境。大学新生入学后，学生管理工作者要将学生自我管理的理念传递给学生，突出强调自主管理的主导性，为学生提供自主管理的良好空间。管理者则扮演"服务员"的角色，当学生自主管理的方向出现偏差、遇到难以解决的问题时，管理者要为学生提供帮助，可以是政策引导、方向指引、直接帮助等。

最后，依靠学生，鼓励有志向、有能力的大学生参与自主管理机制的制定与执行。一方面，丰富、完善并验证管理机制，促进高校学生自主管理理论与实践的发展；另一方面，学生的自主管理能力、综合素质得到锻炼和提升，学生的主体发展得以体现。管理者要扮演"推动者"的角色，鼓励学生依靠自己，积极探索自主管理的道路。

（2）从大学生角度，提高自主管理意识和能力

首先，肯定自己，把自己看成是学生管理中的主体，把学生管理看成是自己的事情，突出自己在管理中的主体价值。要增强自主管理的主动性，主动参与班级管理、系部管理及社团管理；要建立学生自主管理的学生队伍，通过组织分工、组织内部制度的约束等方式，提升学生的责任心和积极性。

有的高校为了调动更多大学生参与自主管理，设置了"轮流班委"，让班级中的每一个人都有担任班级管理者的经历，深刻体验自主管理与配合自主管理的意义。

其次，相信自己，有能力、有办法管理好自己的事务。大学生要不断学习和锻炼，提升自主管理的能力，既为更好地推行自主管理模式，也为了自我能力的提升。

最后，依靠自己，有自主管理的责任感，不要事事、时时依靠老师或依靠学校，要有探索精神和创造精神，积极参与学生管理的各项事务，自觉维护正当权益。

（3）学生管理者和学生要共同开拓自主管理的"多方阵地"

首先，构建校内阵地，以宿舍、班级、学生会、学生社团等为阵地，开展丰富多彩的群众性文体活动，活动组织与安排的每一个环节都依靠学生，参与者也是学生，构建一种自主管理的运行模式。比如，有的高校开展学生宿舍文化评比活动，活动组织者在策划、制订方案、聘请评委、考核奖励等每一个环节中都要发挥主动性与创造性；而参与比赛的学生宿舍也要经历策划、制订方案、实施方案等，同学之间相互合作与配合，各种潜能得到激发。因此，无论是组织者还是参与者，都提升了自主管理能力。

其次，构建校外实践阵地，以学生社会实践活动为载体，让学生进入社会，锻炼能力、提高认识。当前，大学生社会实践活动已经成为我国各高校的常规项目，很多大学在社会上的相关企业或部门建立社会实践基地，让学生进入企业感受企业管理制度与企业文化，深刻体会个体社会化的过程。这其实是为学生的自主管理搭建了平台，学生在社会实

践活动中，脱离学校管理，自主安排学习与生活的方方面面，为提高自主管理能力提供了好的机会。

（4）构建大学生自主管理的法治环境

大学生自主管理不仅仅是自己管理自己学习生活中的小事情，更要体现在学校建设与发展、教学改革、人才培养等大事上。而且，学生参与学校自治不仅仅是听草案、举手表决等表面现象，要体现在实在的参与上。

从国际经验看，赋予大学生正当、合理的政治权、参与权、知情权是大学生主体性发展和自主管理的需要。高校及学生管理者要畅通政治民主化的渠道，在关系学生切身利益的问题上，给予学生知情权，并在重点问题的决策中，允许学生参与。

借助高校学生会、学生社团等学生组织，扶持学生实行自治。在学生组织干部的选举、监督和罢免及组织管理等方面更多地放权。赋予学生会、学教会、学生自律委员会、学生社区管委会等更多的与学校领导、各职能部门对话的权利，让学生自治组织在学校各项管理工作中有更大的参与权、发言权和决策权。

（5）建立学生自主管理运行的长效机制

高校学生自主管理能力的提升不是一蹴而就的短期行为，而是一个长期坚持的任务。原因在于，能力的培养是"慢功夫"，大学一年级新生入学后，不能很快适应自主管理模式，学生管理要采取"扶"的措施，慢慢引导、指导；当学生具备一定的能力后，学生管理可以采取"放"的策略，在很多领域放手于学生，最后完全放手于学生。因此，建立学生自主管理的长效机制，长期坚持，是必要的。另外，从长远运行看，要建立完善的学生自主管理制度，确保自主管理能运行畅通，并长期坚持下去；要将学生的自主管理形成一种管理文化，处在该文化背景下的学生，很容易被自主管理的氛围感染，能够自觉加入自主管理的行动中来。

二、教学设计体系创新

思想政治理论课是高校宣传马克思主义理论、加强大学生思想政治教育的主阵地、主渠道，其作为我国高校大学生的必修课，具有与其他专业课程不同的教学特点和教学目的，因此更要注重实效性。然而，当前思政课教学还存在着一定问题，只有采用新手段、新方法，注重研究新情况、新问题，注重理论联系实际，才能实现教育理论由知识向能力的转化。

当前，微博、微信、论坛等新媒体已成了大学生获取知识、联系外界的主要平台。网络的信息包含量大，良莠不齐，对大学生原有价值理念构成了严重威胁和挑战。网络具有虚拟性的特点，各种网络主体之间可以不受时空限制地开展各种交流和互动，对高校思政课传统教育教学模式提出挑战：首先，网络知识的更新可以不受时空限制，可以不受学时的制约，信息量大，冲击了教师的学术权威地位；其次，传统教学模式中，思想政治课教学以教师单向讲授为主，缺乏有效的交流和互动，忽略了学生的主体地位，没有充分发挥学生在课堂中的作用，而在一些新媒体教育形式中，学生可以随时交流互动、言论自由、机会均等，契合青年学生寻求独立、渴望发声、渴求平等的心理需求；最后，在丰富多彩的网络世界里，视频、音频、图片等各种手段的综合运用，能不断激发学生的兴趣和积极性。教师如何在课堂上跟手机和移动互联网抢学生,成为一个具有挑战性的课题。

因此,高校思想政治课创新就更加重要。首先,有助于改善课堂形式单一的教育模式。在教学中,要求高校思想政治课的课堂能够满足学习者的个性化需求,为学生提供多种学习方案。还可以让高校教师有条件充分利用网络教学资源,使其课堂教学能够从"死板"走向"生动",从"灌输"走向"互动"。其次,有助于改变课堂知识的单向传递灌输。在互联网时代,思想政治课教师将成为学生发展的促进者和引导者,让学生的主体性得以突显。最后,有助于延伸课堂教学的教室空间。在互联网时代,教师可以将理解教学内容的案例、实践活动发布在网站上,做到课上课下学习的有机结合,让学生通过互联网与社会沟通、与世界沟通,扩大学生的接触面,积极探索将课堂设在互联网上的新途径。

互联网凭借其方便、快捷、新颖、多变的特点受到大学生的广泛青睐,随着高等教育信息化的迅速发展,探索网络教学试点,开发思政课在线课程,坚持课堂讲授与网络教学相结合、在线教学与课堂教学优势互补的教学模式已经成为思政课教学改革的发展趋势。

"互联网+"高校思想政治课教学创新的主要理念和思路:

首先,设计好、讲授好每一堂思政课。打造一堂有魅力的课,教师必须兼具人格魅力和学识魅力,努力把思想政治课建设成为学生真心喜爱的课,实现育人课堂、魅力课堂、精彩课堂和高效课堂的高度统一。

教学内容设计要以学生为出发点,把握学生特点和需求,既注重基础层次的需求,又要着眼于学生的深层次的成长需求。因此,要用心解读学生成长的网络记录,运用数据分析和预测技术全面把握学生的心理需求、情操需求、知识需求、能力需求、素质需求以及发展需求。

其次,深度挖掘学生关注点,打造学生真心喜爱的魅力课堂。魅力课堂的关键在于魅力教师,因此教师要具备以下几个方面的内容:一是备师德。教师要用自身良好的道德形象影响学生,用优良的思想作风带动学生,为学生提供更多的正能量。二是备学生。分析学生的学习现状和学习需求,深度挖掘学生关注的热点、疑点。三是备学识。教师是一堂好课的关键,只有有思想的教师,才会使学生成长为有思想的学生。四是备教材。备教材的关键是实现教材体系向教学体系的转化,要深入地钻研教材,准确把握教材内容,依据教学大纲、学生认知、当前时政热点、所授内容学术研究现状以及方向来确定教学目的和重点难点,在此基础上探索更为适宜的教学方法。五是备教案。这一环节是实现更高的转化,是教学体系向育人体系的转化。也就是将教案转化成学案,把教师的教学目标转化成学生的学习目标,通过设计课堂导入、师生互动、课堂活动,激励学生树立科学的理想信念,坚定崇高信仰,将理论学习与社会生活实践结合到一起。六是备课件。多媒体的层次设计、文本选择、图片制作、视频开发、色彩搭配、动画效果也要服务于教学大纲、教学内容、学生需求。

最后,创新教学设计,形成终身受益的高效课堂。课堂要有吸引力,才能留住学生的身,更要入学生的眼、耳、脑以及心,引导学生在人生的漫长实践中自觉地去实践课堂讲授的基本原理。还能够针对大学生成长过程中面临的各种问题,帮助他们树立科学的世界观、人生观、价值观,引导大学生在实践中自觉养成、培育社会主义核心价值观,成为对社会有用的"四有"人才。

三、教学评价体系创新

高校思想政治教学评价是思想政治教育教学中重要的一个环节，它可以帮助评价对象明确自己在教学中的表现，而随着互联网技术的发展，思政课教学评价体系为了保证其时效性也应该做出改变，改革才能使教学评价体系发挥其真正的作用。

（一）思政课教学质量保障

随着社会进步和社会主义建设事业的高速发展，社会各行各业对人才的个人素质要求也越来越高，学校应该加强对学生思想政治教育的强度与质量，帮助学生更好地适应社会。为了保证思政课的教学质量，应该建立科学合理的思政课教学质量评价体系。教学质量是教育的关键，是教育发展的核心，对于不同的学科和受众，应该采取不同的教学质量标准，以便更科学合理地制定教学目标，达到良好的教学效果。

1. 思政课教学质量评价体系

新时代的教学质量是指教育满足社会和个人需要的程度，也就是说新时代的教学质量包括教育对社会、经济、国家和个人等方面的满足程度。

教育是一个动态的过程，根据时代背景和相应的社会要求的不同，教学质量的要求及衡量标准也不同，要想与时俱进地发展教育，就应该按照符合时代要求的标准对教育质量进行衡量和提高。高校教育的首要任务是人才培养，高校应该注重学生的全面发展，培养出知识丰富、专业技能优秀、思想道德良好、具有创新精神的人才。同时要注重对学生的实践能力的培养，为学生创造良好的实习、实践条件和平台，使学生可以自觉主动地投入学习、投入实践，形成良性循环，教学促学、实践辅学，帮助学生实现全面发展。

深化教学改革，要进一步完善学分制度，推行个性化的弹性教学机制，加强学科全面学习。全力支持学生参与科学研究、学科竞赛等实践活动，提高学生的知识运用和问题处理能力，加强对学生的就业、创业指导，实现个性化的专业辅导，加强学生在社会中的竞争力，为他们将来的发展提供更好的服务。因此，要建立健全教学质量保障体系，提高对教学质量水平的评价管理，深化教育改革。

在当今这个时代，不论任何领域的教育，教学评估都是十分重要的部分。教学评估可以有效地对教育教学的实际情况进行反映，其中包括对教学的状态、质量、水平的评价，对相关政策方针的履行程度的评价，对学生学习水平的评价，对教师进行教育的有效性的评价。

2. 构建思政课教育教学质量评价体系的研究依据

随着社会的发展和时代的进步，思想政治教育教学必须跟上时代的脚步，从教学的内容体系、方式方法、价值取向等方面进行改革创新，要拓展教学理论的领域，研究新的教学模式。为了提高教育教学质量，必须与时俱进地制定和完善思想政治课教学质量评价和管理体系。对思想政治课的教学质量评价与管理体系进行研究，可以帮助教育工作者更好地了解思想政治教育，可以更好地满足社会对学生的思想政治水平的要求，进而促进学生的全面发展。

对学生的思想政治教育不仅发生在课堂上，在学生的日常学习生活中也应该注意相关教育，应该关心学生的思想动态，在他们学习和生活的各个环节中进行思想政治教育。思想政治教育工作由多个环节组合而成，每个环节之间都有所联系，相互影响。所以只重视课堂教学过程的监控和课堂教学效果的评价，忽略对整体思想政治教育的监控和评价，会导致教学评价结果缺乏全面性和科学性，得出的结果并不是准确的评价。

影响思想政治教学质量的因素有很多，因此在对思想政治教学质量进行评价时，必须将各种影响因素考虑在内，避免片面、不科学的评价结果。只有对全部思想政治教学过程进行评估，才能得到较为准确、客观的评价结果，才能保证思想政治教学的进步。

（1）理论依据

教育教学质量的评价标准随着时代的不同而变化，这是因为不同时代对教育的认识以及对教育的要求有所不同，而这种变化是根据认识论形成的。认识论是一门研究人的认识的本质及其产生发展规律的哲学理论，不同的时代具有不同的认识论思维范式，人们对教学的认识与要求也会受到思维范式的影响。随着时代的发展，认知发生了变化，引起了教学质量评价标准的改变，现在的教学质量评价开始注重教学的公共实践和社会价值的体现。

我国当前的教学质量观是以马克思主义认识论和价值观为哲学依据的，提出认知通过实践与社会发展产生联系，实践使人们参与到认识的产生与验证的过程中的观点。马克思主义认识论和价值观是我国教育发展和人的发展的重要科学依据。

明确教学目标是提高学生的思想政治理论水平、思想道德素养以及实践创新能力，应该将思想政治课的课堂教学与课外实践有机结合，要充分调动各方资源进行科学合理的资源配置，为开展思想政治教育创造良好的环境，通过各方共同努力提高思想政治教育教学质量的整体水平。

（2）课程依据

从思想政治课课程的发展和改革可以看出，思想政治教育想要实现可持续性的发展，就要根据时代的进步不停地进行调整，要使自身符合时代要求，反映马克思主义理论和实践发展的最新成果；要坚持理论与实践相结合，在进行思想政治理论教学的同时要结合实践活动进行理论运用的教学。

（3）现实依据

目前，在新形势下，我国思想政治教育面临全新的挑战，这就要求对这方面的课题进行进一步研究。一方面，互联网信息技术迅猛发展，信息全球化已经成为现在的发展趋势，通过互联网可以获取大量信息，为人们的生活带来了方便，也造成一系列不利的影响。另一方面，随着改革开放以来社会和人们生活的变化，人们的社会地位、生存方式、利益关系等愈加多样化，生活方式与理念的多样性和差异性也在不断变大。如何在这种背景下，帮助大学生树立正确的世界观、人生观和价值观，成了高校开展思想政治教育的关键性问题，提高思想政治教育的实效性是十分重要的环节。

我国一直很重视对学生的思想政治理论教育，并一直在这个方面有很大投入，不论是在队伍建设还是在资金投入上都有很大的投资。但是，在实际操作的环节，思想政治教育还存在一些问题，表现在课堂教学和教学实效性方面。造成这些问题的原因之一就是没有科学的教学质量评价标准和评估体系。为了更科学有效地开展思想政治教育，就应该建立科学合理的思想政治课教学质量评价体系，通过这个方法提高教师的工作热情，提高学生的学习积极性和主动性。

（二）高校思想政治教学评价变革

1. 高校思想政治教育有效性评价变革的前提

（1）强化评价手段科学性与可操作性相结合的原则

进行思想政治教学评价时，应该结合现代化的互联网信息技术，在传统教学考评的基础上，建立信息化教学评价平台，将定性事实评价与定量评价相结合，更为全面地进行数据统计与整理，加强教学评价手段的科学性与可操作性的结合。

（2）坚持评价指标体系定性与定量相结合的原则

为了更为简单直接地进行教学评价考核统计，应该尽量量化评价指标，对于那些不可以量化的评价指标应该通过评估专家提供的相关材料进行评定。对思想政治教育教学进行评价的内容包括思想政治教育教学过程、思想政治教学客体的反映、思想政治教育教学的社会效果等，通过定性与定量对这些内容进行处理，从而对思想政治教学进行科学合理、公平公正的评价。

（3）坚持评价过程与评价导向相结合的原则

基于有效性提升为目标导向的高校思想政治教学评价改革，应该从思想政治教育教学的核心与关键进行教学评价，为了提高评价的针对性设置相应的评价指标，同时应该加强评价结果的调节性与导向性，这样可以使教学评价对象对自身教学工作进行更为明确的了解，帮助他们明确接下来的教学目标和方向，方便他们对当前的教学内容和方式等方面进行改进，建立评价和诊断相结合、评估和导向相结合的评价体系。

2. 高校思想政治教育有效性评价变革的重点

思想政治教学的主体可以根据思想政治教育形成性评价对教学计划进行制订和修改。思想政治教育教学形成性评价更注重评价的过程，强调教学的过程、动机、方法和效果的统一；思想政治教育教学结果性评价更注重对评价的整体总结，关注的是教育教学目标的实现情况。从思想政治教育教学的总过程来看，思想政治教育教学总结性评价对思想政治教育教学形成性评价具有重要的借鉴价值和指导意义。形成性评价为思想政治教学开展过程提供了调整与改进的依据，形成性评价可以及时地对教学过程中遇到的问题进行反馈，从而解决问题；总结性评价可以对通过教学达到的效果进行反馈，将教学成果显性化，只有通过总结性评价的这一特征才能使社会看到思想政治教育教学的作用与意义，从而得到社会的理解与支持。

传统的思想政治教学评价不能客观有效地反映真实的教学效果，缺乏切实、明确的评价方法。传统的教学评价存在很多问题，例如，目的不明确、主体过于单一、内容不具体、手段落后、功能狭窄等。应该建立以有效性提升为目标导向的思想政治教学评价体系，全新的教学评价体系应该是符合当前时代要求并遵循教育内在规律的。同时还要符合国家的教育质量工程要求，关注教学评价的科学性和易操作性。

首先，对高校思想政治教育边界的突破。长期以来，人们一般会认为高校思想政治教育工作仅仅是属于高校的教育教学职责，但随着时代的不断进步，除了高校以外还有其他

的教学主体存在，这种思维方式会导致思想政治

教学评价有局限性，使人们对教学评价的视线仅仅放在高校身上，而忽略了其他教学主体。随着互联网信息技术的不断发展，互联网与教育的结合产生了许多新兴教育产物，如虚拟大学。虚拟大学是建立在互联网信息技术上的全新教育机构，打破了传统高校在物理、地理以及心理上的诸多边界，具有了与传统高校完全不同的特征。因为这种全新的教育形式的出现，传统的教育边界发生了变化，教育边界已经不能用简单的高校界定了，与此相对应，思想政治教育边界的概念也发生了变化。为了更科学合理地进行思想政治教学评价，就应该用全新的视角去界定教育边界，用更加开放和开阔的视野去看待和处理在思想政治教育教学中出现的种种问题，并在此基础上再进行教学评价。

其次，对评价主体单向方式的突破。构建以有效性提升为目标导向的高校思想政治教育评价方式，这就要求与思想政治教育教学相关的各个主体充分发挥其各自的功能定位，这其中不仅包括相关党委、政府、高校，还包括家长、学生及其他社会群体，在进行思想政治教学形成性评价时，要尽可能发挥开放与交互式评价主体的能动作用，应该保证思想政治教学总结性评价是各个教学评价主体评价结果的有效统一整合。

最后，对评价方式过多依靠文字材料方式的突破。在传统的思想政治教学评价中，一般都采用文字材料的方式作为评价依据。一些教学评价对象可能会为了获得较好的评价结果而在评价材料上作假，这就会导致评价结果无法保证公平公正，评价对象的真实工作水平、能力以及效果不能得到正确反映，也就会使教学评价变为无效的评价，大大降低了教学评价的可信度。互联网信息技术的发展，为高校思想政治教育评价进行方式与方法的改革创新提供了有力的支持。现代化的互联网信息技术具有互动性和实时性的特征，通过这种技术可以帮助教学评价主体实时掌握评价对象的教学情况，这种考查方式可以改变传统意义上仅靠各类文字材料进行的评价方式，使评价更具有效性。

3. 高校思想政治教育有效性评价变革的路径

（1）推进准确把握评价对象和适用范围

相较于一些西方发达国家，我国的互联网信息技术起步时间较晚，但我国的互联网信息技术发展速度迅猛，目前我国的信息化程度相较以前已经有了飞跃式的提高。为了推进教育发展，并保证教育的与时俱进，符合当今时代特点的教育就应该实现教育信息化。经过了一定时期的高等院校信息化基础设施建设，我国高等教育信息化已经初现端倪，目前相关部门面临的最大问题就是如何科学合理地使用这些信息系统。高校教育信息化十分重视思想政治教育教学方面，对于其有效性评价必须符合当前高校信息化建设水平与阶段，要保证评价与现实的匹配，并根据区域的不同，进行有差别的信息化建设，准确把握评价对象和适用范围，这样才能保证对思想政治教学工作起到正确有效的引导作用，保证获得科学合理的教学评价。

（2）推进科学设置指标选项和评判标准

科学有效的教学评价具有导向性功能，可以引导评价对象的行为方向，这样的教学评价帮助教师对自己的教学工作进行反思与改进，可以提高他们的教学水平和教学效果，可以激发他们的积极性与主动性。现代社会对高校教育的要求与以往不同，高校教育旨在培养高素质并富有创造力的专业人才，应该促进大学生的自由全面发展，高校应该在此基础

上进行思想政治教育，应该在此基础上选定评价指标选项和评判标准。同时，在设置评价的指标选项和评价标准时，应该依据信息化条件下高校内外生态环境的变迁，以及高校自身的功能定位。结合各个方面制定评价指标选项与评价标准，以此确保其全面性、系统性和科学性。除此以外，还应该考虑指标选项和评价标准的可操作性，因为在推进和落实教学评价体系的过程中，可操作性是十分关键的环节，这关系到高校教育信息化的实际应用情况，高校思想政治教学评价框架会在此基础上进行搭建。

（3）推进有效遴选评价实施路径

进行问卷调查，通过定期或不定期的抽样调查了解和把握高校思想政治教育工作的过程以及效果，了解评价对象教学工作的情况以及效果；可以组织相关专家组建专家组，定期或不定期地对评价对象进行实地查访，对思想政治教学实践工作中遇到的问题进行诊断并提出相关完善改进的措施方法，落实专家提出的整改措施后，专家组进行回访，了解教学工作的推进与落实情况。

第二节 高校学生日常思想政治教育实践

一、新生入学教育

（一）新生入学后思想政治教育的重要性

大学新生入学教育这个过程应该与人才培养、教学设计等多种教育内容融为一体，形成系统模式。新生进入大学后，会有一个新的学习和生活适应过程，面对新校园、新环境、新人际，新生要及时更新自己的空间支配。进入互联网时代，通过互联网平台的及时交流，可以让新生直接感受老师的关注、同学的关心，尽快转换新生的角色，建立新的人际关系，为今后的专业学习和技能培训奠定良好的基础。

由于大学新生地域不同、成长教育环境不同，因此个体也就存在差异，在专业知识、专业技能和适应心理等方面也呈现多样化。因此，要把握好新生入学教育中社会主义核心价值观的教育。大学新生进行社会主义核心价值观教育，要以教育规律为前提、以学生需求为出发点、以学生的接受能力为基础，将社会主义核心价值观的教育内容渗透到新生教育和管理的各个环节。

（二）新生入学思想政治教育的环节

一是引导教育环节。引导教育包含引导新生了解大学、了解大学精神，培养新生独立的学习习惯，最终通过引导满足新生教育中的内心需求，使得新生顺利开展、完成过渡期的学习和生活。引导教育包含共性引导和分类引导，新生教育中要将共性引导和分类引导相结合，特点互补。

二是专题教育环节。专题教育包括安全教育、学生手册教育、专业教育、大学文化教育等专题，时间集中在新生入学后的一个月左右开展。一般由学工部、宣传部、教务处等多个部门面向全体新生开展，主要是给新生讲解生动的案例，考虑的是学生的需求、特点及喜欢的沟通方式，通过专题教育切实达到教育的有效性，并注重说教和实践的有效结合，利用开放式的交流方式，注重被动受教与主动求知相结合。

三是励学教育环节。在入学教育过程中，发挥学科带头人对新生专业的引导作用；根据高校自身的专业特色，开展不同层次、不同类型的科技竞赛活动，为新生开展学术研究活动提供良好的平台，大力培养新生的创新和实践能力；加强励学教育的专题培训讲座，从培养新生的研究精神出发，为新生提供科研基础和科研能力方面的指导和帮助。

四是养成教育环节。在新生中进行养成教育，要充分利用"互联网+"，建立数字化校园，将微信、微博等新媒体与思想政治教育联系起来，吸引新生关注、交流，成为学生受教育、长知识、增才干的德育新阵地；依托辅导员日常教育工作，为学生提供专业化、个性化的发展辅导内容，帮助新生合理规划专业学习、提升综合素质和个人能力。

（三）新生入学教育的工程

一是思想引领工程。通过对新生进行思想政治教育，帮助他们树立正确的人生观、价值观和世界观，这一过程要发挥思想政治教育工作者的引领作用。其中辅导员作为思想政治教育工作者中最重要的力量，要积极开设针对性强的辅导课，大力开展人生观、价值观、世界观、社会主义核心价值体系、道德品质、人格等的教育活动。

二是专业介绍工程。发挥知名教授的光环效应，通过"开展学科带头人第一堂课"，使新生可直观地了解本专业学习方法、就业方向、成功就业应具有的素质和能力等，使新生初步建立专业兴趣，为今后的专业学习打下良好的基础。发挥任课教师的引导作用，优秀的教师通过授课内容精彩、形式新颖、人格魅力等因素吸引着新生对知识的渴望。因此，加强任课教师的师德教育、提升其业务能力对高校新生的入学适应教育有着重要意义。

三是朋辈教育工程。在新生教育模式中，重视发挥学长作用的学长制。新生与高年级学长开展对接，实现引导、帮助和交流沟通，这样可以使新生与学长之间进行无障碍沟通，不仅使新生能够及时掌握专业学习的基本规律，又可以在最短的时间内熟悉大学生活和人际交往环境，能迅速开始新的生活，全身心地投入新的大学环境。

四是关怀服务工程。在新生适应大学生活过程中，家庭成员起着重要的作用。一方面，高校教师要及时与家长进行沟通，汇报新生在学校的基本情况，与家长在学生适应教育和专业发展的问题上取得一致意见；另一方面，高校教师要及时与家长进行新生心理适应程度的沟通，及时交换信息，借助互联网形成家校联动合力，如果新生出现问题将及时得到家庭的关注和鼓励，获得家庭情感上的巨大支持。

五是领航工程。互联网给人类社会的资源重组提供了非常大的便利，使各高校可以依据各自的实际情况和特色进行管理。

二、师生"移动互联"

互联网拥有自由开放性以及可选择性，反映出当今以学生为主体的高校管理模式，突出以学生为主体的师生"移动互联"模式，有助于充分地调动学生的主观能动性，通过师生"移动互联"，充分体现大学生在学生管理工作中自我教育、自我管理的本质特征。

（一）师生互联

一是充分使用"多人即时"通信方式。教育工作者利用互联网等新兴媒体，运用师生移动互联的方式开展高校学生日常思想教育，例如，开设辅导员信箱，开设专业公共邮箱，设立班级QQ群、微信群，设立微信公众账号等，能够保证及时、有效、广泛地为学生解决日常思想问题。同时，辅导员、班主任不仅可以有效利用各类QQ群多人在线聊天即时通信的方法，在QQ群上征求一些学生意见、组织学生进行学习讨论，让会议的每个参与者都能够畅所欲言，发表自己的看法，还可以充分利用聊天工具所开发的聊天记录、图文资料的保存和漫游功能。

二是充分利用互联网平台。通过互联网平台和新媒体，学生可以及时收到学校所发的相关信息，有效地提高了高校学生管理的工作效率。互联网的信息发布利用欢快易懂的内容和形式宣传校园文化，让不同校区、不同专业班级的学生能及时了解学校的最新活动内容及活动成果，营造融洽的校园氛围，也使更多的学生可以直接参与其中。

（二）学生日常思想政治教育工作模式探索

一是思想互通，增强日常思想政治教育工作的深入性，做好学生日常思想政治工作，有助于形成良好的班风、校风、考风、学风，有利于学生全面素质的发展，有利于大学生实现成才的目标。在新形势下，关心学生关注的热点问题，感受学生思想上的闪光点，学生管理工作要在渗透性、针对性、灵活性方面不断完善和加强。

二是工作互通，增强日常思想政治教育工作的辐射和影响。互联网的广泛性和跨越时空性的特点，延伸了高校学生管理工作的空间，增强了学生管理工作的辐射力和影响力。由于互联网覆盖面广，可以利用此优势，为学生管理工作提供丰富的资源，扩大学生管理工作领域，为高校学生工作提供新的开放性环境和广阔的空间。

三是师生互联，增强日常思想政治教育工作的时效性。互联网信息具有快捷性和即时性的特点，这提高了学生管理工作的效率，增强了学生管理工作的时效性，从而大大提高了高校学生管理工作中信息资源的利用率和工作效率。

四是拓展高校日常思想政治教育工作的新渠道和新手段。互联网信息形式具有灵活性和互动性，拓展了高校学生管理工作的新渠道、新方式、新手段，加强了高等学校学生管理工作的实效性和针对性。这种多媒体技术不仅给学生管理工作带来全新的变化和拓展，也改变了高校学生管理工作传统方式和手段，达到了最佳的思想政治教育工作效果。

（三）教育工作中师生"移动互联"的特色做法

一是"私人定制"，有针对性地进行思想政治教育的引导与诉求。一方面，引导大学生走出自己的理想世界、走出高校的圈子，到社会上获取更多的知识体验、情感体验、生活体验、工作体验；另一方面，引导学生进行自我反思、自我觉醒，形成比较接地气的世界观和人生观。

"私人定制"交流体验的深入，使思想政治教育工作因人而异、因事而异、因时而异、顺势利导，使学生与教育者双方都从传统的工作方式方法中走出来，真正像客户与服务商一样，调动两个方面的积极性，发挥双方优势，注重启发和培养学生自我管理的意识与能力。

二是媒体方式的互动，线上线下的体验与连接。当下各大高校的官网基本是公告性质的信息，一方面，公告的信息不能满足学生的需求；另一方面，无法实现线上和线下的媒体互动交流。建立系统有效的高校互联网管理体系,实现师生互动的新方式。

三是移动互联,微信连接师生。将"互联网+"与学生工作相结合,可以运用当前最为流行的微信作为工具和媒介。微信分为私人微信账号和公众账号两种。微信的公众账号可以直接推送重要的通知消息到用户的手机,上传下达重要指示,提高工作效率。

四是改革创新,开展论坛教育。由于这种传递方式是由上而下的,而且不考虑倾听者是否能够有效接受,所以教育效果不理想。如果用引导、迎导式方法,通过某种论坛或者座谈去迎合学生的兴趣爱好,能让学生充分表达自己的想法,使学生与教育者有平等的地位,心贴心地交流。

总之,要将"互联网+"与传统思想政治教育方式相结合,新媒体与传统媒体相结合,打造互动、立体式思想政治教育新模式。另外,传统媒体与新媒体的互动,让信息置于互联网的讨论中,有利于形成双赢的局面。

三、学生日常教育

大数据时代促使信息传播主体理念发生了深刻的变化,开始以更加全面的角度来观察事物、理解事物和记忆事物,使传播更加符合受众选择性注意、选择性理解、选择性记忆的信息接收规律,从而达到信息传播精确、有效的目的。

互联网环境的变化对大学生日常思想政治教育产生了重大影响。首先,互联网为大学生日常教育带来了机遇。互联网海量的信息为一线工作人员提供了巨大的资源信息,拓展了大学生日常教育工作的信息。网络让高校教育更加有活力和趣味,打破了空间限制,改善了高校师生的交流模式,更好地落实了思想教育工作。互联网使大学生提高了社会化程度,为学生提供优质的社会实践环境,从而让他们了解和认识自我,从实践中找到自己发展的方向。其次,互联网使大学生日常教育面临挑战,对抗不断加深。互联网使大学生在复杂的信息环境下成长。网络使大学生个体行为有所改变,网络行为问题严重,沉迷在网络尤其是网络游戏中对大学生的心理健康造成巨大的伤害,使大学生"三观"扭曲,道德底线下降。

在学生日常教育中应该发挥隐性教育潜移默化的育人功能和熏陶作用。首先,加强党团组织建设,发挥组织引导作用。坚持社会主义核心价值观,贯彻执行"早发现、早培育、早培优"的原则,努力提高在校大学生党员的质量,发挥其在推进社会主义核心价值体系建设进程中的重要作用。坚持理论育人、实践育人、典型育人,对社会主义核心价值观进行深入宣传,引导学生党员和积极分子学习社会主义核心价值观精神实质,做到知行合一。其次,开展社团实践活动,发挥自我教育作用。这既满足了大学生自我认识、自我教育、自我完善的内在需要,又使思想政治教育更具有吸引力,更好地实现思想政治教育的目的。第三,加强班级文化建设,营造良好环境氛围。以社会主义核心观教育为主题,通过班会结合宣讲、辩论赛、时事政治探讨等形成社会主义核心价值观教育的积极氛围。第四,加强实践锻炼,增强积极践行社会主义核心价值体系的自觉性。最后,开展中华优秀传统文化教育活动。

第三节　高校人才培养创新实践

随着时代的飞速发展，互联网正源源不断地为社会创造出更多的机会，成为社会的重要推动力量，将教师与互联网进行有机结合，对高校学生就业和我国互联网经济的发展有着重要的意义。

一、加强思想政治课教师队伍素质培养意识的确立

素质教育意识的确立，是现代教育理论中的一个重要命题，也是新时期思想政治教育理论研究的创造发明。人才综合素质不仅决定了社会的发展动力，也决定了社会的文明程度。

（一）树立现代意识

以前，思想政治教育工作过分强调了政治性，给人们的印象就是关注时事政治或者熟练背诵马列主义等经典著作，并强调社会性在思想政治教育工作中的主导地位，而忽略了人们的主体发展需要。长此以往，思想政治教育被束之高阁，严重脱离实践，给学生的感觉是"高不可攀"。事实上，思想政治教育要注重培养学生的主体性，鼓励个人素质的发展，让学生树立以社会主义思想为核心的现代意识。

1. 主动意识

现阶段思想政治教育的发展应把握发展趋势，突出战略层面的主动性特征。以往思想政治教育的效果并不理想，从根本上说，是因为工作不积极，问题难以解决。要改变这种不利局面，就必须增强思想政治教育工作者的主动意识。一是，了解个体需要，满足个体需要。要将思想政治教育的理论与实践结合起来，根据学生思想的变化及时调整和优化工作。二是，积极顺应形势，根据时代发展的要求，不断调整工作方式和内容，以适应国内外形势变化。三是，因材施教。要对学生的身心发展水平和思想道德素养有一个基本的了解，根据不同对象的不同特点，有针对性地采取一系列措施，以满足不同对象的需要。

2. 全民意识

思想政治教育不仅面向大学生，更是面向全体人民，是全体人民的共同事业。中华民族伟大复兴的事业要靠人才去实现，我们需要认识到加强思想政治教育的紧迫性和必要性，让全社会的成员积极参与进来并融为一体，在全社会形成有效的管理和运行机制，实现思想政治教育与社会实践的有机共生。

3. 预测意识

思想政治教育要具备预测意识，不仅要关注当下的理论和实践，也要能够预测未来的发展趋势。一是要超前研究人民群众关注点的发展趋势，努力把思想政治教育与人民群众的需要和愿望结合起来；二是要客观准确地预测自然科学和社会科学的发展给人们思想道德建设带来的影响；三是要预测社会改革给人们带来的思想变化。只有做出科学、准确的预测，思想政治教育才能适应形势的变化，而不被时代摒弃。

4. 价值意识

在中国特色社会主义制度下，个人价值和社会价值是高度辩证统一的。社会价值是个

人价值的基础，个人价值又促进社会价值的发展。

虽然当前大学生的整体素质在不断提高和完善，但仍然存在着诸多问题，甚至背离了社会现代化的发展进程，诚信缺失、不守规则、行事浮躁等问题屡见不鲜。因此强化大学生思想政治价值意识就显得格外重要，要让学生把个人价值与社会价值结合起来，真正从服务社会的角度去实现个人价值。高校可开展相关活动，组织、引导学生进行有意识、有目标的素质训练。

5. 时代意识

时代意识是指大学生思想政治教育要始终把握时代的脉搏，从时代的角度全局性地掌握学生的培养目标。

（1）要树立创新意识

现代社会高强度的竞争，提供了创新意识的现实土壤。思想政治教育要在马克思主义的指导下，把课堂教育与社会实践结合在一起，创造性地开展实践活动，而不应该仅仅专注于开办讲座、做研究、做解释。

（2）要树立发展意识

世界上所有事物都处于不断发展变化之中，在经济全球化的大背景下，各国政治、经济和文化都处于不断的竞争和融合之中。因此，思想政治教育要顺应时代发展的潮流，努力培养适合社会发展需要的现代化人才。

（3）要树立开放意识

随着自然科学和社会科学的发展，各个学科的边界越来越模糊。思想政治教育不是闭门造车，应以开放的态度，借鉴其他学科研究成果，创建新的教育体系和教育观念。

（4）要树立多样化意识

在当前社会条件下，思想政治教育的教育者和受教育者还存在着对立和矛盾，灌输式的教育模式依然存在。只有增强受教育者的自主性、独立性和可选择性才能提高受教育者的积极性，要运用多样化的方式方法，提高教学手段的艺术性和趣味性。

（二）前瞻心态的形成

前瞻心态就是思想政治工作要"面向未来"，要激起学生对未来的美好向往，激发大学生的积极性、主动性，让学生脚踏实地学习科学文化知识，提高思想道德修养，不断向新时期社会对人才素质的要求和标准靠拢。

前瞻意识是当前思想政治教育的一个重要方面。学生生长在不同的家庭环境和社会环境中，在身心发展水平、思维方式、思想素质和道德修养方面存在着巨大的差异，这决定了他们在对待问题的态度和处理问题的方式方法上的不同。即便处在同一个校园环境中的学生，也可能具有不同的思想状态，所以就出现了多元化的发展方向。有些学生遇到问题倾向于寻求朋友的帮助，有些倾向于寻求家长帮助，而有些倾向于在互联网上咨询。

思想政治教育工作者要正确、有效地分析和解决问题，就要考虑这种情况。如果对一些情况有具体的了解，就能够超前地预测可能出现的各种状况，预先想到学生能想到的或可能会想到的各种问题并进行分析，从而及时有效地进行解决，甚至可以在问题的萌芽期就能积极遏止。

(三) 开放视野的扩大

在互联网时代，信息爆炸、科学技术迅猛发展，国际交流频繁，国与国竞争日益激烈，如果没有国际视野，就很难跟上时代发展的潮流。思想政治工作也必须引领学生面向国际、面向世界，用国际视角看待问题。在这样一个开放的时代，西方国家的文化和价值观不断入侵，如果我们不树立本国文化的主导地位，就难以树立民族自尊心。思想政治教育工作者肩负着培养社会主义接班人的重要责任，必须将思想政治教育深深扎根于优秀传统文化之中，才能以从容不迫的姿态走向世界。

为了迎接时代的挑战，我们要加强对新技术、新知识、新事物的敏感度，提高创新能力，提高综合国力。还要学习西方国家的先进文化，吸收科技文化知识的精华来进行人才的培养。学习外语，提高与世界沟通的能力，在国际上展现中华民族的风采。

(四) 现代观念的强化

强化现代观念是指思想政治教育要运用现代化的科学理念和技术手段，包括教学设备、教学理念、师资队伍建设水平、教育方法和教学管理制度等的现代化。

强化现代观念首先要树立开放意识，无论理论上还是实践上，封闭都不能成为高校思想政治工作的一种方法，要在党的路线、方针和政策的指导下，逐步打开各种学科的大门，广泛借鉴各个学科的知识，提高高校思想政治理论的多样性和深度。其次，要加大教育费用的投入，加强师资力量和教学设备建设，提高教学效率和质量。再次，推进建设现代化的教学管理制度。最后，要转变思想政治工作的思维方式，实现工作技能的现代化。

当然，思维方式的现代化也是开展思想政治工作所必不可少的条件。人们主要以科学的思维方式理解客观世界，只有具备完备的理论思维体系，才能在思想政治工作中摸索出新的方法和途径，才能让中华民族屹立于世界民族之林。

二、高校思想政治教育师生关系的变化

思想政治教育所面对的是活生生的人，而教育的目的就是要引导人们追求更加美好的生活和更加精彩美丽的人生。因此，思想政治教育是最具有魅力和生命力的教育活动。

(一) 思想政治教育者与教育对象的基本认识

1. 思想政治教育者

思想政治教育者是思想政治教育活动的组织者，根据一定阶级、政党意识形态的要求与教育对象的思想行为状况确定一定时期、一定阶段思想政治教育目标的任务，选择相应的教育内容，并根据教育目标、内容和环境条件，建立健全有效的思想政治教育机制。

思想政治教育者的主体地位决定了其在思想政治教育中的属性。一是主导性，思想政治教育是一项意识形态性很强的工作。面对越来越严峻的意识形态领域的斗争，思想政治教育者要勇担重任，深刻理解和积极宣传党的方针政策，永远跟党走，传播正能量，保证思想政治教育各个环节、各个方面都沿着正确的方向发展。二是示范性，思想政治教育者在教育教学环节内外，都要以身作则，率先垂范。思想政治教育者面对新时期快速变化而又错综复杂的社会现实，必须从自身做起，自觉树立牢固的政治意识、底线意识、阵地意识、育人意识，用自身健全的世界观、人生观和价值观以及教育者自身高尚的品行，积极

对待生活的态度等，潜移默化地影响每一个受教育者。三是创造性，思想政治教育者承担着传道授业解惑的角色，在教育活动中，必须不断探索，将阶级、政党意识形态要求的思想观念、政治观点和道德规范与教育对象的具体实际相结合，制定切实可行的教育方案，并付诸实施。

总之，思想政治教育者需要面向未来，跟上时代发展步伐，站在社会发展规律和发展趋势的高度富有开创性地将理论与实际结合起来，引导、提升教育对象的思想政治素质。

2. 思想政治教育对象

思想政治教育对象是指在思想政治教育活动中作为教育者活动对象的人。思想政治教育对象的群体指具有某一共同点的个人组成的整体，如青少年这一群体作为国家的未来和民族的希望，是党和人民事业发展的推动力量，具有较强的可塑性，是思想政治教育的重点对象。

思想政治教育对象在教育活动中居于接受教育者的教育引导的地位，在教育过程中起着自主参与、主动内化外化的作用。在教育过程中，思想政治教育必然是教育者主体作用于教育对象的活动，也就是教育者实施教育、教育对象接受教育的活动。与此同时，教育者为保证教育活动的有效性，必须从教育对象思想品德的现实状况出发，根据教育对象的思想政治状况与社会主流意识形态要求的差距，确定教育目标、内容、方法，以及实施教育。

在思想政治教育过程中，教育对象具有受控性、能动性、可塑性等特点。思想政治教育对象是有思想和情感的人，且具有主观能动性。因此，教育对象在参与和接受思想政治教育活动时，是有目的、有主见、有选择、有创造地接受教育，要努力将教育内容内化为自己的思想观念，外化为行为习惯。此外，思想政治教育对象的思想政治品德通过思想政治教育是可以发生变化得到提升的，从而实现个人发展，促进社会进步。

总的来说，思想政治教育者与教育对象是思想政治教育的两个基本要素。教育者与教育对象之间良好的关系能让教育对象产生自我开放的心态，更好地接受教育者的教育和引导，使两者沟通更加顺畅。同时，也更能激发教育者与教育对象参与思想政治教育活动的积极性，实现在教育过程中两者之间优势互补、相互促进的良性发展。

（二）互联网环境下高校思想政治教育师生关系的转变

互联网时代，思想政治教育者与教育对象依旧是思想政治教育的两个基本要素，在高校思想政治教育工作中，思想政治教育者与教育对象主要就是指高校教师与大学生。高校教师在开展思想政治教育、实现教育目的的过程中，需要通过互联网这个中介和载体，运用互联网思维，有意识、有计划、有步骤地影响和改变大学生的思想和行为。

1. 师生互动时空的改变

互联网技术的发展，创新了在互联网环境下思想政治教育师生之间相互交流、沟通和作用的方式。随着"互联网+"行动的深入开展，思想政治教育的时空限制被完全打破，教与学可以不受任何地理条件的限制，知识传播和知识获得渠道变得灵活多样。同时，借助互联网平台，思想政治教育使得师生之间经常处于一种时间和空间上分离的状态。只要借助互联网这个纽带和中介，就可以将网络两端的师生连接起来，并通过互联网来交流、互动。

思想政治教育师生互动时空界限的打破，让互联网成为思想政治教育和师生互动的重要场域和特殊环境，促使大学生对信息自由交流和自主选择的权利与能力不断提升，信息流动更加迅速，大大提高了师生之间交流、互动的频率。因此，师生互动变得无时不在，无处不在。

2. 师生互动形态的改变

互联网世界的符号化、数字化传播构建了一个区别于真实生活的虚拟世界，让身处在互联网这个思想政治教育特殊场域的师生具象隐藏了起来，改变了思想政治教育师生在教育过程中真实在场互动的方式，使人们的互动方式变成了信息化在场。

在互联网教育中，师生难以通过互联网所架构的虚拟世界来全面、真实地探寻各种信息背后所隐藏的真实个体的表情、动作、暗示、情感等复杂内涵，致使思想政治教育在思想、情感上的沟通和共识、共鸣难以达成，思想政治教育者的示范作用的发挥也受到限制。

3. 师生互动关系的改变

互联网平台的信息呈现开放、交互、平等的特征，网络各个节点之间的联系是随时随地、自愿、平等的互联。互联网催生了一种崭新的人际交往方式和社会现象，互联网的虚拟环境和大众平等参与消除了人际交往中地位、行业等的差别和界限。因此，互联网与思想政治教育的融合，使得思想政治教育的师生双方角色虚拟化，双方关系摆脱了以往教育者居高临下，单方面作用和控制教育对象的单向教育模式。

在互联网世界里，思想政治教育者与教育对象之间、教育对象与教育对象之间以及教育者与教育者之间均可以通过互联网进行多向的交往、沟通与互动，在相互碰撞和比较中加深对事物和现象的认知与理解。

（三）互联网环境下思想政治教育师生关系的处理

1. 发挥好教师在思想政治教育中的主导作用

要做好高校思想政治工作，在高校思想政治教育领域落实"互联网+"战略，需要因事而化、因时而进、因势而新，培养一支专业化和职业化齐备、研究水平和实践能力同高、理论素养和工作本领俱佳的思想政治教育的教师队伍。高校思想政治教育工作者需要积极应对"互联网+"思想政治教育的挑战，提高思想认识，转变教育理念，提升育人技能。

（1）高校思想政治教育工作者要加强自身建设

高校思想政治教育工作者首先要当好学习者，主动学习，做到教育者要先受教育。高校思想政治教育工作者要坚定共产主义远大理想和中国特色社会主义共同理想，坚持中国特色社会主义道路自信、理论自信、制度自信、文化自信，努力做好先进思想文化的传播者、党执政的坚定支持者；要注重自身的师德师风建设，坚持教书和育人相统一，坚持言传和身教相统一，坚持潜心问道和关注社会相统一，坚持学术自由和学术规范相统一，要做到自己明道、信道，做好大学生人生道路的引路人、学习的指南者和生活的护航者；面对"互联网+"的挑战，高校思想政治教育工作者要运用新媒体技术进行思想政治教育工作。

（2）高校思想政治教育工作者要主动了解大学生的实际需要

思想政治教育工作者要主动运用互联网，以平等网民的身份接近、接触大学生，缩小与大学生之间的地位势差，培养与大学生之间的亲近感。利用大数据分析不同大学生思想情感表达的差异以及形成这些差异的原因，从而更有针对性地做好大学生个性化的思想政治教育工作。

（3）高校思想政治教育工作者要按照社会发展需要，教育、引导、塑造当代大学生

高校思想政治教育工作者要抓好马克思主义理论教育，充分展现中国特色社会主义大学的鲜亮底色。要向大学生讲述、传播、阐释中央大政方针、四个全面战略布局和五大发展理念，引导大学生正确认识时代责任和历史使命，激励大学生自觉把个人理想追求融入国家、民族的事业发展中，勇做走在时代前列的奋进者和开拓者，为实现两个一百年奋斗目标，为实现中华民族伟大复兴的中国梦而努力学习，贡献力量。

2. 充分调动大学生在接受思想政治教育中的能动性

大学生是能够独立思考、做出判断的自然人，他们被数字、手机、电脑、无线等包围，利用互联网聊天交友、获取新闻、消费购物已经成为当代大学生的生活常态。面对"互联网+"行动的挑战，要增强思想政治教育的有效性，需要充分调动大学生接受思想政治教育的能动性、积极性，促进学生变被动接受教育为主动学习。

第一，高校思想政治教育工作者要注重在思想政治教育过程中的教学相长，对大学生提出的思想观点要进行大胆回应、讨论和交流，丰富大学生的思想，推动其进行深度思考。高校思想政治教育工作者要对大学生充分信任，重视大学生中一些在"过来人"看来可能幼稚、粗浅的问题，鼓励他们敢于积极主动找寻问题、发现问题、提出问题，并积极寻求解答问题的途径，增强大学生在思想政治教育过程中的自我意识和主动参与意识。

第二，高校思想政治教育工作者要注重鼓励大学生敢于将其在思想政治教育中获得的思想启迪与其他人进行交流、沟通和互动，促使其自觉成为主动的思想导向者、舆论引导者和价值引领者。让大学生之间能相互影响、相互帮助，汇聚大学生群体内部强大的正能量。

第三，要注重大学生的自我教育。高校思想政治教育要充分尊重学生的自主性和能动性，相信学生有能力自己管好自己。高校思想政治教育工作者不仅仅是教育过程的设计者和主导者，更是大学生自我成长和自我教育的推动者。"互联网+"思想政治教育要求广大教育工作者要注重引导大学生自觉、主动、经常地对自己进行思想政治教育，推动大学生能从互联网世界中获取更加有用的信息、知识和思想营养，不断提升自身的思想政治素质，成为名副其实的思想政治自我教育者。

3. 在实践中促进教师与学生之间的平等交流

互联网时代尊重人性、开放平等的特质，要求思想政治教育工作要适应时代发展趋势，打破自上而下的单一教育模式，建立师生平等交流的新型模式，以提高思想政治教育的实效性。

一方面，思想政治教育者与教育对象具有对等的社会地位，享有相同的公民基本权利。在高校思想政治教育活动中，师生之间要相互尊重。另一方面，思想政治教育者与教

育对象还享有在思想政治教育活动中自由发表意见的权利。在高校思想政治教育活动中，教育工作者和大学生都要能充分表达自己的意愿，要善于理解对方、相互包容，主动献策、密切配合，克服大学生片面强调权利和自我意识，而不主动配合教育者工作的思想与行为。

此外，教与学是教育者与教育对象的职责，职责的不同决定了教育者的主导作用和教育对象的主动作用。面对网络空间中多样化的价值取向，教育者既要能对引导受教育者做出价值选择的科学性进行合理化解释，促使受教育者充分认识到价值选择的重要性、方向性，感受到思想政治教育者促进人自由全面发展的诚意。同时，教育者也要鼓励受教育者从自身生活视野出发，敢于提出自己的主张，采取健康的方式进行积极的价值选择，并能对价值选择的理由做出陈述论证，双方进行沟通、讨论，由此确立科学的政治思想观念。因此，高校思想政治教育要善于利用互联网构建师生之间主导主动作用的良性互动，克服师生之间相互掣肘的现象，辅助大学生自主学习，帮助大学生构建良好的自主学习和自我教育环境，提高思想政治教育的实效性。

三、高校人才创新能力的培养

思想政治教育要注重创新能力的培养。事实上，创新是人的本性，是人的第一需要，也是最高层次的需要。只有在创造活动中，一个人才能获得真正的自由，才能成为一个真正的人。

我国传统教育过分强调集体教育，缺乏对学生自主性的培养，更谈不上培养创新能力和创业意识，这正是我国科技水平落后的主要原因。创新一方面能推动人创造能力的发展，另一方面也会对社会的进步和发展产生重大影响。

国家的创造力决定着一个国家的命运和地位。培养学生的创新能力是全球共识，它也是提高我国综合国力的关键。我国将培养创新意识作为提高全民素质的历史任务。因此，思想政治教育工作应该着重培养大学生的创新意识、创新精神和创业意识，鼓励学生开展发明创造和自主创业等实践活动，让学生在实践活动中自觉提高自己的创新能力。还要培养学生的主体性，激发学生自主学习的能力，鼓励学生提出自己的想法和意见，并敢于坚持真理。

当前我们开展思想政治教育工作的目的是培养大学生的道德修养和思想品质，并付诸实践。因此，思想政治教育开展时，一方面，要向大学生系统讲解道德真理，另一方面，要在积极正当的引导下，鼓励其深入思考，得出正确的道德判断。

四、高校大学生社会适应能力的培养

被称为"天之骄子"的大学生，接受了几年的高等教育，理应在知识和能力方面有了足够的储备，但他们中的很多人，在毕业之际，仍然对社会感到陌生，对如何进入社会和如何适应社会感到茫然不知所措，甚至恐慌。

目前，我国教育改革得到了各方的关注，并做了很多努力，但应试教育仍然影响了教育和教学的推进。在各大院校中仍然将理论课程作为教学的主要任务，忽视实践课程和学生实践能力的培养，对于大学生接触社会、了解社会、融入社会的能力教育不够；学生依然是两耳不闻窗外事、一心只读圣贤书，情商和智商不匹配，进入社会后往往对社会的世态炎凉、人情冷暖不堪忍受，选择消极避世的人生态度。因此，在互联网时代，高校大学生社会适应能力的培养必须得到高校的重视，加强大学生社会适应能力的培养。

（一）大学生社会适应能力的内涵

大学生社会适应能力顾名思义是大学生顺利进入社会、正确认识社会、尽快适应社会，并在社会中得到发展，实现自我价值和社会价值的能力，从这个角度讲，它是一种综合能力。那么，社会适应能力具体包含哪些内容呢？看问题的角度和方法不同，产生了不同的结论，有的学者认为：大学生社会适应能力具体包括大学生的自主学习能力、独立生活能力、社会交往能力、社会融入能力、抗挫折能力以及社会实践能力等。而有的学者则有不同的观点。结合大学生自身能力的培养，从基础到精深的循序排列如下：

一是自主学习的能力。这是大学生具有牢固的基础知识和合理的知识结构的前提，只有具备了一定的自主学习的能力，才能储备将来进入社会的各种知识。具体来说，自主学习能力是指大学生有自主学习的积极性和主动性，能自主制订学习目标和学习计划，并能合理分配自己的学习时间，完成学习计划。

二是动手操作的能力。当今社会能力比知识重要，如果只有知识，没有技能或者动手操作能力差，就如缺乏建设高楼的设计方法的一堆瓦砾一样，是无意义的堆积，无法实现价值转化。从用人单位的角度，他们都希望新人不需要太多的教育和培训就能尽快进入职业角色，产生效益。具体来说，动手操作能力就是将理论知识转化为实践活动的能力。

三是融入社会的能力。这是大学生社会适应能力中的重要内容。大学和社会是有很多不同的，习惯了大学生活的大学生如果对社会了解太少，当他进入社会后对社会的很多现象无法接受。比如，为人处世方式、老板对员工的管理制度、不文明现象等，当这些现象让一个新入社会的大学生感到非常不舒服的时候，就表现为这个人的社会融入能力差。人际交往能力和应对挫折能力是其主要内容。

四是贡献社会的能力。从价值的角度是指大学生对这个社会的贡献。只有一个对社会、对事业、对家庭、对自身都有贡献的人，才是一个具有良好社会适应能力的人。进入社会后，碌碌无为、没有目标、没有进步，甚至出现"价值真空"状态，这样的人贡献社会的能力是很差的。

（二）大学生社会适应能力培养

大学生社会适应能力的培养需要高校、社会等多方努力，为了提高高等教育的针对性，为高等院校更加有效地开展大学生社会适应教育提供对策，本节只从高等教育的角度研究如何培养大学生社会适应能力。

1. 调整课程设置

（1）重视思想政治和心理课程教育，增强责任意识，保持健康心态

责任意识和健康心态是大学生适应社会的基本能力，也是其他能力的基础。没有责任意识，工作没有积极性，何谈适应社会；没有健康的心理，影响人际交往等能力的培养，也会和社会格格不入。

思想政治教育应加强大学生理想信念教育和价值观教育，提高大学生心理应对挫折能

力。各高校要重视这些课程的重要作用，开足学时，并通过课程改革和教学改革，让学生尽快树立科学的理想信念和正确的价值观，养成爱学习的好习惯，并不断提高自主学习能力，在不断变化的知识中找到自己需要的知识，并进行有效学习，提高贡献社会的能力，并最终实现自己的远大理想。

心理课程是培养大学生心理调试能力的重要课程，各高校要将心理健康课程纳入高等教育的课程体系，普及心理健康知识，提高大学生心理调试能力和心理问题自愈能力，保持健康心理和积极向上的精神状态。

（2）强化专业课程教育，提高学习能力与专业实践能力

专业课程是从专业领域角度来说大学生必须具备的知识，在其所属学科中具有科学性和先进性的特点，这个特点对大学生进入职场的适应性有重要影响，二者呈正相关关系。而且，社会适应性较强的复合型的大学生也是以精深的专业知识为基础的。一方面学习能力要在专业课程的学习中得到锻炼和提高，另一方面专业课程的学习效果也是检验一个大学生学习能力的重要标准。

专业实践能力首先应是能胜任专业领域的实践，将自己所学的专业理论知识在实践中应用，具备分析问题和解决问题的能力。专业领域的实践能力是大学生进入职场并适应职业岗位需求的最基本的能力，这种能力有利于帮助大学生了解自己的社会位置和将要担负的社会责任。

2. 加强校园文化建设

大学校园文化是环绕在大学生周围的"场"环境，通过暗示、渗透、潜移默化等方式规范学生的思想和行为，起到润物无声的教育作用。大学生适应社会能力中的人际交往能力可以通过建设优秀的校园文化进行教育和培养。

（1）校园文化是提高人际交往能力的平台

校园文化是以各种文体类的课外活动为载体。文体活动的组织过程和参与过程，为大学生提供了人际交往的平台，锻炼了人际交往的能力。比如在篮球比赛中，组织者要协调各参赛队和参赛队员之间的关系，每一个参赛队员要正确处理团队配合与协作、互帮互助等关系，诸如人际交往能力、吃苦耐劳精神、团队合作精神、组织管理能力等在课堂上学不到的知识和技能，均可以在课外活动中获得。

（2）校园文化是修复人际交往中错误观念的窗口

市场经济中的各种利益分配关系影响了大学生健康的人际交往观念，使得相当一部分学生注重金钱利益，追求物质享受，并用金钱和利益作为衡量人际交往的标准，这些在大学校园里潜滋暗长的腐败现象，通过校园文化活动，暴露在更多的大学生群体中，让更多的人认识到这是一种错误的作风，要修正它。

3. 鼓励学生参加社会实践

社会实践是长期生活在校园中的大学生了解社会、认识社会的重要途径，也是增强大学生社会适应性的重要环节。其优越性在于，一是社会实践有利于培养适应能力的针对性。通过社会实践让大学生了解社会人才需求状况，并结合自己所学专业，对未来的职业生涯进行预先性规划，更加理性地选择在校期间的学习内容和能力培养，这有利于大学生清晰地认识自身在适应社会方面的能力状况，取长补短，有针对性地增强适应社会的各方

面能力。二是社会实践有利于大学生合理调节自我期望。据调查，很多大学生进入社会的不适应表现为对职业的期望与现实之间的巨大差距，让自己不甘于做当前的工作，表现为各种抱怨、无奈、焦虑等不适应情绪。社会实践让大学生自己走进社会，更加理性地认识社会，走出自己设定的不切实际的自我期望，修正职业理想，科学规划自己的职业蓝图。

高校教学及学生管理相关部门，要重视大学生的社会实践工作，多开展优秀的实践活动，增加大学生参与社会实践的机会，并给予科学的指导，以增强大学生参与社会实践的现实意义。

五、高校思想政治教育为大学生就业创业的服务

随着我国经济社会发展的加速，高校教育为大学生就业创业服务，大力推进了应用型人才的培养。高校思想政治改革建设过程中必须认真思考人才培养，突出实践应用能力、创新创业能力的培养，更有利于大学生就业创业。

（一）高校思想政治教育为大学生就业竞争力的提升服务

高校思想政治教育与大学生就业竞争力有着密切关系，如何通过加强思想政治教育来提升应用型人才的就业竞争力，是高校思想政治教育工作需要积极探索解决的重要问题。

1. 高校思想政治教育与大学生就业竞争力的关联性

在充满竞争的就业职场上，脱颖而出获得认可、找到发挥自己才能的工作岗位、在实际工作中也能够胜任这份工作等都是大学生就业竞争力的表现。所以，就业竞争力是强调大学生在群体间相互竞争中体现出的自己的能力，也只有竞争才能表现出这种基于就业能力的能力。

思想政治教育对培养大学生就业竞争力具有不可替代性，它决定着大学生科学文化素质、专业素质、身心素质等的发展。思想政治教育培养了大学生良好的思想道德素质，在提升大学生就业竞争力中具有不可替代性。

思想政治教育致力于提升大学生就业竞争力，高校依社会需求培养人才，使大学生有能力到各行各业实现就业。这就必须发挥思想政治教育的作用，为大学毕业生就业竞争力的提升提供有效服务。

2. 思想政治教育提升大学生就业竞争力的途径

（1）拓宽思想政治教育

高校要加强大学生就业竞争力意义认识的思想政治教育，立足于大学生的实际需求，调整思想政治教育教学理念，渗透和拓展就业竞争力的内容，引导大学生深化对就业竞争力的认知，从而增强就业竞争力提升的自觉性。对大学生就业竞争力的培养，作为思想政治教育工作者必须要有相应的专门知识和技能。

（2）增强思想政治教育的针对性

从就业竞争力培养着手，开展个性化的思想政治教育。思想政治教育面向全体大学生的共性教育，不能满足一些大学生的个性化需求。高校对人才的培养应强调实践动手能力的培养，增加课程、教学以及实习单位中相关的实习，提高大学生就业竞争力。通过思想政治教育在实践教学环节的有效融入，极大地提升了实践教学的效果，也促进了就业竞争

力的培养。

3. 思想政治教育提升大学生就业竞争力的着力点

在进行思想政治教育提升大学生就业竞争力时，应了解大学生择业观中存在的问题，引导大学生转变就业观念，拓展素质，提高就业能力。

（1）大学生择业观存在问题

多数大学生在择业时，"贪大、攀高、求好"，一心向往大城市、大单位，追求高薪福利待遇与生活环境，期望值过高，从而造成了择业困难；过分看重经济效益，对收入、福利待遇的考虑往往会成为主要因素，会造成择业的盲目性；过分追求职业安全感和稳定性的心理，显然影响了大学生对职业的选择。

（2）思想政治教育要引导大学生转变就业观念

首先，引导大学生合理确定择业期望值，对自己有一个客观的评价，让他们择业时扬长避短、趋利避害，选择与自己相匹配的职业岗位和工作单位，抛弃过高期望，为自己争取到就业机会；其次，大学生找准就业的目标，要认清社会的需求，根据社会需要找准就业目标，就业目标与社会要求相符，才能顺利实现就业；再次，大学生树立先就业、再择业的观念，要通过教育引导使大学生认识到，顺应市场经济规律，树立先就业后择业的理念，在就业中锻炼自己、寻找新的择业机会；最后，一些大学生竞争意识不强，不愿或不敢积极参与择业竞争，对此思想政治教育应加强引导，使学生认清职场，勇于竞争、敢于竞争，充分显示自己的才智。

（3）思想政治教育要着力引导大学生努力拓展素质、提升能力

大学生内在的素质与能力决定着就业竞争力的提高。针对一些大学生不注重思想道德修养、不重视提升自己的综合能力等现象，思想政治教育要引导大学生认识到，只有增强学业实力，在择业时才有竞争力，让大学生从入校开始就重视能力与素质的提升。

思想政治教育部门要与就业指导部门相配合，展开深入调研，为学校教育部门和各院（系）改革人才培养模式提供依据，借此对大学生进行教育引导，促使他们及早规划自己的学习和素质能力发展方向与目标。

（二）高校思想政治教育为大学生创业意识和能力的提升服务

高校人才培养的重要目标和内在要求，是大学生创业意识和创业能力的培养，这期间思想政治教育发挥着重要作用。

1. 创业意识是大学生创业成功的前提

创业意识指在创业实践活动中对创业者起推动作用的思想意识倾向，如创业动机、兴趣、理想、信念等要素，是创业活动的动力之源。

首先，创业意识不强。多数大学生缺乏创业意向，据调查发现，半数大学生毕业后不会考虑创业，只有十分之一的大学生对自主创业有信心。大学生创业心态消极。

其次，创业意识的品质不优，没有坚强的意志、远大的理想、坚定的信念、强烈的责任等良好的创业意识品质。据有关调查显示，半数以上的大学生认为自己的创造性、开拓性不足，独立性、精密性、预见性不够，只有少数大学生认为自己的变通性较好。

最后，创业意识不成熟。创业意识是否成熟决定了大学生对待创业活动的态度和行

为，也制约着大学生创业行为的方向和力度。

2. 大学生创业意识形成原因分析

大学生创业意识不强、不优、不成熟等现象的原因是多方面的，归纳起来主要有以下几点：

（1）全面系统创业教育的缺乏

从高校调查来看，只有少数学校开设了专门的创业教育课程，多数学校只是粗略地涉及创业教育内容，而且缺乏规范的创业教材，很难对大学生进行全面系统的创业教育。高校创业教育缺乏高水平的创业教育师资，多数高校的创业教师多是辅导员或专业教师兼任，缺乏创业教育的深入研究，从而影响了大学生创业意识的形成与优化。创业实践锻炼缺乏，创业实践锻炼可以使大学生体验到课堂教育无法体验的困难和问题，而对这些困难和问题的解决过程，就是创业意识和创业能力增强的过程。

（2）创业教育实效性差

首先，创业教育目标功利化，导致教育推进缺乏整体性。创业教育目标设定功利化与创业教育要求相悖，这是问题的根源所在。其次，创业教育行为活动化，导致教育缺乏连续性。再次，创业教育精英化，导致教育参与者缺乏广泛性。高校在开展创业教育时会受到各方面条件的限制，导致只有少数学生能够得到受教育机会，出现了创业教育精英化现象，大部分学生无法受益。最后，创业教育考核粗放化，导致教育组织缺乏规范性。创业教育目标功利化、行为活动化，导致考核的粗放化，忽略了对创业教育过程的考核。

3. 大学生创业意识培养应有的内容

就实际来看，大学生创业教育应重点培养和强化、优化创业意识，使大学生创业意识的培养成为高校思想政治教育创新的着力点。

思想政治理论课实践教学环节中安排与创业教育有关的社团、社会实践活动，激发大学生的创业精神和创业意识。结合心理健康教育，加强大学生创业情商培育，优化创业心态，帮助大学生疏导创业过程中的心理压力，使其塑造良好的创业意识品质。

培养在校大学生的创业意识，编写突出创业意识培养的创业教育教材，加强教材建设。强化、实化创业意识培养，科学设置创业教育模块。如安徽科技学院实行全新的应用型人才培养方案，构建了"平台+模块"的课程体系。

4. 大学生创新能力的培养

大学生创新能力的培养是一个复杂的系统工程，其中提高良好思想道德素质是灵魂工程，决定了思想政治教育在大学生创新能力培养过程中必须充分发挥作用。

（1）高校思想政治教育在大学生创新能力培养中的地位和作用

一是思想道德素质在大学生创新素质结构中的地位。创新创业人才素质结构由基础素质和特殊素质两部分构成。基础素质包括思想道德素质、科学文化素质、专业素质和身心素质；特殊素质包括创新素质、创业素质、实践智能素质。

二是思想政治教育在人才创新能力培养中的作用。思想政治教育为大学生创新活动提供了有效的思想保障，确保人才的创新活动保持正确的价值取向。科学的思维方法是良好的思想道德素质应有的重要内涵，也是创新型人才必备的思想道德素质内容。高校思想政治教育要对大学生树立远大而坚定的理想信念教育、引导大学生把个人创新和国家发展结合起来，让大学生以创新为己任，敢于开拓创新，为建设创新型国家而贡献自己的聪明才智。

（2）思想政治教育拓展大学生创新能力培养的途径

加强思想政治教育培养大学生创新创造精神，为创新活动提供精神动力、思想保证和科学的思维方法；加强创新创造知识教育，培养大学生必需的创新意识、思维以及方法，从而推动大学生创新实践；推动大学生创新能力培养要重视营造创新文化氛围。举办创新创业学术报告会和创新创业设计大赛等活动，熏陶大学生创新创业意识，增加学校创新创业文化的氛围。

（三）高校思想政治教育与心理健康教育相结合培养大学生健康人格

高校人才的培养要更注重学生人格的塑造，只有健康向上的人格，才能使大学生毕业后迅速适应社会环境和工作环境。思想政治教育应与心理健康教育相结合，培育具有坚强意志力和良好适应能力的人才。

1. 提高大学生思想道德素质

随着社会的发展和改革，社会为大学生的成长、成才、成功提供了舞台，但是不同程度地引起大学生的心理负荷，影响他们的成长、成才、成功。因此，解决大学生精神、心理方面的问题成为高校思想政治教育的前提。

（1）心理健康教育与思想道德教育结合的必要性

心理健康教育有助于提高大学生的思想道德素质，良好的心理素质是形成优秀品德的基本条件和形成思想道德品质的基础。对大学生的心理特点进行了解，切实解决大学生的心理疾病，提高大学生自我教育、自我调适的能力，提高大学生适应社会生活的能力，对促进心理素质与思想政治素质、道德素质、文化素质和身体素质的协调发展具有重要意义。因此，大学生的思想政治教育与心理健康教育应同时进行。

思想道德教育有助于提升大学生心理素质，大学生正处于世界观、人生观、价值观形成的特定年龄阶段，而大学生又是心理疾病和障碍的高发人群，要预防、减少和解决大学生心理健康问题，提高他们的心理素质，就要进行心理健康教育。

心理健康教育与思想政治教育有机结合，思想道德教育过程本身就是一个心理培养过程，培养人的知、情、意、行；思想品德的形成有其固有的心理机制，要遵循这些心理规律；思想道德教育具有心理调节功能。思想道德教育与心理健康教育的众多关联性是二者有机结合的科学基础。

（2）心理健康教育与思想道德教育相结合的有效途径

队伍建设，思想政治教育队伍和心理咨询队伍能够更好地为大学生服务；课程改革，高校通过对课程内容的建设与改革，在思想政治理论课中渗透心理健康教育内容，在大学生心理健康教育课中渗透思想政治教育的内容；校园文化活动，利用学术讲座、专题报告、精神文明创建、社团活动、文艺演出、辩论赛等活动逐渐渗透思想道德和心理健康教育的内容。

2. 大学生心理危机的预防与干预

大学生正处于心理发展变化时期，心理承受能力、应对能力和平衡能力还有待加强，因此，要对大学生开展生命教育，深入研究大学生心理危机的干预、自我调适与预防，就显得十分有必要。

(1) 大学生心理危机的判断标准

要对大学生心理危机进行预防与干预，前提条件是对心理危机进行准确判断。只有心理处于严重失衡的应激状态才属于心理危机，心理危机的特征：身体不适，如一系列的病态反应，睡眠紊乱、头晕头痛、肌酸无力、食欲减退、胃肠不适等亚健康状态明显；情绪反应不良，如情绪紧张、低落，情感淡漠、麻木，内心恐惧、愤怒、罪恶、烦恼、羞愧感等；认知力下降，如记忆力、知觉力下降，反应迟钝等问题；日常行为改变，如出现一定程度的反常，原来感兴趣，现在明显丧失兴趣，打破原有的作息规律等异常行为。

(2) 大学生心理危机的预防

高级预防，提高全体学生的心理健康和危机预防意识，培养学生健康人格，提升广大学生心理健康水平和应对危机的能力；中级预防，在学生面临困难情境或出现心理问题时，避免引发严重精神卫生问题，避免严重不良后果；初级预防，及时发现有严重心理问题的学生，将学生心理危机消除在萌芽状态。

(3) 大学生心理危机的干预

因为危机呈现着一些特征，比如危机既危险又蕴藏着机会、危机通常反复出现一系列的转危机点、危机常常是复杂的且难以解决等，因而会采取不同模式来予以应对。

心理危机干预模式。危机干预策略和方法是建立在危机干预的模式上的，策略和方法因模式的不同而有所区别：平衡模式也称为平衡/失衡模式，通常应用于危机的起始期，是一种最纯粹的危机干预模式；认知模式适合于危机的中期阶段，是通过改变当事人思维方式，尤其是认知中的非理性和自我否定部分，实现对理性的获得并强化理性和自强的部分，从而对危机中的生活有所控制；心理社会转变模式，危机不仅仅是个体自身的，它的出现本身可能就与社会的或环境的困难有关，危机的恢复和消除也需要个体与环境共同作用。这种干预模式比较适合于危机干预的中后期，即稳定下来的求助者。

危机干预的基本程序。耐心倾听是进行有效干预的前提。确定存在问题，倾听结束后，认真分析当事人的情况，判定和理解当事人遇到的实质性问题，才能有的放矢地采取干预措施。进行危机评估，评估贯穿于危机干预的全过程。同时给予当事人适当的激励，使其有足够的信心，相信自己有能力应付危机。提出行动建议，根据危机当事人实际情况，提出摆脱危机的行动建议。干预人员在行动计划的制订和实施过程中，要重视调动当事人的自控和自主性，使其知晓行动计划的实施，从而有助于恢复到正常情感状态。

3. 心理健康发展性素质教育促进和谐健康人格的形成

构建大学生心理健康发展性素质教育模式，对于形成思想道德、科学文化、专业和身体等素质，都有极其重要的理论意义与实践意义。

(1) 大学生心理素质教育的特殊性

一是认知心理的特殊性。大学生思想活跃，抽象逻辑思维能力和思维独立性大大提高，敢于质疑，敢于挑战权威，敢于表达自我见解。但是由于个体的社会阅历尚浅，社会经验不足，对待问题容易受到片面信息的影响，易以己推人，以偏概全，对复杂的事物难以辨别真伪。容易出现有时注意了表面而忽视了本质，有时注意了局部而忘掉了整体的现象。

二是大学生情绪情感发展的特殊性。大学生进入高校的第一种释放感就来自于情绪情感的体验。他们积极向上，勇于表白，敢于追求美好的爱情和友谊。大学生的情感与他们的需要、愿望和动机密切相关，一旦需要得到满足，动机得以实现，常引起高兴的情绪和表现愉悦的表情；反之，则明显地暴露出悲伤和受挫的表情，而且其消极心境也会持续很长一段时间。

三是大学生自我意识的特殊性。大学生充满了开创未来的热情和理想，并希望借此来体现自我的力量从而达到自我实现的目的。但是由于社会意识的负面影响，大学生又会停留于生活理想和职业理想的满足之上，这就导致大学生产生为生存而学习、为就业而学习的非发展性理念。因为缺乏人生的目标及自我实现的动力，部分学生在学习过程中开始动摇、迷茫，甚至丧失信心，失去自己的兴趣和目标，荒废自己的大学学业。

四是大学生性意识的特殊性。大学生的性意识从高中时期的朦胧状态发展到了明朗化状态。在这个时期，其生理发育已经基本成熟，性接触与性需求也逐渐显现出来。但是由于大学生还不善于处理与异性之间的关系，或者他们的经济地位及心理成熟程度还不足以合理引导和驾驭这种精神向往，从而感到烦恼和不安。

五是大学生智力水平的特殊性。如前所述，大学生正处于个体发展的第二个飞跃期——青年中期，所以大学生的智力水平在这一时期得到突飞猛进的发展。主要特点如下：逻辑思维能力迅速发展；具有思维的独立性和批判性；思维灵活性和敏锐性迅速发展；创造性思维得到发展。由于大学生的思维对社会现象处于一种开放式的接受和评价状态，所以他们较少保守思想而富于想象，常能提出一些新的见解，思维中出现更多的创造性成分。

六是大学生人生观的特殊性。人生观是对人生的基本看法和态度，是一种高级的心理现象。大学时代是人生观形成并开始稳定的时期，大学生人生观形成有两个突出的特点：自觉探讨人生问题；对人生问题的探讨具有哲理性。

（2）大学生健康人格的意义

一个人的人格会影响其自身的行为和认知，当人格不健全时，他的行为和认知就会出现偏差。当这种情况严重时，就会导致错误的行为，从而影响自身和他人的生活。大学生健全人格的意义主要表现在以下方面：

一是人格与身心健康的关系，性格和疾病之间存在某种特定关系。性格既是很多疾病的发病基础，又可以改变许多疾病的发病过程。所以每个人都有必要了解自己的性格特征，扬长避短，把性格中的消极因素变为积极因素。

二是人格与大学生人际交往的关系，良好的性格是个体人缘好坏的决定因素。因为勇敢坚强的人常给人以信心和力量，热情善良的人容易使人感到亲切，机智沉着的人给人以踏实之感，谦虚和蔼的人易于亲近，乐观豁达的人犹如春风拂面，开朗豪爽的人能为你驱走忧愁，乐于助人的人能为你慷慨解囊。

三是人格与大学生职业发展的关系，一个人的性格与事业成败有着息息相关的联系，是事业成败的核心因素。

（四）基于可持续发展的大学生职业生涯规划

随着现代社会飞速的发展，职业分工越来越精细，结构性就业的矛盾越来越突出，使得大学生职业生涯规划的作用越来越重要，无论是对个体大学生的职业成长，还是对社会与个体的可持续发展来说，大学生职业生涯规划都成为必备的常识。

一些西方国家在大学生职业生涯规划方面取得了许多成功的经验，其高校职业生涯规划教育也相当成熟。许多国家和地区职业生涯规划教育贯彻了大学生在校的整个过程，并在教育理念、内容和方式等方面取得了重要成就。但我国高校职业规划教育起步较晚，也没有得到足够的重视，甚至有的高校将大学生职业规划类的课程作为选修课，学生可选可不选，对这类课程的实践指导更是缺乏。截至目前，很多大学生在校期间没有做过系统的针对自身的职业生涯规划，其就业的盲目性显而易见，职业稳定性差，职业生涯多有波折，适合自己的可持续发展的方向要经过多次摸爬滚打之后才能找到，给大学生就业和未来的职业发展带来很多问题。因此，基于学生可持续发展的大学生职业规划势在必行，要在概念上、教育内涵和方式上有大的进步，为学生的全面自由发展奠定基础。

1. 大学生职业生涯规划的内涵及特点

（1）职业生涯规划的内涵

生涯为人们所从事的全部职业和扮演的所有角色的总和，是一个人生活的指南针。"职业生涯规划"是指在综合测定和分析一个人的兴趣与爱好、能力与特点、时代需求与岗位需求等多种因素的基础上，设定一个人职业生涯发展的轨迹和计划，并通过实际行动执行该计划的过程。具体来说，职业生涯规划包括自我分析、目标设定、实施过程、反馈与修正四个阶段。

大学生职业生涯规划是综合分析大学生的成长经历、教育背景、兴趣爱好和个性特点等主客观因素，确定职业目标，设置相关职业技能，并通过制定出相应的教育、培训、自我发展计划等方式，逐步实施的过程。

（2）可持续发展是大学生职业生涯规划的根本目的

从含义可以看出，大学生职业生涯规划具有方向性、指导性、长期性等特点，这些特点都服务于大学生的可持续发展。

一方面，大学生职业生涯规划关注大学生的主体意识，符合大学生自身发展需要。受传统就业观念的影响，加之近几年大学生就业压力较大，很多大学生无暇顾及自己的主体意识，过多从自身之外考虑工作的去向，就业后发现，自己的工作岗位不符合自己的兴趣爱好，违背了主观愿望，造成工作积极性不高，成就感不强，或者得过且过，或者跳槽，影响了职业稳定性和可持续发展。大学生职业生涯规划重视学生的主体意识，满足学生的职业愿望，有利于职业稳定性和可持续发展。

另一方面，大学生职业生涯规划关注大学生基础学习、职业定位、择业、就业等多个阶段，为个人可持续发展指明了方向，设定了大学生可持续发展的可行性路径，避免了职业选择与职业发展中的盲目性，促进了学生的可持续发展。

因此，大学生职业生涯规划以学生的可持续发展为目的，立足学生的现实状况，着眼学生的未来发展。

2. 建立全面的大学生职业规划教育体系

（1）理清概念，明确职业生涯规划的过程性

职业生涯规划受到大学生就业观念和经济社会发展变化的影响，其职业目标是不断完善的，职业路径也是不断变化的，其职业适应也是一个渐进的过程。因此，要从概念上充分认识职业生涯规划的过程性，反对将职业生涯规划作为一个事先设定好的固定模式或者路径，并且认为，大学生活就是严格按照这个固定模式或者路径走，不偏不倚。

科学划分职业生涯规划的内容，体现阶段性。大学毕业生职业生涯规划包含了职业准备、职业选择与职业适应三个重点阶段，三个阶段次序分明，逐一进行。职业准备阶段是广泛涉猎、划定范围的阶段。在这个阶段，大学生充分认识大学阶段的重要任务是培养职业能力，做好心理准备，并且通过调查分析，确定较为明确的职业意向，为自己的未来职业划定范围。职业选择阶段是在一个范围内研判适合自己的最佳答案的过程。这个研判是双向的，一是大学生综合自身的因素，选择职业或者岗位；二是社会结合自己的需要，选择劳动者。当这两个方向找到最佳的交合点时，职业选择的最佳答案就产生了。职业适应阶段是从大学生到从业者的适应过程，角色的转换、生活内容的不同等都会让这些职场新人有很多不适应，这个过程是进入职场的人必将经历的。

贯彻职业生涯规划的路径，实现终身性。大学生未来的职业生涯，关系一个人的终身发展。基于此，大学生职业生涯规划的主要任务是培养大学生职业生涯规划意识，以不断适应变化莫测的职业环境，这也是大学生可持续发展能力的重要体现。大学生职业生涯规划教育，要充分体现以生为本、全面发展的思想，充分认识职业生涯规划的重要意义，树立职业生涯规划意识，明确职业目标与定位，为职业准备找准方向。大学生职业生涯规划要善于引导学生挖掘自身潜能，着眼未来，从基础做起，培养可持续发展能力，使处于转型期的大学生能够灵活地应对剧烈变化的职业环境，保持高度的社会适应性。

突破专业限制，实现自由发展。不可否认，大学生职业生涯规划从自己本专业出发具有一定的知识与技能优势，但如果自己现在所学的专业不符合自己的兴趣爱好或未来的心理预期，大学生职业生涯规划应在保障学生可持续发展的前提下，允许大学生做出专业以外的职业规划。

（2）重视教育，实现教育过程的可持续性

在有些国家，针对一个人的职业生涯规划从基础教育阶段就开始了，而我国大部分人的职业生涯规划从大学阶段才开始，将大学生职业生涯规划贯彻在大学生在校期间的整个过程，持续教育，无疑是弥补我国教育体系中职业规划教育不足的最好办法。

教育时间的全程化。有的高校在新生入学后的第一个教育活动——新生入学教育中就开设了职业规划的内容，比如，安排系主任、专业教师给学生开设专业发展与前景的讲座，让学生对自己所学的专业有清醒的认知，明白与专业对应的未来职业是什么、岗位有哪些等，这些问题不仅要求学生充分认识，还要求将这些问题与学生自己的未来职业预期相比较，能不能找到自己的兴趣点，明确自己的职业规划在专业内还是专业外，以便制订自己的学习规划。在大学一年级阶段主要是通过职业规划教育找到自己的未来职业目标，大学二年级和三年级是打基础、拓展综合素质的阶段，大学四年级要通过社会实践活动真切体验职业状况，为职业适应做足准备。

教育体系的系统化。大学生职业规划教育是一个持久而漫长的过程，为保证规划的科学性和可行性，应该制定系统化的教育体系。一是教育体系要突出目的性，指向大学生的可持续发展，培养不断适应职业环境的能力，推进职业生涯的健康发展。二是教育体系要突出连续性，贯彻在大学生在校期间的每一个阶段。三是教育体系的内容要突出全面性，从概念的明确到思想理念的转变，再到职业准备与职业发展等，全面丰富。四是教育方式的多样化，既要有理论灌输，又要有实践指导，最终目标是能力的提升。

（3）强化实施，实现规划管理的专门性

首先，构建专门的课程体系。大学生职业生涯规划教育以课程作为重要的载体，科学性和针对性强的课程体系保障了大学生职业生涯规划的教育目的实效性，促进了规划过程的动态性和全程性。大学生职业生涯规划的课程体系不同于一般通识教育的课程体系，更不能用通识教育的课程体系代替职业规划的课程体系，要建立专门化的课程体系。大学生职业生涯规划课程体系要充分考虑不同年级学生的接受能力，分层设计，重视不同发展阶段学生的特点，紧跟学生实际需求，循序渐进。课程体系的内容要具有开放性，不断吸收社会发展不同状况和行业潮流，将多样性的职业环境融入课程中，增强学生的适应能力。课程体系的教学方式要具有灵活性，善于从学生喜闻乐见的接受方式中受到启发，应用到教育教学中，增强教育教学的效果。

其次，培养专门的教学和指导队伍。要建立一支专业化、职业化的大学生职业生涯规划的教学和指导队伍。在我国，"职业生涯规划教育"既是新事物又是舶来品，教学队伍缺乏相关专业背景是现实问题，有的高校由从事学生管理的教师或者从事就业指导教学的教师担任，大多是半路出家。当前，"职业指导师"被纳入我国职业认证资格中，受到职业指导师教育和培训的教师具有相关的职业指导理论和职业生涯发展理论，熟悉常用的职业指导政策法规，具备为大学生进行素质和特点的测试，并对其进行职业规划的能力。高校采取措施鼓励职业指导教师参与"职业指导师"培养，并考取相关证书，这是提高大学生职业生涯规划教学和指导队伍专门化的重要途径。

最后，建立配套的实践活动机制。大学生职业生涯规划是一种实践性极强的活动，将教育和指导与学生的实践锻炼有机结合起来，具有重要现实意义。要结合职业生涯规划的课程体系，建立与之配套的实践活动机制，让理论教学和现实实践有机结合，有效避免抽象化、理想化的教育，用理论指导实践，在实践中丰富理论，实现大学生职业生涯规划的可持续良性循环发展。

第八章　高校思想政治教育立体化模式实践

第一节　高校思想政治教育立体化模式的理论

一、现代教育理论

高校思想政治教育立体化模式构建具体体现在教学观念上，要体现出现代教育新理念和新思想，用新的教育理念和思想指导立体化教学活动。思想是行为的先导，改进思想政治教育，必须首先更新思想政治教育观念。思想政治教育作为一种有目的、有指向的、社会的、文化的活动，更加突出地受到思想观念的支配。过时的、保守的教育体制和方式，往往凭借过时的、保守的思想观念维系而习惯地持续下去，对反映时代特征的教育内容和手段，也会按过时的、保守的思维方式给予裁定和阐释。构建主体性思想政治教育模式，必须以观念更新为先导和动力，以创新精神更新教育观念。

我国正在进行的改革开放是一场深刻的社会变革，它促使人们的生活方式、思维方式、行为方式和思想观念发生了巨大的变化，从而使思想政治教育既面临着发展的机遇也面临着巨大的挑战。新形势下，作为我们党的政治优势和优良传统的思想政治教育，也只有高高扬起创新的旗帜，才能真正增强自身的有效性，开创出生动活泼的新局面。只有解放思想、勇于创新才能克服传统思想政治教育的弊端及其消极影响；如果无视社会的发展变化、学生思想行为的发展变化、学生生活环境的变化，仍坚持守旧的、保守的观念进行思想政治教育，拒绝研究新情况、新问题，就会导致思想政治教育体制的僵化，达不到思想政治教育的目的。当前，构建立体化的思想政治教育模式，应树立新的思想政治教育价值观、任务观。

（一）确立统一价值观

由于受传统"社会本位说"的影响，在思想政治教育领域存在着片面的"唯社会价值观"，人为地把社会价值与个人价值对立起来，过分强调社会价值，忽视甚至否定个人价值。在这种思想指导下，思想政治教育目标只强调社会要求，忽视甚至否定个人的内在需要；思想政治教育功能只重视思想政治教育在促进社会发展方面的社会功能，忽视甚至贬低思想政治教育在促进个人发展方面的个体功能，致使思想政治教育难以吸引受教育者的积极参与，因而收效不大。事实上，人是社会发展的手段，更是社会发展的目的。思想政治教育通过培养具有主体性的人来促进社会发展，而社会发展的最终目的也是为了人更好地发展。社会价值与个人价值是辩证统一的，如果割裂二者的关系，片面强调一方而忽视另一方，其结果，不仅人的主体价值得不到发展，人的社会价值也得不到充分体现。因此，在思想政治教育工作中必须克服片面的"唯社会价值观"，确立社会价值与个人价值相统一的科学价值观，在满足社会发展需要的前提下，充分尊重和兼顾个人的内在需要，促进社会价值与个人价值协调发展。

（二）确立任务观

思想政治教育的最终目的不仅在于为教育对象提供理论的灌输，更重要的在于教育对象能在生活实践中践行思想政治品德行为。因此，培养人的主体意识、主体能力是思想政治教育主题的应有之义。我们必须克服片面的只灌输社会规范的任务观，同时，也要防止忽视甚至否定社会灌输规范的倾向，确立灌输社会规范与培养能力和发展个性相统一的新观念。在改进灌输方法，提高灌输效果的同时，重视社会实践的锻炼，着力培养人的能力和个性，促进人的全面发展。受传统教育思想的影响，思想政治教育的全部任务仅归结为"传道"，即灌输社会规范，视受教育者为社会规范的接收器，而不重视能力和个性的培养。因而，在思想政治教育中简单说教、硬性注入的现象普遍存在。

事实上，完整的思想品德系统是一个由心理、思想和行为三个子系统有机结合而成的三维立体结构，具备思想政治品德知识，为人的思想政治品德行为和习惯提供了基础和前提。在教学内容上，要不断根据社会发展出现的新形势、新特点、新要求，更新和充实教学内容，使教学内容贴近时代、贴近社会、贴近教学对象思想实际，坚持与时俱进，由不同层次的内容相互作用，共同构成思想政治教育的内容整体，统一于思想政治教育目标之上。马克思主义基本理论教育是根本内容，它决定着思想政治教育整个内容的根本性质，体现着社会主义事业接班人和建设者的根本素质；政治观、世界观、人生观、价值观和理想信念是核心内容，是社会主义事业接班人的必备素质；爱国主义、道德规范和法律意识是基本内容，是合格的社会主义事业建设者的基本素质。同时，随着社会的发展进步，思想政治教育内容也处在不断地变化发展之中，是稳定性和动态性相结合的有机整体。在新形势下，大学生思想政治教育与大学生的学习、生活和就业问题结合得更加紧密，其内容和目标都与以往相比发生了重大变化。大学生思想政治教育的内容为适应社会形势的变化和发展，逐步扩大其所包含的范围，并不断地更新思想观念，扩充知识体系，使其内涵更为丰富。

思想政治教育内容，是指根据一定的社会要求和针对受教育者的思想实际，经教育者选择设计后有目的、有步骤地输送给受教育者的思想意识、价值观念、政治观点和道德规范等信息。要使教育对象符合教育目标的要求，坚定政治信念，端正思想观点，建立道德理念，优化心理品质，形成行为规范，都取决于采用什么样的教育内容。作为思想政治教育"血液"的教育内容，是思想政治教育的重要组成部分，是教育目标的具体化，是教育主体与教育客体互动的一种中介，是确定教育原则和方法的前提，是增强思想政治教育实效性的基本条件。思想政治教育内容结构是指思想政治教育内容的构成要素及其相互关系。思想政治教育内容包括哪些基本要素，理论界的认识并不完全一致。现在，认为思想政治教育内容包括政治教育、思想教育、道德教育、法纪教育和心理教育的"五要素说"正越来越得到广泛的认同。因此，思想政治教育内容是由政治教育、思想教育、道德教育、法纪教育和心理教育五大要素组成的既相对独立又有机联系的逻辑结构系统。

1. 政治教育的导向性

政治教育是一定阶级和社会依据一定的政治思想和政治规范对受教育者施加影响，以帮助受教育者树立正确的政治方向、政治立场、政治观点、政治信念、政治态度，即实质上培养政治信仰的教育。政治教育的具体内容主要有党的基本理论、基本路线和基本纲领教育，理想信念教育，爱国主义、社会主义教育，形势与政策教育等。在思想政治教育内容体系中，政治教育始终居于主导地位，是思想政治教育的导向性内容。①政治教育具有鲜明的政治性和阶级性，政治教育总是同党的意志紧密相连，传播一定的政治思想和政治主张，从而从根本上发挥引导人们思想和行为的作用。②政治教育贯穿思想政治教育的始终，对思想政治教育过程和思想政治教育其他内容起着指导和支配作用。③政治教育指引思想政治教育沿着正确的方向发展。马克思主义理论教育对思想政治教育具有总的方向指导作用，理想信念教育是思想政治教育的核心内容。

2. 思想教育的根本性

思想教育是依据一定的哲学思想及其方法论对受教育者施加影响，以帮助受教育者树立正确的世界观、人生观、价值观以及思维方式的教育。思想教育主要包括科学的世界观、人生观、价值观教育，艰苦奋斗精神教育，马克思主义唯物论、无神论和科学精神教育，创新精神教育等。它通过引导人们对人类社会发展规律的认识和理解，使人们形成科学的世界观、人生观、价值观，具有正确的理想信念、科学的思维方式和开拓创新精神，为人们认识世界和改造世界提供根本的思想方法和强大的思想武器，为政治教育、道德教育、法纪教育和心理教育提供价值理念支撑和世界观、方法论基础。其中，世界观、人生观、价值观教育是思想教育最根本的内容。

3. 道德教育的基础性

道德教育是将社会的外在要求内化成人们的道德观念、道德情感和内心信念，再外化为具体的行为，目的是培养人们良好的道德品质和高尚的道德情操。道德教育是依据一定的伦理思想和道德规范，对受教育者施加影响，以帮助受教育者培养良好的道德品质和道德人格的教育。道德教育主要包括社会公德、职业道德、家庭美德教育，中国传统道德教育，社会主义人道主义教育以及生态道德、网络道德教育等。道德教育是思想政治教育的基础。道德教育虽然在性质、方向上受政治教育、思想教育的影响和制约，但良好的道德品质对合格的政治素质、思想素质、法纪素质和心理素质的形成与发展起着引领和提升作用。

4. 法纪教育的保障性

法律、纪律与道德都是调整或制约人们行为的准则和规范，它们在社会功能上相互补充、相互凭借。法纪教育是对受教育者进行社会主义法制和纪律教育，培养他们具有法律观念和遵纪守法的品质，知法、懂法、守法，并且学会用法律武器保护自己的合法权益。法纪教育主要包括社会主义法制教育、纪律教育以及社会主义民主教育等。法纪规范是政治规范和道德规范实施的保障性力量，法纪教育在政治教育和道德教育的实施中起着重要的保障作用。首先，从法律与政治的关系看，政治规范是法律规范的最高层次，法律规范是政治准则的基本保障力量，进行法纪教育是维护政治原则和实现政治理想的重要保障。其次，从法律与道德的关系看，法律是道德的最基本体现，道德是法律的精神基础。只有加强法纪教育，才能更好地实现道德教育使其对象从他律向自律转化的功能。再次，社会主义法律、法规中包含着丰富的思想政治教育内容，加强法纪教育可以为这些内容的实施提供制度化保障。

5. 心理教育的前提性

心理教育主要包括青春期教育、心理健康教育、意志品格教育和个性品质教育等。现代思想政治教育是一种涉及人们认知、情感、意志和信念的特殊社会活动，必须以心理教育作为起点和前提。在政治、思想、道德和法纪教育的过程中，人的心理状况始终起着维持、调节和统合的作用。心理教育就是通过对人们良好心理素质的培养，使人们形成健康的心理品质，为思想政治教育其他内容的实施提供赖以依靠的基础和平台。思想政治教育内容是一个由多层次要素构成的系统，这些内容相辅相成，共同构成思想政治教育内容系统主次分明、和谐统一的整体。思想政治教育内容的诸要素在根本上是相互关联的。在思想政治教育内容结构中，政治教育是主导，思想教育是根本，道德教育是基础，法纪教育是保障，心理教育是前提。这些内容在思想政治教育内容结构中虽然处于不同的层次和地位，既不可偏废，又不可相互替代，但它们相互依存、相互依托、相互联系、相互渗透，推动着思想政治教育的发展。

运用现代教育理论推进思想政治教育立体化，在教学方法和手段上，要将现代教育技术运用到思想政治理论课立体化教学各个环节，充分发挥现代教育技术的功能优势，不断地增强立体化教学的吸引力、说服力和影响力。努力使教学方式和方法贴近实际、贴近生活、贴近大学生，符合大学教育教学的规律和大学生学习的特点，不断增强教育教学的针对性、实效性和说服力、感染力。首先，要不断拓展有效的教学方法。坚持以人为本在教学方法上的根本要求就是把单向"注入"式教学引向师生双向交流的"互动"式教学，倡导启发式、参与式、研究式等教学方式。针对不同类型、不同阶段大学生的特点以及不同的课程，可采取课堂讲授、课堂讨论、专题讲座、专题演讲、辩论、教学实践等方式。其次，要运用现代化教学手段。思想政治理论课必须积极推进多媒体教学，建立教学互动网站，把课堂延伸到网上，使思想政治理论课教学更加灵活、有效和充满吸引力。然后，要改革考查考试方法。重点考查学生对教学内容的理解、接受和运用的情况，尤其是以马克思主义为指导分析和解决问题的能力。可采用口试、论文答辩、写读书心得和调研报告等方法。在教学评价上，要依据立体化教学特点，突出教学过程的评价，弱化结论式评价，注重教学对象参与性、实践性评价，重视全面、定性式评价，弱化片面、定量式评价，强化知识运用能力、判断能力等综合性评价，弱化知识记忆型评价。

在评价过程中，把师生的活动分解成若干部分，并制定出评价标准。根据这些标准判定师生的活动是否偏离了正确的教学轨道、偏离了教育方针和教学目标，有无全面完成各科教学大纲规定的目的和任务，从而保证教学始终沿着正确的方向发展。评价具有激励功能，教学评价可以调动教师教学工作的积极性，激起学生学习的内部动因，维持教学过程中师生适度的紧张状态，可以使教师和学生把注意力集中在教学任务的某些重要部分。对于学生来说，教师的表扬、鼓励、学习成绩测验等，可以提高学习的积极性和学习效果。同时，评价能促进学生根据外部获得的经验，学会独立地评价自己的学习结果，即自我评价。自我评价有助于学生成绩的提高。虽然教与学的相互依赖性是人所共知的，但是教、学及教学评价之间的这种相互依赖性却较少被人认识到。

事实上，如果说教学活动是一个信息传递系统，那么教学评价则是这个系统的信息反馈机制。通过评价活动，教师和学生可以获取反馈信息，从而对教与学的活动进行有效的调节，并明确教与学的目的；通过评价活动，教学成果得到不断强化，在客观上产生巨大的激励作用；通过评价活动，教学工作就有了可靠的依据。高校思想政治理论课教学评价的特殊性决定了思想政治理论课评价要求的特殊性，一般而言，思想政治理论课的发展评价要做到"七个结合"，即思想评价与政治评价相结合、知识评价与价值评价相结合、自我评价与他人评价相结合、现实评价与潜能评价相结合、量化评价与质性评价相结合、显性评价与隐性评价相结合、短期评价与长期评价相结合。

除此以外，以学生学习效果为逻辑起点建构的高校思想政治理论课评价理念或体系还需要坚持三个层面的基本要求，即以"学"为中心的"教与学"的统一、以"真理"为依托的"真理与价值"的统一和以"行"为归宿的"知与行"的统一。以"学"为中心的"教与学"的统一强调高校思想政治理论课在"教——学"环节即教育教学过程中的效果评价。相对于其他课程的教学效果评价体系而言，思想政治理论课的教育教学内容有其特殊性，不仅包括国家的大政方针、国际国内形势、社会主义的基础理论，还包括政治观、道德观、价值观和心理观等教育。因此，在思想政治理论课教学评价中，教师的"教"非常重要，其教学内容的规定、设计以及传播，影响制约着学生的知识、观念、态度，也决定了评价体系设计的科学与否。

当然，掌握思想政治理论课的基本内容不是课程评价的终极目标，只是课程评价的一个基础性指标，一项基础性工作，其更重要的意义在于其作为学生树立科学价值观的依托。学生通过对马克思主义理论及其中国化的学习，通过对历史唯物主义和辩证唯物主义的学习，通过对伦理道德基本规范的学习，树立坚定的共产主义信念，远大的理想，正确的世界观、人生观、价值观、政治观、道德观、心理观等。新型的以学生学习效果为核心的思想政治理论课教育教学评价，最终就是要实现学生所掌握的真理与价值内化的统一，即学生通过受到教育与引导，将课程的科学真理内化为自身的理念、素质与能力。

事实上，思想政治理论课教育教学的最终效果不仅在于学生是否真正掌握了课程的基本知识，是否认同了社会主义核心价值体系，更重要的还在于学生是否学以致用，身体力行，用科学知识来指导自己的言行举止，来判断事物的是非曲直。因此，思想政治理论课的评价体系要以"知"为基础，以"行"为归宿，实现"知与行"的统一。在教学主体上，倡导教师的主导性和学生的主动性教学观，确立教育者和受教育者辩证统一的"双主体"观。我国在过去较长的时间里，在思想政治教育中主张片面的唯教育者主体观，而忽视受教育者在思想政治教育中的主体性，把受教育者仅视为消极被动地接受教育的客体，导致了思想政治教育中不可避免的命令主义、强制压服和单向注入，严重地挫伤和压抑了受教育者在思想政治教育中的主动性和积极性。这也是思想政治教育在较长时间出现实效不明显的重要原因之一。实际上，受教育者同教育者一样是思想政治教育过程中的主体，思想政治教育过程既是教育者按照社会要求积极组织实施教育的过程，也是受教育者基于自身思想基础和内在需要，通过自己的积极活动，能动地接受教育和进行自我教育的过程。在这里，教育者组织实施教育的主体性与受教育者能动地接受教育和自我教育的主体性是并行不悖、辩证统一的。受教育者主体性的发挥离不开教育者的激发和引导；而教育者的教育也只有通过受教育者的积极活动才能发挥作用。

实际上，教育者的主体作用，说到底也就是对受教育者主体性的激发、引导和培育作用。因此，我们必须克服片面的唯教育者主体观，同时也要防止片面的唯受教育者主体观，确立教育者的主体性与受教育者的主体性辩证统一的新主体观。在教学全过程，充分发挥学生在立体化教学中的主体选择性和创造性，使学生在立体化教学活动中全面参与、全面实践，达到自我感悟、自我认识、自我判断和自我澄清，最终使教学内容内化于学生的"心灵"（即思想），外化于学生的"行为"。

看学生的主体作用、教师的主导作用及其相互关系。所谓学生的主体作用是指学生在思想政治理论课教学中充分发挥出了各自的主观能动性和学生所特有的学习活力、创造力，在教师的指导下，能积极主动地参与教学，积极主动地自学和完成课外作业，积极主动地以正确的世界观、人生观、价值观指导自己的行动。所谓教师的主导作用，包含有主持、指导、导向等作用的意思。教师作为教育者，在思想政治理论课教学的整个过程中起着主导的作用。思想政治理论课教师的主导作用主要表现为：

第一，思想政治理论课教学的主持者、组织者和责任人，负责其主讲课程的全部教学活动的总体规划设计，同时也要做好其中每一次教学活动的具体组织安排，包括教学活动的目的、内容、方法及具体步骤等，都应由教师负责确定。

第二，思想政治理论课教学坚持正确方向的导向者，负责保证思想政治理论课教学坚持党性原则，坚持以科学的理论武装人，坚持以正确的思想指导教学内容和方法的不断改革更新，及时纠正思想政治理论课教学中可能出现的种种思想偏差。

第三，思想政治理论课教学对象的指导者、引路人，指导学生以正确的态度、科学的方法掌握思想政治理论课教学的内容，按照思想政治理论课教学的目的要求，使学生通过自己的努力，成为社会所需要的德才兼备的现代化人才。

学生主体与教师主导之间是内因与外因的关系。教师的主导作用对学生来说尽管非常重要，但毕竟只是推动学生成长的外部力量，究竟在实际上能起到什么样的作用，其作用的大小如何，最终取决于学生本人主动作用发挥的程度。但是，学生主动作用是否能充分发挥出来，向何处发挥作用，各个学生的作用能否相互协调配合等，又取决于教师是否具有正确的主导意识和科学的主导方法。因此，思想政治理论课教师树立正确的主导意识，掌握科学的主导方法是非常重要的。值得注意的是，不应把教师的主导作用搞成唯有教师正确、教师"一言堂"、教师统管一切、包办一切；教师也不能因为要发挥自身的主导作用而忽视被主导者的积极主动性，从而限制其多样性和个性特征。恰恰相反，只有广泛听取学生意见、集思广益、充分调动学生的积极主动性、发挥其不同特长和个性特点，才能使思想政治理论课教学活动开展得生动活泼、丰富多彩，使教师的主导作用产生出最佳效果。

二、思想政治教育原理

思想政治理论课立体化教学既是培养大学生综合素质和能力的重要途径，也是实现大学生思想道德修养"知与行"统一的重要手段。因此，在立体化教学中无论是教学目的和教学内容的选择，还是教学手段和方法的运用，大学生始终处在主体的地位。思想政治理论课立体化教学旨在通过思想政治理论课教学活动进一步巩固大学生掌握的理论教学基本知识、基本理论和基本原理，把感性认识上升为理性认识，并提高大学生运用马克思主义理论分析和解决问题的能力。思想政治教育的价值和归宿就是以人为本。思想政治教育的对象是人，它是教育人、说服人、塑造人的工作，它是建构在"人"的基础上的社会实践活动，它肩负着关注人的自身发展、解读人的存在意义、建构人的精神家园、促进人的全面发展的历史使命。人的价值问题既是思想政治教育价值的逻辑起点，也是思想政治教育价值的最终落脚点。因此，只有坚持以人为本，思想政治教育才能卓有成效，才能产生亲和力和影响力，取得实效性。

以学生为本，创新思想政治理论课教学最关键的是思想政治理论课教师要热爱和尊重学生。我们的教育实践一再证明，爱一个学生就等于培养一个学生，所以"当教师必不可少其至几乎是最主要的品质，就是要热爱和尊重学生"。真正的教育存在于人与人心灵距离最短的时刻，存在于无言的感动之中。要抓住学生的心灵，思想政治理论课教师必须要对自己所讲授的内容真信、真懂、真用，做到为人师表，热爱和尊重学生，以人格教育人格，以性情培养性情，以心灵感动心灵。这是实施以学生为本的思想政治教育教学创新的核心和精髓。

当代大学生都出生在改革开放以后的年代里，他们的成长伴随着中国经济社会的巨大发展，承受着社会发展变革带来的巨大冲击。特别是处于经济全球化、政治多极化、信息网络化、文化多元化这一时代大背景下的当代中国，经济体制深刻变革，社会结构深刻变动，利益格局深刻调整，思想观念深刻变化。与之相伴，利益多元化、思想多样化，各种社会思潮涌动，各种文化相互碰撞、激荡、交融。原有的价值理念和道德标准受到了严峻挑战。人们的思想观念、价值取向、社会交往、生活方式都发生了深刻的变化，纷繁复杂的社会现象和问题会使大学生产生许多新的认识问题和思想困惑。面对复杂多变的社会问题，部分大学生疑惑不知所措，困扰不知所解，茫然不知所选，迷途不知所向。

因此，思想政治理论课教学如何以更加贴近大学生的精神成长需要，更好地展示理论的现实力量，将改革开放和科学发展的理论内涵、思想魅力和实践展开引入教学过程中，以更加客观地传递事实逻辑的方式和内涵进行思想政治理论课教学，即如何把思想政治理论课的课堂伸向蓬勃开展的经济社会实践，加强当代大学生与广阔社会天地之间的联系，不断创新讲述方式和价值传递方式，而不是枯燥无味地照本宣科，这是思想政治理论课教学方法创新的迫切要求和重要环节。

始终坚持"以学生为本"的教学理念是教育发展的本质要求。在这日新月异的时代里，对于走在时代前沿的当代大学生来说，他们对事物会有不同的认识和看法，由于大学生的情绪波动易受环境因素的影响，其性格尚未稳定和完善，存在盲从、自卑、傲气和依赖心理，致使在思想政治教育工作中出现诸多障碍。如果思想政治教育工作依然采用传统的单向传授法，而忽视师生间情感互动交流的教育方法，则明显不利于当代大学生的心理健康发展。所以说，坚持"以学生为本"是思想政治教育能否顺利发展的前提和基础，应把大学生的核心作用和个性差异两者相互结合起来，全面提高大学生的综合素质。大学生思想政治教育方法创新工作，应坚持以学生为主体，不仅需要依赖心灵沟通法，还需要逐步引导大学生进行自我教育和自我管理，运用自我督促法，提高大学生的学习主动性和创造性，将教育理念和教育实践经验贯穿于思想政治教育方法创新工作的始终，实现大学生自我教育，全面提高大学生综合能力素质，使思想政治教育方法创新工作得到改善和提高。

三、马克思主义人本理论

思想政治理论教育课对于高校学生的思想政治教育起着重要的指导作用，也可以全面提高学生的基本素质，培养新时代学生的创新性思维。思想政治理论课立体化教学模式基本架构按照教学内容、方式和教学场所的不同，可以分为课堂理论教学、实验教学、实践教学和网络教学。其中课堂理论教学主要任务是对大学生进行系统地马克思主义基本知识、理论、原理和思想品德基本知识、规范等教育，使大学生掌握马克思主义基本观点和基本方法。理论教学侧重于知识性、理论性、系统性和逻辑性。学校的思想政治理论课教学，是大学生意识形态教育的主渠道，对大学生的发展起到重要的指导作用。理论课程对于学生来说是知识的传授、信念的确立和行动的先导。而理论教学法是教育先驱对学生进行思想政治教育的重要内容之一，课堂理论教学法对提高学生身心健康起着重要作用，在大学生和教师中已经得到普遍认可和接受。

思想政治理论，通过系统地阐述马克思主义关于人类社会发展客观规律的真理性认识，帮助大学生掌握改造主客观世界的思想武器，有效地满足了大学生全面发展的需求，一旦为大学生所真正认可并系统掌握，使大学生思想上得到理论的武装，就可以直接转化为一种建设中国特色社会主义事业的强大物质力量。思想政治理论课的主渠道作用主要是通过提升课程质量来实现的。因此，思想政治教育的主渠道作用只能是在保证一定课时量的基础上，通过提升课程质量来实现。①要通过不断提升思想政治理论课内容的质量，改善思想政治理论课的教学方法，来提升思想政治理论课本身的质量，以发挥更好的思想政治教育影响。②要提升思想政治理论课对高校各门课程的渗透力和控制力，通过把思想政治理论课贯穿于整个教育系统，从而把思想政治教育的影响在专业学习过程中体现出来。只有不断把思想政治理论课的质量提升到一个个新的层次，思想政治理论课的主渠道作用才能充分实现。

实践教学则主要是指导和帮助大学生运用马克思主义理论的立场、观点、原理分析和解决问题，突出大学生主体在教学活动的参与性、自主性、能动性和创造性，教学内容更具有针对性、直观性、现实性和形象性。教学手段与方法更具有多样性和生动性，教学效果较课堂理论教学要好。在高校思想政治理论课教育教学中，实践教学法有着理论教育不可替代的作用。加强高校实践育人工作，是全面落实党的教育方针，把社会主义核心价值体系贯穿于国民教育全过程，深入实施素质教育，大力提高高等教育质量的必然要求。党和国家历来高度重视实践育人工作，坚持教育与生产动和社会实践相结合，是党的教育方针的重要内容，坚持理论学习、创新思维与社会实践相统一，坚持向实践学习、向人民群众学习，是大学生成长成才的必由之路。进一步加强高校实践育人工作，对于不断增强学生服务国家、服务人民的社会责任感、勇于探索的创新精神、善于解决问题的实践能力，具有不可替代的重要作用；对于坚定学生在中国共产党领导下，走中国特色社会主义道路，为实现中华民族伟大复兴而奋斗，自觉成为中国特色社会主义合格建设者和可靠接班人，具有极其重要的意义；对于深化教育教学改革、提高人才培养质量，服务于加快转变经济发展方式、建设创新型国家和人力资源强国，具有重要而深远的意义。在高校思想政治理论课实践环节的教育教学中，实践教学、军事训练、社会实践活动是实践育人的三种主要形式。

（一）强化实践教学

实践教学是学校教学工作的重要组成部分，是深化课堂教学的重要环节，是学生获取、掌握知识的重要途径。思想政治理论课所有课程都要加强实践环节。要把实践育人纳入学校教学计划，系统设计实践育人教育教学体系，加强实践教学管理，提高实验、实习、实践和毕业设计（论文）质量。确保实践育人工作全面开展。要深化实践教学方法改革，重点推行基于问题、基于项目、基于案例的教学方法和学习方法，加强综合性实践科目设计和应用，加强大学生创新创业教育。

（二）组织军事训练

通过开展军事训练和国际形势教育、国防教育，使学生掌握基本军事技能和军事理论，增强国防观念、国家安全意识，弘扬爱国主义、集体主义和革命英雄主义精神，培养艰苦奋斗、吃苦耐劳的作风。

（三）开展社会实践

社会实践活动是实践育人的有效载体。社会实践活动的形式主要有社会调查、生产劳动、志愿服务、公益活动、科技发明和勤工助学等。要倡导和支持学生参加生产劳动、志愿服务和公益活动，鼓励学生在完成学业的同时参加勤工助学，支持学生开展科技发明活动。要抓住重大活动、重大事件、重要节庆日等契机和暑假、寒假时期，紧密围绕一个主题、集中一个时段，广泛开展特色鲜明的主题实践活动。

在高校思想政治理论课实践环节的教育教学中，实践育人特别是实践教学依然是高校人才培养中的薄弱环节，与培养拔尖创新人才的要求还有差距。要切实改变重理论轻实践、重知识传授轻能力培养的观念，注重学思结合，注重知行统一，注重因材施教，以强化实践教学有关要求为重点，以创新实践育人方法途径为基础，以加强实践育人基地建设为依托，以加大实践育人经费投入为保障，积极调动整合社会各方面资源，形成实践育人合力，着力构建长效机制，推动高校实践育人工作取得新成效、开创新局面。

高校思想政治理论课教师在运用实践教育法的过程中，一定要以正确的思想理论指导实践，不应盲目行事和搞形式主义，实践教育的形式既要丰富多彩、引人参与，又要因地制宜、讲求实效，如学校中常用的社会调查、公益活动、勤工俭学、咨询服务、教学实习等都是有效的实践教育方式，在实践教育中使理论与实际相结合，思想政治理论课教学内容与社会实践有机结合起来。中国大学思想政治教育重视现代教育技术手段对思想政治等多种教育方法的补充与完善，以提高各种教育方法的有效性。随着中国现代教育技术的不断进步与发展，以多媒体技术为核心的多种计算机网络技术应用成为大学思想政治教育采用的重要方法与手段，并逐渐形成了一套较为完善的方法论体系。

高校思想政治教育采用的以计算机多媒体技术为核心的现代教育技术方法，主要在于通过对思想政治教育各种资源的有效开发、设计、运用以及管理等方式，将教师"传授"与学生"接受"的教育过程，以思想政治教育效果最优化的方式得以实现。这种教育方法，有利于为学生创造一个图文并茂的真实学习氛围与环境，将理论性与知识性较强的思想政治理论课变得更加生动活泼、具体真实等，从而激发学生的学习兴趣与求知欲望，增强学生学习的主动性与自觉性，对于创造性思维以及自主学习能力的形成与培养都具有重要意义。可见，现代教育技术方法在大学思想政治教育过程中的具体应用，不仅使思想政治教育内容更加多元化与丰富化，同时也为学生接受教育内容，形成马克思主义的世界观、认识观、价值观，坚定社会主义理想信念，践行社会主义核心价值体系，形成社会主义完美人格创造了方法论基础。另外，以多媒体网络技术为核心的教育方法，与灌输式教育方法以及教师主导和学生主体式教育方法共同作用，形成中国大学思想政治教育方法论体系应有的合力。

第二节　高校思想政治教育立体化模式的构建

经济市场化、政治民主化、文化多元化、世界全球化和虚拟化、人的诉求多样化之间铰链式的互动过程中所出现的新问题、新矛盾，构成了我国思想政治教育新的时空境遇，并对我国思想政治教育发展形成新的环境压力，在丰富学科理论体系内容的同时，又在不断地提出新的问题，凸显新的矛盾，在这种对立统一的矛盾运动中，思想政治教育方法得以创立和不断发展。改革开放以来，我国实现了由计划经济向市场经济的经济转型，由农业社会向工业和服务业为主导的城市社会和知识社会的社会转型，由中央集权政治体制向社会主义民主政治体制的转变，由封闭、半封闭逐渐向全面开放的开放型社会转变。

一、构建条件

（一）现代信息技术的发展成果

现代信息技术的发展成果不仅使现代思想政治教育可以利用高科技成果营造浓厚的教育氛围，以含科技文化成果为载体进行思想政治教育，而且更突出地体现在可以通过高科技产品提供先进的教育手段和运用良好的教育方法进行思想政治教育。例如，我们可以利用信息技术和计算机网络技术与设备建立全社会或某一系统的思想政治教育与管理模型。这样既可以促进思想政治教育的规范化与科学化，又便于从事思想政治教育的领导和管理部门及时了解情况，为决策提供依据。

随着信息时代的到来，特别是网络技术的迅猛发展，整个社会已逐渐走进信息社会的新时代，人们的生产、生活和思维方式在新时代下自觉或不自觉地变化着：思想政治教育作为理论性和实践性兼具的认知活动和实践活动，信息时代下信息技术的发展尤其是多媒体技术的发展，给思想政治教育领域带来了巨大变革，用颠覆性形容这种变革也不为过。一方面需要思想政治教育与时俱进，转变教育方法、充实教育内容，另一方面媒体的发展拓宽了人类生活空间和交往范围，提供了新的教育手段和技术，从而改变着人们的学习方式，为思想政治教育的发展提供新手段。尽管多媒体技术的发展带给人类的影响也有消极方面的，但现代人已经不能离开多媒体技术而存在，其带给人积极的影响是主要方面，在思想政治教育领域也不例外。

网络在中国以快速发展的趋势普及开来，网络领域信息、知识的极度丰富和迅速更新为思想政治教育提供广阔平台，这主要表现在：①新媒体依托计算机网络技术、数字技术和移动通信设备技术等形成了便于传播和交流的工具，教育者可以最大限度利用这一传播优势，主动地、大规模地、长期地向教育对象宣传和教育，即使起不到及时的作用，教育对象也能在经常的"被灌输"中不自觉地接受"鼓动"。②教育对象能够通过媒体这一媒介和教育者进行平等沟通，减少双方之间因地位的"不平等"而产生的隔阂，以加强教育双方之间的有效交流，这是传统教育活动中师生严格界限和地位等级森严下无法实现的。③鉴于多媒体的灵活性，教育教学活动不再仅限于教室、讲台、粉笔和一张嘴，而是能够更多地利用微博、微信、论坛、博客等新兴手段通过形象生动的语言、文字、图片来实现，增加了教育的趣味性和时代感，而且时间、地点不再被限制，可以在不同时空进行互动，将传统教育中限制双方交流的条件降到最低，较大程度上提高了思想政治教育的效率。在思想政治教育实践尤其是思想政治教育理论课中引用多媒体辅助技术，按照人们的多媒体学习特点、规律与技术来组织多媒体教育的方法与技术，可与讲授等传统语言教育教学方式一样通过词语和画面"两种通道"呈现同类材料，加强思想道德的教学与学习。

（二）现代思想政治教育学及相关学科的理论智慧

思想政治教育方法理论有广泛丰富的实践基础和浓厚坚实的理论渊源，是以马克思主义为理论基础，揭示思想政治教育领域特有规律而形成的科学体系。它是一门综合性、应用性、时代性很强的学科。其学科理论体系必然要随着思想政治教育实践的发展和基本范畴内容的精确、丰富而不断完善。随着思想政治教育学范畴的不断充实更新，其体系不仅能充分反映科学发展的新成果和思想政治教育的新理念，而且具有适应时代发展、能够容纳今后科学发展和思想政治教育新理念的开放性构架。

在理论上，现代思想政治教育学通过加强学科理论体系和分支学科的研究，对各领域的历史成果和新成果进一步提炼，从而不断丰富、充实和完善其范畴体系。与此同时，与思想政治教育学相关的学科和交叉学科的发展，也促进了思想政治教育学的发展；从人学、社会学、文化学等学科视角开展思想政治教育研究，也取得了可喜的成果，展现了勃勃生机。现代思想政治教育学在学科体系上的完善与发展，与相关学科的交叉融合，不仅在理论上为思想政治教育方法的发展提供了理论支持，而且在研究方法和工作方法上也为思想政治教育方法的创新提供了借鉴。

任何学科都不是孤立的，总是或多或少与相关学科联系或交叉，需要及时借鉴和吸收其他学科的成果，思想政治教育作为一门研究"人"的学科，是一门与多个相关学科联系密切的综合性学科，借鉴、吸收其他学科理论与方法、研究成果是丰富和完善思想政治教育方法的重要途径，从而带动其方法论的更新，例如在系统论中，以系统为研究对象，在其基本方法中，要求从整体出发，多层面、多角度思考问题，这对我们从思想政治教育系统与外部环境、思想政治教育系统内部各要素相互关系中，去揭示和研究整个系统的运行状况，实现教育最佳效果，提供了方法论基础。现代思想政治教育学在其学科体系上的完善与发展加上与其他学科的交叉融合,不仅在理论上为高校主导性思想政治教育方法的发展优化提供理论支持,而且在具体方式方法运用上提供创新和优化的思路。高校主导性思想政治教育方法受到思想政治教育方法理论发展的影响。借鉴相关学科的方法谋求大学生思想政治教育方法创新具有重要意义,它不仅符合一般学科发展的共识,同时也是历史维度的证实、学科特性的要求和现实层面的呼唤。

在多元文化背景下,大学生思想政治教育的复杂性逐渐提高,迫使思想政治教育不能再局限于两三门学科之间,而是需要更多的交叉学科参与进来。大学生思想政治教育方法要想有所改进和创新,不仅要坚持马克思主义基本理论,也要借鉴吸取其他相关学科的知识和方法,因为通过借鉴其他学科的方法,可以找出它们之间的共同点和不同点,力求找出好的方法为"我"所用,这对于大学生思想政治教育方法创新具有重要的现实意义与理论价值。借鉴相关交叉学科的方法推动大学生思想政治教育方法的创新,一般而言就是通过观察、分析和比较,来汲取相关学科中的好方法和新方法,使传统的单一的、古板的灌输式思想政治教育方法逐渐转变为立体动态的教育方法,以此来不断丰富大学生思想政治教育方法体系。因此,大学生思想政治教育工作者应积极研究和借鉴多学科理论和方法,把交叉学科中新的研究视角、新的研究成果、解决问题的手段和新的研究方法有机地整合在一起,拓展大学生思想政治教育方法创新的研究视野。

(三) 思想政治教育工作者队伍建设的现实成效

改革开放以来,高校思想政治理论课教师队伍建设是在曲折探索中不断向前发展的,既取得了突出成就,又存在一些主要问题,需要全面地、辩证地加以总结,开创高校思想政治理论课教师队伍建设的新局面。改革开放以来,高校思想政治理论课教师队伍建设的突出成就,为促进高校思想政治理论课程改革、加强大学生思想政治教育提供了可靠的组织保证。党中央采取了一系列措施和政策来加强高校思想政治理论课教师队伍建设,取得了突出的成绩,主要表现在以下几个方面。

1. 明确了教师队伍的主要职能

思想政治理论课教师队伍的职能,就是指思想政治理论课教师队伍的职责和功能。明确其职能,对于发挥思想政治理论课教师队伍的作用和加强其建设,具有重要的意义。改革开放以来,党中央把明确教师职能作为加强"教师队伍建设"的基本前来关注。马列主义教师的主要职责,是从事教学和科研",强调"教师应努力提高自己的理论水平,发扬党的优良传统和作风,成为学生的表率。教师队伍的职能得到进一步明确。突出强调马列主义课教师,应该解放思想,实事求是,努力进行四项基本原则教育,宣传党的路线、方针和政策,培养学生的无产阶级世界观和共产主义道德。政治理论教师既是马克思主义理论的宣传者,又是思想政治工作者,真正做到既教书又育人。要求在教学中,不仅要传授知识,而且要以自己对共产主义事业、对马克思主义真理的坚强信念感染和教育学生,关心并帮助学生在思想上、政治上健康成长。要努力克服脱离实际、脱离时代的弊病,坚持理论联系实际的方针,积极地投入教学改革。教师队伍的职能明确后,广大思想政治理论课教师在实践中不断加强思想道德修养,完善知识结构,提高教学能力和科研能力,以更好地担负起自己的职责,涌现出了不少令人感动的先进事迹。

2. 提高了教师队伍的整体素质

自从改革开放以来，党中央非常重视这支队伍整体素质的提高，并把它作为加强教师队伍建设的一个重要内容来抓，各级教育部门和高等院校不断加强对教师的马克思主义理论教育，从整体上提高教师的马克思主义理论素养，针对教师"年龄老化、后继无人、知识水平不适应"的实际状况，通过"在职进修和短期脱产培训"等方式，扩大教师的知识面。各级教育部门和高等学校为马克思主义理论课教师积极开展科学研究创造良好的环境和条件，大力提倡严谨的科学态度、勇于创新的精神和理论联系实际的学风，充分调动马克思主义理论课教师从事科研的积极性，提高教师的科学研究能力。通过研修，提高了思想理论水平，交流了各高校加强思想政治理论课教学单位建设的经验和做法，进一步掌握了教学方法。

3. 教师队伍建设是各项政策的重要保障

思想政治理论课教师队伍建设而言，在历次的思想政治理论课程改革过程中，都把制定和落实教师队伍的各项政策摆在突出的位置。教育部提出要切实改善思想政治理论课教师的政治待遇、学习条件和工作条件，恢复理论课教师的业务职称，加强教师的培养和进修。要制定思想政治理论课教师的进修计划和专业技术职务评定考察的内容，解决教师的科研经费，逐步建立马克思主义理论课新师资培养基地，切实解决教师的编制，抓紧中青年骨干教师部门负责人的培养。要建立和完善思想政治理论课教师队伍培训体系，采取脱产进修、攻读学位、名师指导、社会考察、国内外学术交流等措施，加强学术带头人和骨干教师培养。不断完善教师队伍建设的考核评价体系和教师职务评聘体系、教师表彰奖励机制。在党中央的统一要求下，各级教育部门和高校纷纷制定了加强思想政治理论课教师队伍建设的实施意见和各项政策。

4. 提供队伍建设支撑

马克思主义理论学科建设为加强思想政治理论课教师队伍建设提供了很好的学科支撑。根据马克思主义理论学科的性质、特点和要求，进一步凝练学科方向，为马克思主义理论研究和思想政治理论课教育教学培养高水平的人才，这是加强马克思主义理论学科建设的应有之义。党中央历来高度重视马克思主义理论学科建设，中共中央宣传部、教育部强调要设立马克思主义一级学科，开展马克思主义理论体系研究。在此精神指导下，中宣部、国务院学位委员会、教育部抓紧了开展设立马克思主义一级学科的论证工作，在全国建立了马克思主义理论一级学科及所属二级学科，积极开展马克思主义理论体系研究，马克思主义发展史、马克思主义中国化、中国近现代史、思想政治教育研究。马克思主义理论一级学科设立后，各高校大力加强马克思主义理论学科建设，注意从研究方向、课程设置、实践教学、培养方式以及专业培训等多方面培养思想政治理论课教师，不仅提高了现有思想政治理论课教师的综合素质，而且培养了新的师资以补充思想政治理论课教师队伍。

5. 加强了队伍建设的宏观指导

加强思想政治理论课教师队伍建设的宏观指导是促进教师队伍建设沿着正确的方向发展的重要保证，在我国经济体制深刻变革、社会结构深刻变动、利益格局深刻调整、思想观念深刻变化的今天，切实加强党中央和各级教育部门对思想政治理论课教师队伍建设的宏观指导，对于思想政治理论课教师队伍建设拓展新的思路、提供新的举措、指明新的方向，具有更为重要的意义。

改革开放以来，党中央高度重视思想政治理论课教师队伍建设的宏观指导，就"教师队伍建设"的各个方面都提出了建设性意见，主要反映在中央历次下发的关于"加强大学生思想政治教育"和"改革思想政治理论课程"的文件中。从教师队伍建设的重要性、紧迫性和总体要求、科研组织建设、教师的选聘配备、教师队伍的培养培训、学科建设、教师队伍建设政策和制度保障等方面对加强和改进教师队伍建设进行了明确的规定，是指导思想政治理论课教师队伍建设的纲领性文件。在中央的要求和指导下，各级教育部门和高等学校也积极采取有效措施，纷纷制定教师队伍建设的整体规划。

二、构建原则

（一）目的性原则

目的性原则是思想政治教育目的的要求，也是思想政治教育基本规律的具体体现。目的性原则就是要求思想政治理论教育立体化教学模式为实现思想政治教育根本目的服务。因此，思想政治理论教育立体化教学新模式要明确思想政治教育的根本目的，处理好思想政治教育课堂理论教学、实验教学、实践教学和网络教学之间的关系，实现各教学协调统一，共同为思想政治教育总目标服务。

思想政治教育为什么存在和发展，也就是思想政治教育的目的是什么，是说明思想政治教育存在的必要性的重要因素，更是规定思想政治教育目的的首要条件。"培养阶级或阶级社会需要的人才"作为思想政治教育的目的是可取的，我们从几个方面对这个目的进行分解，即思想政治教育的目的性主要体现在：①思想政治教育为阶级、政党的统治服务的目的。②为社会稳定和发展服务的目的。③为了人的完善和发展服务的目的。从这三个层面全面认识思想政治教育的目的，有助于对思想政治教育目的形成正确的认识。

思想政治教育并不是人类社会先天就有的，而是伴随着阶级和国家的产生而产生。思想政治教育作为一种实践活动贯穿于阶级社会的全部历史，虽然在不同的历史时期、不同的地域，思想政治教育存在的样态不同，但其主要代表的是统治阶级的利益，并且由统治阶级组织实施，是统治阶级维护其统治的最得力的工具。思想政治教育不仅承载着意识形态，更重要的是把意识形态传播出去，从而对社会成员的思想观念等方面产生实质性的影响。思想政治教育在传播意识形态方面有自己独特的优势，思想政治教育具有亲民性。思想政治教育并不是以上传下达的指令形式存在的，而是渗透于各阶层民众之中，结合民众具体的生活实际进行实践活动，接近群众、服务群众，必然得到群众的广泛支持。思想政治教育具有广泛性。思想政治教育普遍存在于人们生活的各个领域，学校、社区、军队、农村、企业等，它存在的广泛性同时决定了思想政治教育影响范围的广泛，影响作用的巨大。它的方法具有多样性，思想政治教育并不是简单地宣读政治指令和相关文件，而是以多彩的形式开展的，其中举办研讨会、组织参观纪念馆，开展文娱演出甚至播放具有教育意义的影片，都能够成为其教育的有效形式。由于思想政治教育的亲民性、广泛性以及存在形式的多样性等特点，思想政治教育无疑是传播意识形态最有效的手段。

社会的稳定关系着社会存在和发展的大局，维护社会稳定的途径有很多种，思想政治教育属于其中既主要又关键的部分。阶级社会，虽然以阶级对立和斗争为最明显的标准，但除却阶级斗争之外，社会各阶级之间，社会成员之间都存在着联系，在很多方面更存在着共同的利益。这些联系和共同的利益将各种不同的力量整合于社会这个大家庭中，这些不同的力量能否在社会中发挥各自的作用并且做到和谐共处，是决定社会稳定和动荡的关键。同时社会的稳定又是统治阶级实现政治统治的前提和人们安居乐业的保证，因此只有发挥国家的社会职能，保障不同群体的利益，才能够维系社会的稳定。要充分发挥国家的社会职能，实现不同社会成员对社会的认同，首要工作就是教导社会成员掌握社会共同的价值观念，遵守社会的制度和规范，思想政治教育是完成这项任务最有效的途径，它在对人们传授知识的同时，也将社会的规则和主流价值传递到了人们心中，使人们能够做到遵守社会规范，严格要求自己，维护社会整体的稳定和发展。

社会的稳定和发展都离不开社会管理，社会的稳定和发展又能推动社会管理的实现。谈到社会管理，事实上，更多的是对社会中的人的管理。对社会中的人的管理，最重要的一个方面就是对社会中人的思想的管理。思想政治教育对人们的思想进行管理主要是通过帮助人们实现政治社会化，提升人们的精神境界，为人们提供榜样模范，激励人们不断进取和奋斗实现的。思想政治教育就是通过对人们思想的管理来帮助实现社会管理的。思想政治教育通过影响人们的思想，从而规范人们的行为，实现对人的思想和行为的管理，由于社会是由个体的人组成的，所以，思想政治教育间接地实现了对社会的管理，这不仅帮助人们不断地发展和完善自身，同时也激发了他们为整个社会服务的潜能，为社会的健康发展提供了坚实的保障。总之，思想政治教育在社会发展的层面上始终发挥着重要的作用，是保证社会稳定，推动社会发展和实现社会管理的重要力量，这也是我们从社会的维度对思想政治教育目的的第二层解读。

普通民众的思想状况和政治社会化程度直接决定着整个社会的思想道德发展水平，影响着国家的稳定和发展，从而直接关系着统治阶级利益的实现。因此，思想政治教育要实现的最基础的目标就是培养合格的社会公民，即通过一定的方式将社会的主流理念传授给社会成员，以使他们认同并接受统治阶级所确认的思想、意识、价值、观念、规范、行为方式等内容，并乐意承担一定的社会责任和义务，从而接受和维护统治阶级的统治。同时，思想政治教育在为统治阶级培养合格的社会公民的过程，也是帮助人们不断地实现政治社会化的过程。在阶级社会中，人要生存和发展都必须经历政治社会化，接受社会主流的价值理念和制度规范，支持现行的法律制度和行政制度，并且参与到政治生活之中，帮助社会维护稳定的秩序。政治社会化是人们在阶级社会中生存的保证、发展的前提，也是培养合格的社会公民的重要途径。

思想政治教育对统治阶级的接班人的培育，首先是社会所需要的人才，最基本的是思想观念、政治观点、道德品质符合社会的要求，除此之外，对他们的要求绝不是"接受或不反对统治阶级的统治"，而是在阶级统治的过程中发挥巨大的能动作用。他们首先不仅要接受思想政治教育，而且要在内心上对阶级的统治达到认同的程度；不仅要赞成和支持统治阶级的思想观念，更要投入到宣传和普及这些观念的行动之中；不仅要将统治阶级统治中的优点发扬光大，同时也要保持警醒，对于存在的缺点和弊端及时的发现和纠正；不仅是要不断学习已有的经验，还要在实践中不断地发展和创新。只有这样才符合统治阶级接班人的合格标准，这也是思想政治教育为统治阶级服务的另一个重要表现。

思想政治理论课教学方法的创新就是要研究如何通过对大学生进行健康向上的兴趣、情感、意志等方面的教育，引导学生去追求一种理想的精神境界和行为方式，进而形成更高层次的思想品德、价值观念和积极作为的人格特征，引导其个性充分和谐的发展。众所周知，对大学生开设思想政治理论课程的目的和任务是要紧扣大学生成长中遇到的问题，有针对性地开展马克思主义世界观、人生观、价值观和法制观的教育，引导大学生树立远大理想，陶冶高尚情操，认同并遵循体现中华民族传统和时代精神的核心价值标准与行为规范，养成良好的思想道德素质和行为规范，增强社会主义法制观念，做"有理想、有道德、有文化、有纪律"的社会主义建设者和接班人。可见，思想政治理论课的任务和内容具有政治性和导向性的特点。思想政治理论课的教学目的和教学内容内在地决定了思想政治理论课教学要将世界观、人生观、价值观、法制观问题始终潜移默化地渗透在教学的全过程，努力达到论理而不说教和润物细无声的教育效果。而思想政治理论课程教学方法的改革和创新就必须服从和服务于这一教育教学目的和内容。

（二）主体性原则

主体性原则就是要求思想政治教育立体化教学模式充分体现出学生主体性的原则。立体化教学模式的出发点和归宿就是要求从教材、教学内容的选择到教学方法、教学手段、教学评价的运用都要体现学生的自主性、参与性、选择性，体现以人为本、以学生为主体的教学观。要求教学内容在选择和使用上要符合思想政治理论课教学目的、教学大纲和素质要求，要有利于大学生主体性的发挥。教学方法和手段上，要注重发挥学生的积极性，激发学生参与教学活动。教学评价上，要采用有利于学生自主学习的评价方法。

思想政治教育工作，实质上就是以人为工作对象，做人的思想转化工作。思想政治教育是思想政治教育者帮助思想政治教育对象提高思想道德素质的过程，是将一个不适应或不完全适应社会发展需要的人，培养成为能够适应一定社会发展需要的合格社会成员的过程。以人为本，就是要重视人的价值，肯定人的作用，承认人的力量和能动性，以人为根本。主体性思想政治教育模式坚持以人为本原则，就是要把以有利于学生全面发展作为最根本的标准，它是指在思想政治教育活动中，坚持一切从人出发，尊重人、理解人、关心人，充分调动和激发教育对象的积极性和创造性，以达到人的全面发展为目的的观念。以人为本，要求在思想政治教育出发点上尊重教育者和教育对象的主体地位，了解学生特点和学生需要，从学生的内在需要出发，帮助学生形成正确的需要层次和需要结构；在思想政治教育目标上不仅仅考虑社会规范和要求，更要突出培养学生全面发展、培养学生主体性的要求；在思想政治教育方法上实现由外部灌输向注重学生自我实践体验的转化；在师生关系上实现主客对立向师生互动的转变等等。"为了一切学生，为了学生的一切，一切为了学生"，正是以人为本思想在高校主体性思想政治教育模式的体现。

高校思想政治教育要想真正富有成效，就必须坚持以人为本，从学生需要出发，把学生的需要作为工作的出发点和归宿，尊重、研究、满足学生的主体需要，从而使学生的主体需要更好地发挥对行为的驱动作用，以增强高校思想政治教育的有效性。如果思想政治教育者不考虑学生的主体需要，一味地凭自己的主观意愿进行机械地灌输，那么，这种在没有学生认同的情感基础上的教育，是不可能收到良好效果的。大学生的主体需要是丰富而又具体的，主要包括学习需要、生活需要、情感需要、发展需要、就业需要等。同时，不同层次的人有不同层次的需要，一个人不同时期的需要的重点不同，即主要需要不同。

在思想政治教育立体化模式构建中以充分发挥大学生的主体性为根本导向。大学生思想政治教育既是教育者施教的过程，也是大学生接受教育和进行自我教育的过程，教育者教育作用的发挥，与大学生自身的主观努力是分不开的。所以，教育者选择和运用思想政治教育方法时，要把大学生的因素考虑进去，把其当作思想政治教育的主体因素对待，而不把其视为单纯的被动接受客体。其一，要认同和尊重大学生的主体地位。这要求教育者在选用思想政治教育方法时，应根据大学生的实际情况有针对性地选取合适的方法，立足大学生实际情况决定所采用的方法。此外在方法运用过程中，还应根据大学生的情况随时进行必要的调整调节。其二，要对大学生的主体意识予以重视并善于激发。主体意识是人对自身主体的地位、能力和价值的认识，实践活动中人的主体意识越强，越容易自觉地发挥能动性，践行大学生思想政治教育以人为本的方法理念，就应该在方法的运用过程中创设良好的情境和条件，促使大学生主体意识充分发挥作用；最后，还要关注和发挥大学生的主体能力。教育者要充分关注和发挥大学生的主体能力，这也是教育方法取得有效性的重要保障。教育者在教育方法的选择和运用中，要从大学生的实际情况出发，以充分发挥他们的主体性为根本导向，尊重他们的主体地位，有针对性地立足其实际情况决定所采用的方法。此外在方法运用过程中，还应根据大学生的情况随时进行必要的调整调节，并努力创设良好的情境和条件，促使大学生的主体意识充分发挥作用，这是当前大学生思想政治教育践行以人为本方法理念的基本要求之一。

以促进大学生的自由全面发展为归宿。人是教育的基础，也是教育的根本，教育的本质就是育人，人既是教育的出发点也是教育的归宿。思想政治教育贯穿于人的自由而全面发展整个过程的始终，而人的自由全面发展是其必然的归宿和终极目的。因此，思想政治教育成为促进大学生全面发展的重要途径。促进大学生的自由全面发展是思想政治教育的最高目的，而作为有目的地培养大学生思想道德素质的社会活动，在其教育方法的制定、选择和运用的过程中，应当立足实际，以学生为本、培养全面发展的人，关注时代对人才的需要，以广大学生的成长成才作为出发点和归宿，以实现大学生的全面发展为目标。在价值取向上实现思想政治教育的社会价值和个体价值的统一，使思想政治教育方法更能贴近大学生学习和生活的实际。具体落实到大学生的自由全面发展主要表现在两个方面：

第一，大学生有实现或满足自身自由发展的需要；由于每个大学生各自的具体状况不同，就决定了各自的个体需要都会不尽相同，只有充分肯定大学生个体需要的多样性，并在教育中不断地对其加以满足，才能促进大学生的全面发展。

第二，自由全面发展体现为大学生的各方面能力都能得到自由的拓展；大学生自身的能力是需要不断教育和培养的，大学生在校期间努力实现全面发展的一项重要内容就是其能力的不断开拓和发展。因此，从教育本质和时代特征方面出发，大学生思想政治教育对其教育方法提出的根本要求，就是关注、培养和实现大学生的全面发展。

此外，大学生思想政治教育方法要遵循人性化原则，凸显人文色彩。这主要是指在思想政治教育过程中，通过将大学生的自然属性和社会属性、共性和个性、理性和非理性的因素辩证统一的理解来实现和体现人文关怀。大学生既是教育的对象，也是教育者工作应该关怀的对象，教育者既需要对大学生从思想、政治、道德等方面加以提高，也需要从现实需要、物质利益、心理需求等方面充分关怀，突出大学生自然属性和社会属性的统一，体现人文关怀。尽管大学生思想政治教育的目标和要求在教育实践中是一致的，但由于每个人的个性特征不尽相同，因此在教育方法的选择上就要充分考虑每个人丰富的个性特征，要根据不同的个性特征选择不同的教育方法，做到共性和个性的统一。思想政治教育作为有目的、有计划的教育活动，往往会注意利用大学生的理性因素达到教育目的，积极发掘并利用非理性因素如大学生的情绪、情感因素等，也会取得意想不到的效果，这就是理性和非理性的统一。运用思想政治教育方法突出人文色彩，本质就是要通过关注大学生的精神生活，采用贴近生活和实际的教育方式方法开展教育，赋予大学生思想政治教育以人文关怀。

（三）实践性原则

思想政治教育立体化教学模式突出的特点就是实践性。所谓实践性，它主要区别于课堂理论教学，是利用课堂以外的时空组织的教学活动，教学方式、教学手段与课堂理论教学相比，主要采取参观、实地调研、现场参与、共同研讨等形式。内容形式上更加丰富、具体、感性，不再是强硬死板的概念、判断、推理等逻辑形式，而是活生生的事实、图像、景观和强烈的现场参与感，有利于巩固知识、理论、原理，促使感性认识上升到理性认识；在实践教学过程中，教学双方地位和角色关系较课堂教学更具有平等性、民主性、互动性，学生不再是处在被动的地位和角色，而是主动积极地参与教学活动，有利于激活学生的主体性，加快学生知与行的统一。

高校思想政治理论课作为高校教学体系中的一门基础学科，是高校马克思主义理论教育的主渠道、主阵地，其教学效果的好坏直接影响着当代大学生的世界观、人生观和价值观。为更好地促进高校思想政治理论课实践教学的实施，我们把思想政治理论课实践教学的内涵定义为：思想政治理论课实践教学是依据思想政治理论课教学目标，在理论教学的基础上，在教师的指导下组织和引导大学生亲身参与各种社会活动与调查研究，以在活动中获得思想道德方面的直接体验，深化理论认识，提高自身综合素质能力为目标的各种教学方式或环节的总和。对思想政治理论课实践教学的理解需要把握以下几点：

第一，思想政治理论课实践教学的目标是让学生将所学理论知识运用于日常生活，培养和提高其认识世界、改造世界、解决实际问题的能力，它与其他教学课程一样需要系统的规划。

第二，思想政治理论课实践教学的形式应该丰富多样，既可以在课堂上进行，也可以在课堂外进行，亦可在虚拟网络上进行，但必须与课程内容有关，丰富多样的教学形式的最终目的都是为了培养和提高学生的思想道德水平和动手创新能力，否则不能称之为思想政治理论课实践教学。

第三，思想政治理论课实践教学必须体现学生的主体性，即通过学生的主动参与使其主观能动性得到充分发挥。

思想政治理论课校园实践教学就是在高校思想政治理论课教育教学目标的指导和规范下，以校园环境为载体，以课外时间为活动时间，以学生的兴趣为纽带，由学生自主设计、策划、组织和开展的，在长期互动中形成的旨在促进学生社会化和全面发展的一系列活动和过程的总和。它是思想政治理论课实践教学体系的重要组成部分，是连接课堂实践教学与社会实践教学的重要纽带，能在较为广泛的空间层面上实现思想政治理论课教育教学相关理论和观点的具体展开。这种实践活动具有校园化、生活化、趣味化的主要特征，通过这些校园实践活动，大学生们既可以弥补课程学习过程中的不足，又可以在这些活动中培养互助、合作、协调、管理等良好的思想品德和作风，还为他们迈入社会、适应社会做好了准备。让大学生将所学理论知识与社会实际相结合，深入基层，通过自己亲身体验认识社会、锻炼能力、增长才干，从而树立正确的思想观念，提高自身的思想觉悟，增强服务与责任意识，培养创新精神和实践能力。它主要通过学生实地考察、参观访问、实证调查、志愿者服务等形式来实现。

把高校思想政治理论课实践教学具体划分为校园实践教学、社会实践教学以及虚拟实践教学，是基于大学生为同一实践主体，承担着受教育、长才干、做贡献的同一教学目标，以实践活动的场所、载体和环境为区分依据而进行的分类。这种分类能够大大拓展高校思想政治理论课实践教学的时间与空间范围，有利于高校教职员工更好地履行教育职责，有利于大学生全员全时、就近就便、可持续的参与社会实践，以便捷的方式争取社会各界对高校思想政治理论课实践教学的关心和支持，也更容易为高校学生思想政治工作者和大学生所理解、把握、操作和实施。

（四）系统性原则

系统性原则就是要求思想政治教育内容与教育方法的系统化结合以及教学方法本身的系统化构建。思想政治教育学界存在的不足之一在于孤立地研究思想政治教育方法和思想政治教育内容，既没有深入具体和针对性地分析思想政治教育方法和思想政治教育内容，也没有很好地将两者结合起来加以考察和研究。要知道只有当既有思想政治教育方法又有思想政治教育内容，而且思想政治教育形式和内容相互适应时，思想政治教育才会有效果。

思想政治教育内容适当是指时代性、对象性和政治性的有机统一。思想政治教育是党的工作的重要组成部分，为党的中心工作和中心任务服务。中国共产党在不同历史时期的中心工作和中心任务是不同的。所以，思想政治教育的内容就必须随着党的中心工作和中心任务的变化而变化。同时，确定思想政治教育内容也必须注意教育对象的差异性，做到有的放矢，有针对性地安排教育内容，先进性与广泛性的原则要求我们在思想政治教育过程中根据不同群体、不同层次的教育对象的不同特点和不同要求，区分教育内容的层次性。当前，思想政治教育工作中还必须强调政治性，因为总有人试图去掉思想政治教育中的"政治"二字，有意无意地轻视和忽视政治性，推崇普适性和一般性。须知，思想政治教育中的政治概念既有历史性，也有不变性。目前我们所讲的市场经济、和谐社会、现代化、物质文明、政治文明、精神文明、改革开放都有一个社会主义问题，即社会主义市场经济、社会主义和谐社会、社会主义现代化、社会主义物质文明、社会主义政治文明、社会主义精神文明、社会主义改革开放。

总之，思想政治教育要以中国特色社会主义理论体系为指导。思想政治教育方法适当是指时效性、对象性和生动性的有机统一。时效性就是要注意思想政治教育工作的时代背景、物质条件和科学技术的发展状况。思想政治教育方法必须随着时代的发展变化而变化，随着为之服务的中心工作和中心任务的变更而变更。思想政治教育方法的对象性是指思想政治教育必须考虑到教育对象的差异性，教育内容的不同，有针对性地开展教育活动。不同对象、不同内容当然要有不同的形式，相同对象、相同内容有时也要采取不同方式。思想政治教育形式的生动性就是指在思想政治教育工作中要通过丰富多彩、生动活泼、寓教于乐的教育活动，采用为教育对象喜闻乐见的教育方式。

思想政治教育方法和思想政治教育内容的两者协调是指教育内容和教育形式的同一性、兼容性、互补性。思想政治教育过程中时代（效）性、对象性必须同时兼顾，即思想政治教育方法和思想政治教育内容必须同时兼顾时代（效）性、对象性。不能为生动而生动，更不能为形式生动而丢失政治内容。思想政治教育的政治性并不表示僵化、古板、缺乏生气、活力，相反，越是深奥的道理、政治性越强的内容更需要有为广大人民群众所容易接受的形式，这样才能达到灌输的目的。

思想政治教育要取得预期效果，不是一件容易的事情。思想政治教育方法、内容与效果之间存在着诸多情况，会出现多种不同的结果，思想政治教育只有采取合适的形式，安排恰当的内容，并处理好形式、内容的辩证关系，才能取得实效。这一理论得到了历史和现实的印证。因此，广大思想政治教育理论研究者和实际工作者，在思想政治教育理论研究和实际工作中，必须关注思想政治教育形式、内容与效果之间的内在联系，需要处理好思想政治教育方法与内容的辩证关系，认真研究"四种情况"和"六种表现"，找到思想政治教育的最佳内容与形式以及最优组合，从根本上解决现实中出现的思想政治教育低效甚至无效问题，从而使思想政治教育获得最大效能，达到最佳效果。

所以，思想政治理论课的课程性质和教学内容内在地决定了思想政治理论课的教学方法具有不同于一般自然科学专业知识教育的功能和特点，后者所研究的是自然现象，本质上是实证科学，即它要回答的是自然界中的客观事物"是怎样的"。其教学方法注重的是对知识的认知和接受，它更多具有启迪智力的功能，而思想政治理论课教学着眼于启迪人的心灵世界，建构人的生活方式，从而实现人的人生价值。因此，思想政治理论课教学方法更多的是一种启迪心智和精神引领的功能。它不仅要求接受和理解，更注重力行、实践和内化。要使学生掌握的理论知识具有向实践迁移的价值。即其教学目标不仅要解决学生对社会道德基本要求和法律规范的知不知、懂不懂的问题，还要解决信不信、行不行的问题。

广义的立体化教学情境和交互式的教学活动，是指学校教学中一切相关事物的相互作用与影响，包括课内互动和课外互动，如备课活动互动；讲、评课互动、学生作业互动、测验互动、信息反馈互动等。狭义的立体化教学情境和交互式的教学活动，是指课内师生之间发生的各种形式、各种性质、各种程度的相互作用与影响，也即教师和学生这两类角色相互作用和影响的过程。立体化教学情境和交互式的教学活动是指在教学活动中，师生之间、学生之间借助沟通、交流、合作的方式，充分发挥双方的积极性、主动性，为课堂教学营造一个愉悦、真诚、和谐的多元互动环境，促使学生主动参与和全身心投入课堂学习，激发学生的学习热情，拓展学生学习思维方式，从而达到相互促进、有效完成教学任务的教学方法。立体化教学情境和交互式的教学活动既不同于传统的以教师为中心的"灌输"式教学法，也有别于放任学生自发学习的"放羊"式教学方法。它既要求教师关注学生的学习兴趣进行有针对性的教学，也要求学生在教师的精心指导下按教学计划的要求系统地学习立体化教学情境和交互式教学活动的基本特征有以下几个方面。

1. 教学形式的多样性

立体化教学情境和交互式的教学活动克服了以前课堂上只是教师一人在讲台上唱独角戏，所针对的是多媒体而非台下的学生群体，偶尔提几个问题，学生无应答，教师只好自问自答。在互动式教学中，教师除了对所授内容精讲外，应留出相当一部分时间组织学生进行案例分析、自主学习、抢答比赛、小组讨论、个人演讲、课堂辩论等活动，让课堂教学形式呈现多样化。

2. 教学内容的广泛性

立体化教学情境和交互式的教学活动不局限于课本内容的教学，教师可紧扣教学目标，依据教材内容的重点、难点，针对学生关注的社会热点、焦点问题进行教学。同时，教师还可让学生课前充分预习准备，通过收看电视、收听广播、借助电脑、手机参与网络互动，全方位、多途径地搜索查询与教学内容相关的知识，然后在课堂上充分表达自己的观点、想法，积极主动地与老师和同学交流、互动，从而弥补和充实书本上的知识，丰富和拓展教学内容。

3. 教学交流的多向性

立体化教学情境和交互式的教学活动通常采取专题讲授、案例分析、课堂讨论、社会实践等教学形式，促使以往的单向互动交流模式向师与生结合、生与生结合、生与媒体结合的多向交流模式转变，充分体现学生学习的自主性和灵活性。其中，师与生的互动交流，既可以减少学生学习理论知识的时间，又有利于促进师生教学相长。生与生的互动交流，既有助于取长补短，又能创设合作机会，增进学生之间的相互了解和团结互助。生与媒体的互动，既增加了学习的直观性，便于理解和记忆，又让学生从电脑、智能手机等高科技媒体上学到书本上没有的知识，有利于完善知识结构和扩大学习视野。

4. 教学情理的交融性

在互动式教学中，情感因素发挥积极的作用，课堂不仅是知识的传递过程，也是情感交融的过程。环境对情绪和情感有很直接的制约作用。思想政治课教学中，学生的情感活动是与环境条件密切相关的，思想政治课教学的内容，已经相当概念化和理论化，具有间接性、抽象性、辩证性和全面性的特点。学生由于年龄和阅历的关系，缺乏实际的社会生活经验，因此，在理解和掌握思想政治课的内容原则上会有很多的困难，如果教师再不注意适当的创设情境，情感教育就很难达到应有的效果，知识、理论的教学也容易流于形式和教条化，只有创设情境条件，让学生在实际或模拟的环境中去感受、体会所学的知识和内容，学生才可以真正理解理论所揭示的社会关系，并建立起相应的真实情感。教师注重以情动人，情境交融，通过设置一定的教学情境，把学生带入到特定的情境中，在引导学生学习知识的过程中，不断深化对理论知识的理解，增强综合素质，提高学生的自主学习能力、探索创新能力、社会实践能力、交流应变能力和明辨是非能力，让学生在积极的情感体验中不断面临新问题、新材料和新观点的刺激，从而使每一节课都有新收获、新感觉、新体验。

第三节　高校思想政治教育立体化模式的实践途径

思想政治教育理论教学和研究的实践导向和价值追求蕴含着对社会现实问题的不断追求，而真正的问题意识是前瞻性的，在对现实实践的考察中获得的。因此，思想政治教育理论的发展，正是在对现实问题的不断超越中开辟境界的。前瞻地解决问题，要求在解决问题的同时，使受教育者的思想认识超越现有水平。这自然要求具有前瞻性的理论来指导，从而洞见和昭示更为久远的未来，使思想政治教育实践更具预见性、科学性，思想政治教育理论研究应当通过螺旋式的发问和应答去反复追问带有普遍性、根本性的问题，在对现实问题的深刻思考中昭示未来。在高校思想政治教育中树立问题意识，建构基于问题意识的思想政治教育的学习模式，保障学习的实效。

一、社会服务学习模式

"服务学习"作为一种新型的学习模式近年来发展迅速，引起世界上一些国家和地区的广泛参与。志愿服务作为服务学习的主要形式之一，以在校大学生为参与主体，经过近几年的快速发展，已成为高校社会实践的一种重要形式，在高校思想政治教育开展中不可或缺。将服务学习模式引入高校思想政治教育，一方面有利于我国高校志愿服务实践的研究；另一方面为高校开展思想政治教育提供了一种新途径。

（一）社会服务学习的内涵

服务学习是将服务与学习相融合的教学方式，从广义上讲，学生所参与的一切对其知识、能力、品德产生影响的活动都可视为服务学习。但从严格意义上来说，服务学习更注重服务与系统化的学习紧密联系，即过服务实践与知识理论学习的相互融合来丰富学生的知识，完善学生的品格，提高学生的技能和公民能力。这一过程中，服务与学习密不可分，学习与服务并重是服务学习的主要特征。

社区服务重在公益性，这种活动与教学、课程没有任何直接的联系，也不需要学生事后进行自我反思、讨论等，而服务性学习既是一种公益活动，更是一种实践教学方法，它的核心是课程、服务与反思的结合，它的服务活动是精心组织的，有明确的学习目标，重在使学生在服务过程中把在学校学的知识运用到实践中去，并对所做所见进行反思，以巩固加强所学知识。

（二）社会服务学习的教育功能

当前高校思想政治教育取得的成果有目共睹，然而伴随社会多元化发展和高等教育普及化趋势，高校思想政治教育在实施过程中暴露出许多问题。为实现高校思想政治教育的有效性，高校思想政治教育必须开辟新的途径。随着我国社会的发展，志愿服务成为大学生参与和实践公民责任的新方式，成为思想政治教育有效的途径。因此，高校思想政治教育提倡社会服务学习模式。

（三）社会服务学习模式构建

高校思想政治教育活动的开展主要有两种方法，分别是在第一课堂进行授课和在第二课堂的日常思想政治教育工作中开展课外活动，在高校思想政治教育中引入服务学习的模式是将服务学习分别与两种通道形式相融合。

高校思想政治教育主要采取授课方式，融服务学习于第一课堂的思想政治教育中，要求学生根据课程学习内容，参与一定社会实践服务，实现理论的内化与外化，通过课程学习与社会服务的整合实现思想政治教育的有效性。值得注意的是，思想政治教育服务学习应着重与高校思想政治教育理论课相结合，改变以往高校思想政治教育理论课单纯说教的形式，使学生学会将理论应用于实践中，学会思考与反思，达到教书育人的目的。

高校思想政治教育也广泛开展于第二课堂的日常思想政治教育工作中，高校有计划、有组织地将志愿服务活动与思想政治学习相结合，即在学校有关政策和规范的指导下，由相关部门或学生自己对服务活动进行设计、策划与组织实施。区别于一般的实践活动，服务学习活动必须有学校配备或学生邀请的指导教师对学生进行培训与监督，并引导学生反思，给予学生评价。

为了高校思想政治教育服务学习模式的顺利发展，我们必须克服现实中存在的诸多困难，创造优良的外部环境。优化高校思想政治教育的外部环境需要多方资源注入和支持，离不开政府的重视和社会的支持，离不开学校教育观念的更新，更离不开三方共同协调和努力。指导服务学习模式的开展是一个长期艰巨的过程，所以我们应对高校思想政治教育服务学习活动进行科学的规划。高校思想政治教育在加强服务学习理论研究奠定发展基础后，要整合各方力量，努力创造具有自己特色的高校思想政治教育服务课程。逐步实现高校思想政治教育的目标。

伴随着高校思想政治教育服务学习环境的改善和规范的合理化，高校的思想政治教育服务学习模式应该努力适应各方面的需求，向组织合理化、制度规范化、活动广泛化的总趋势发展。当前，高校思想政治教育服务学习模式才刚刚起步，缺少合理的规章制度，许多问题都需要规范化的制度来解决。在合理的规范指导下，高校应进行科学化的组织，实现高校思想政治教育服务学习活动的社会化。

二、网络教育模式

高等院校是我国社会"网络化"的发展前沿，随着网络在我国的日益普及和发展，上网的大学生将不断增加，网络对当代大学生的行为模式、价值取向、政治态度、心理发展、道德观念等将产生越来越大的影响。网络已成为中国共产党和西方敌对势力争夺青年的重要阵地，主动占领网络思想政治教育新阵地，要运用技术、法律、行政手段，加强校园网的管理，严防各种有害信息在网上传播，牢牢把握网络思想政治教育主动权。这给我们指出了网络思想政治教育的工作方向，即要占领网络阵地的制高点，必须一方面抓网络建设，一方面抓网络管理。

（一）高校思想政治教育网络体系建设

校园网是为学校师生提供教学、科研和综合信息服务的宽带多媒体网络。网络时代，大学思想政治教育的先导性、实效性、主导性正面临严峻挑战，只有努力在信息高速公路上"跑"好思想政治教育的"车"，才能变被动为主动，开创学生德育工作的新局面。学校首先实施铺"路"工程，大力加强校园网络基础设施建设。加强校园网络建设是建设主题教育网站或网页，积极开展网络思想政治教育活动的基础和前提。从总体规划的角度来看，校园网建设应包括基础设施建设、网上教学软件建设和有关人员培训三项内容。"因此加强校园网络建设，也主要从这三个方面入手。

1. 加强基础设施建设

基础设施建设是校园网的物质基础，包括硬件和软件两大部分。其中硬件部分由主干网和子网中有关设备及连线组成，而软件部分则由操作系统及大量校园网应用软件组成。当今世界计算机技术、通信技术、网络技术发展迅速，机器设备日新月异要保持网络的优势，必须重点放在网络的基础设施建设上。校园网络硬件建设包括布线、服务器、工作站、交换机、路由器等设施和系统软件平台。其中最重要的是布线工程。未来的网络是一个光传输网络，速度和质量在现在和不久的未来网络中都将是一个重要的决定因素。因此，布线工程必须作长远考虑。网络硬件建设固然重要，但网络应用软件的建设也不可忽视。要正确处理好硬件和软件的关系。单纯追求硬件设备上的档次和规模，而忽视软件建设，盲目认为学校设备高档就是教育的现代化，这是校园网建设的大忌。从某种意义上讲，硬件水平只是一个投入的问题，而软件水平的提高远比硬件水平的提高要复杂得多。要采取"点上深入，面上拓展"的策略，就要在"用"字上下功夫，重视校园网络关键性的应用软件配置的建设，避免低水平重复开发教学软件所造成的人才和网络资源的浪费。因此，一方面要充分利用高校自身的技术人员和网络资源优势，以及硬件同步建设，自主地逐步设计出有自己特色的应用系统；另一方面可引进现成的系统平台。

加强网络安全建设也应该是校园网络建设的基本要求。随着网络迅速普及，安全性越来越引起人们的重视。如果硬件不安全，会造成网络瘫痪；软件、数据不安全，会造成重大的经济损失和不良的影响。网络的安全性对学校更是具有特殊的重要意义。因为学校是培养高素质人才的阵地，反动的、不健康的信息的流入，将严重危害当代大学生的身心健康。因此在建设校园网的过程中一定要加强网络的安全建设。

2. 加强网络教学软件建设

网上教学软件建设是校园网的核心内容。其任务十分复杂和繁重，需要长期、艰苦的努力才能使校园网名副其实地融入日常教学活动之中。配置、开发教学软件的设备至少应包括以几个部分：非线性编辑系统，多媒体教学软件制作系统，光盘刻录系统。

3. 加强相关人员培训

人员培训是校园网能否正常运行的关键。校园网的出现是一件新鲜事物，学校各级领导和广大师生从观念与技术上都需要有一个适应过程，为此在安排培训对象和培训内容上应有针对性。具体设想如下：

第一，对主管校园网工作的各级领导，重点放在观念转变和对本校校园网的总体规划以及总体框架的培训上。

第二，对校园网的管理和维护人员，应使他们参加建设的全过程，由网管人员自己完成校园网络的系统集成，这样既锻炼了网管队伍又可以节省不少的经费，培训网管人员对校园网各硬件设备的连接及各种网管软件的使用与维护。

第三，对教学人员和学校其他职员根据上报需求的不同，进行分层次培训。

第四，现代教育技术培训班，目的是使广大高校教师人人都能熟悉并使用现代教育技术手段；正确使用多媒体教室的各种教学设备；能利用计算机信息网络获取信息、收发电子邮件，具有运用多媒体教学软件和管理软件进行辅助教学和管理的能力，了解计算机及信息网络的安全保护知识和法律法规，培训对象为全体教职员。

第五，老教师计算机普及班，目的是使老教师能了解计算机的基础知识，掌握一般字表处理软件的使用。

第六，计算机基础知识培训班，目的是使教师掌握基本软件操作技术；能熟练运用多媒体教学软件进行辅助教学，能运用计算机多媒体技术开发、制作简单的教学辅助软件；能运用计算机及信息网络进行教育科研；能顺利通过教师计算机考核，培训对象为全体中青年教师。

(7) 教学课件制作培训，目的是培养一批能开发、制作本专业教学课件的骨干教师，为高校开发学科课件系列打好基础，培训对象为部分中青年教师。对学生，可由高校有关组织出面举办网络信息技术的相关讲座，采取多种方式组织学生学习网络知识。通过学生利用计算机完成课题的过程，培养学生的创新精神和动手能力。

(三) 加强思想政治教育主题网站和网页建设

我国目前高等学校思想政治教育网络工作已经取得了很大的成效。但总的来说，学生在网上制作思想政治教育专题主页和建立思想政治教育专题网站比较多，而校园的思想政治教育专题主页和网站、思想政治教育工作者自己本身的专题主页和网站比较少。因此，网上的思想政治教育专题或非专题主页和网站的水平，就整体而言不仅参差不齐而且缺乏鲜活的个性化、生动活泼的育人界面，需要不断提升理论深度。因而，大力加强思想政治教育专题网站或网页建设，成为高等学校思想政治教育工作者的紧迫任务。

1. 加强网站和网站建设

加强网络阵地建设，建设有特色、有吸引力、有影响力的思想政治教育网站是一项基础工程。大力拓展网上思想政治教育阵地。用马列主义、毛泽东思想和中国特色社会主义理论体系去占领网络阵地。当前，尤其要注重学习中国特色社会主义理论体系重要精神以及科学发展观的深刻内涵，确保思想政治教育进网络有一个正确的舆论导向；要引导学生树立正确的世界观、人生观、价值观；要围绕一些重大的政治问题，旗帜鲜明地发表评论，进行积极引导，对错误言论要敢于批评、及时纠正错误信息。坚持网上有党、团组织的声音。

2. 贴近校园建设

在网上建立思想政治工作的平台，充分发挥"渗透式"隐形教育的功能。例如各个高校网站上的BBS、聊天室及其他相关栏目或版块，也是加强高等学校思想政治教育进网络工作的有益尝试。

3. 搭建校园立体平台建设

利用校园新闻资源，整合校报、广播、电视台等媒体，搭建校园网络新闻立体平台，做好典型宣传、热点透视和舆论引导工作，从而形成网上网下思想政治教育的能力。

三、校园文化教育模式

校园文化是校园环境的核心内容，校园文化迅速发展为自觉、稳定而有组织的文化阵地，是一种特殊的社会文化现象，它是以中国特色社会主义文化为根基，以学校文化活动为主体，由全校师生员工共同创造的、充满时代气息和校园特点的人文氛围。

（一）文化教育的基本原则

1. 主导原则

校园文化建设必须始终坚持社会主义意识形态的主导地位，坚持党的基本路线和基本方针，坚持先进文化的前进方向，坚持社会主义价值取向，坚持用科学理论武装师生头脑，坚决抵制腐朽文化侵蚀大学校园，为大学生思想政治教育营造良好的校园文化氛围。

2. 系统原则

校园文化是一个复杂的、开放的、多元并存的系统，具有整体性、结构性、层次性和开放性的系统特征。使校园文化建设有目的、有计划、有组织。具体来讲应该从学生文化到教职工文化、从物质文化到精神文化，从课内文化到课余文化，从通俗文化到高雅文化，从学习区文化到生活区文化统筹考虑、整体设计，以达到整体优化的功能。

3. 自主原则

校园活动特别是学生科研及课外活动应尽量由大学生自己独立组织、安排，充分尊重他们的创造精神，培养他们自我教育、自我管理、自我服务的能力。

4. 教育原则

开展校园文化活动是一种潜移默化的思想政治教育，应真正寓教育于各类活动之中，全员参与、全方位构建。校园文化是对青年学生进行素质教育的有效途径，在组织学生开展校园文化活动中必须注意其知识性、趣味性、科学性。

5. 创新原则

文化的核心和生命在于创新，校园文化也不例外。校园文化建设必须不断更新思想政治教育和管理的理念，着力于培养学生的综合素质，特别是培养学生的创新精神和创新能力，激发学生的创新潜力，着力于创新校园硬件和软件环境，只有这样才能使校园文化永葆生机和活力。

（二）校园文化建设的实践路径

大学生思想政治教育既面临良好的机遇又面临严峻的挑战，重视校园文化建设势在必行。校园文化重在建设，贵在坚持，与时俱进，难在开拓创新。创新是加强和推进校园文化建设的关键出路。在新世纪新阶段，我们要弘扬求真务实的科学精神。积极探索校园文化建设工作的新思路、新观念、新形式和新方法，努力开创大学生思想政治工作的新局面。

1. 校园文化建设的核心

校园文化建设必须为社会主义现代化建设服务，为高校的育人目标服务，着眼于大学生思想政治教育的现状，展现新时期高校的人文精神和大学生积极向上的良好风貌。校风建设是校园文化建设的核心，校风建设实际上就是学校精神的塑造。好的校风具有历史的传承性，大学在其沿革中积累下来的宝贵财富和精神食粮是激励师生孜孜以求的内在动力。校风最集中的体现是学风和教风。教风是主导、学风是主体，要抓好校风建设首先必须抓好教风建设，而抓好领导作风建设是抓好教风建设的重中之重。我们要开展师德教育活动，并结合形势和文化建设的侧重点充实学习内容，要把学习与学校的实际工作结合起来。要充分利用专题讲座、学习交流会、图片展、知识竞赛等各种载体开展形式多样、符合学生特点的学习宣传活动，在学生中形成爱党爱国、遵纪守法、尊敬师长、团结互助、勤奋好学、积极向上的良好风气。

2. 开展丰富多彩的文化活动

高校校园文化建设要重视品牌文化建设，精心策划与部署，同时投入相应的物力、财力和人力，组织适合本校办学特征的全校性的大型活动，如德育节、科技节、体育节、合唱节等，让其成为学校校园文化的标志，成为实施大学生素质教育的一道亮丽风景线。激活校园大众文化。校园文化存在于学校全部教育与管理行为之中。除了组织大型活动之外，还要综合协调教师的业余生活和学生的课外活动，激活大众性生活文化。要针对当前学生活动的实际，探索通过社团文化、班级文化、寝室文化、食堂文化建设，促进学生在较长时期的潜移默化的过程中既增长才干，又接受主旋律文化。善于结合传统节庆日、重大事件和开学典礼、毕业典礼等，开展特色鲜明、吸引力强的主题教育活动。

3. 完善校园文化活动设施

第一，开展丰富多彩的校园文化活动，体现群众性，为加强学生人文素质教育，各高校特别是一些以理工科见长的高校应该对各专业有针对性地开设人文选修课，开设强化班。举办各种形式的人文素质讲座，组织人文精神大讨论。以网络为载体，积极主动、全方位地将学校丰富的思想政治教育内容搬上校园网，积极营造高品位的校园人文环境。

第二，在校园文化物质建设方面，高校要精心设计，科学布局，处理好建筑风格上的传统与现代的关系，实现山水园林、人文景观和自然景观的完美结合，使其既有传统的韵味，又体现时代的气息，根据自身特色，突出深邃的文化底蕴。

第三，在校园文化制度建设方面，高校应强化制度建设，保持依法治校，在管理原则上坚持兼容并蓄，有容乃大，在管理方法上坚持收放有度，粗细相宜，在管理制度上不断建立、完善检查防范督促机制。

4. 加强校园文化管理

高校校园文化建设要注重校园文化的教育性，多引导、少随意，多严谨、少盲目，多积极、少消极。也要注重校园文化的学术性、突出学术氛围，举办各种学术讲座，聘请专家学者介绍学术动态、进行学术咨询、指导学术研究，体现出高校校园文化与其他社会文化的明显不同之处。

四、心理疏导模式

加强大学生心理健康教育，帮助大学生树立心理健康意识，优化心理品质，增强心理调适能力和社会生活的适应能力，预防和缓解心理问题，实现思想政治教育与心理健康教育的有机结合，是实施素质教育的重要举措，是促进大学生全面发展的重要途径和手段，是高校思想政治教育的重要组成部分。

(一) 大学生的心理健康分析

1. 难以适应新环境

中学生从激烈的高考竞争中解放出来进入大学,由于环境的改变,他们中的绝大多数人离开长期依赖的父母和老师,不得不面对新的集体、新的生活方式和学习氛围。面对理想与现实的反差,容易产生失意、压抑、焦虑,甚至会出现神经衰弱症。

2. 无法正确地处理人际关系

人际关系是大学生心理健康的一个敏感问题,不少大学生常常处于矛盾之中。有些大学生在老师和同学面前不愿意敞开心扉,自我封闭,另一方面,又迫切希望社会交往,渴望得到理解和支持,表现为频繁地与个别要好的同学和老乡接触。长期人际关系的紧张会使大学生不能全身心地投入到学习当中,引发焦虑和不安,甚至会出现对周围同学的敌视和报复心理,酿成不必要的悲剧。

3. 认知失调

到了大学,这里人才济济,高手如云,再加上大学对学生评价标准的变化,使得一些学生感到不适应,失去了原来的受人关注和追捧的地位,自尊心受到严重挫伤。少数大学生由自傲走向自卑,自信心下降,意志消沉,缺乏进取心,甚至对老师的教育和同学的帮助产生抵触情绪和逆反心理,严重影响正常的学习和生活。

4. 缺乏心理承受能力

某些大学生往往因为一些偶然因素造成他们的生活和学习遇到挫折,而影响了他们的心理、情绪的稳定。由于绝大多数大学生都是在家长和老师的呵护下一帆风顺地跨入大学校门的,很少遇到严重的挫折,更缺乏独立承受压力和挫折的心理能力,因而遇到困难和挫折往往束手无策,从而造成他们焦虑、烦躁、自卑、痛苦、嫉妒、失落和逆反等不良心理。

5. 大学生的择业心理危机

在就业面前,许多大学生不能正确摆放自己的位置,调整好自己的心态,往往造成"高不成低不就"的现象。面对激烈的就业竞争往往无所适从,而对于那些性格内向、心理承受能力较差、心理适应能力弱的大学生来讲,则更容易造成恐惧、焦虑、烦躁、抑郁等不良心理,甚至有人对生活缺乏信心,对前途失去希望,觉得生活没有意义,造成人生观和价值观的扭曲。

(二) 心理健康教育的意义

在全面推进素质教育中,必须更加重视德育工作,加强学生的心理健康教育。要把心理健康教育作为高等学校德育的重要组成部分,大学生应具备良好的个性心理品质和自尊、自爱、自律、自强的优良品格,具有较强的心理调适能力,是促进大学生全面发展的重要途径和手段。

(三) 心理健康教育的原则

1. 主体原则

大学生心理健康教育也必须倡导主体自我教育。在思想政治教育中教师应注意引导学生主动参加多种实践活动,使学生自我生存、自我认识、自我调控、自我激励、自我发展的能力不断得到提高，使学生学会自我心理调适的方法，消除负面情绪的影响和心理困惑，促进心理健康的自觉意识不断得到增强。

2. 教育原则

这一原则要求心理健康教育必须遵循大学生思想政治教育的规律，符合素质教育的目标，纳入思想政治教育轨道，进一步拓宽渠道，探索切实可行、行之有效的多种途径，落实教育内容，围绕促进学生身心健康、全面发展、提高素质这个中心开展工作。

3. 预防原则

这一原则要求高校心理健康教育必须树立预防重于治疗的思想，以防为主，把预防放在首位，以培养发展良好健康心理素质为目标，将心理健康教育工作的重点放在心理问题的早发现、早预防上，从被动走向主动，这样既可以使大学生心理和行为问题防患于未然或化解于萌芽状态，又可以使每个学生得到关怀，普遍提高大学生的心理健康水平。

4. 协同原则

心理健康教育是一项复杂的系统工程，要想达到维护学生心理健康、优化心理素质的目的，实现其利教、促学、有益社会的功能，仅仅依靠少数教师是远远不够的，必须加强教师、学生、家长及社会各方面的协作、配合，并将心理健康教育渗透到高等学校教育、教学的全过程中去，才能产生实效。

（四）心理健康教育的途径及方法

1. 加强心理常识教育

开设大学生心理健康教育课程应作为大学生心理健康教育的主阵地、主渠道来抓。高等学校必须及时开设大学生心理健康课程，进行心理常识知识的宣传，定期举办心理知识讲座，传授必要的心理调适技巧，提高大学生的自我心理调适能力，进行挫折心理教育与挫折心理训练，提高学生抵抗挫折的能力。挫折心理训练是为了使学生积累受挫的经验与心理体验，使其逐步认识到人在一生中的努力与奋斗，有成功，也会有失败，要经受住失败的考验，保持自信与乐观的人生态度，从而增强他们适应环境的能力与抗挫折能力。

2. 推进心理咨询工作

心理咨询工作对促进大学生的心理健康具有十分重要的作用，而且有利于充分发掘人的潜力，帮助大学生形成健全的人格，提高人的素质。目前高校心理咨询工作的开展还远远不能满足广大同学的要求，与大学生存在的心理问题的实际状况也不相适应。

3. 加强教师队伍

第一，高校心理健康教育工作应当尽量选用具有一定心理学和教育学知识的专业化教师，并且鼓励其他学科教师掌握心理学的基础知识和心理咨询（辅导）的技能。

第二，定期对在职教师进行心理测量和评估，及时掌握和解决在教师队伍中出现的心理问题和心理障碍，引导教师深刻认识心理健康对自己、对教育事业的重要作用，有意识地去维护自己的心理健康，培养积极开朗的情绪、乐观向上的性格、坚忍不拔的意志，对自己要有客观的认识。

第三，还要积极引导教师注重自身素质的提高，努力掌握广博的知识，提高自身的文化修养，培养广泛的兴趣，保持积极乐观的心态，建立和谐的人际关系。

第九章 高校思想政治教育的新媒体应用实践

第一节 发挥手机媒体的教育功能

随着现代通信技术的发展和社会的进步,手机媒体以其快捷、互动等传播特性日益改变着人们的学习、生活和思维方式,成为人们获取信息、学习实践、开展工作、传递情感的重要工具,也为思想政治教育工作搭建了崭新的平台。

一、手机媒体的特征

手机媒体是以手机为视听终端、手机上网为平台的个性化信息传播媒介,被称为继报刊、广播、电视、互联网之后的"第五媒体"。特别是进入4G时代,随着手机报纸、手机电视、手机电影和手机广播等传播形式的出现,手机媒体逐渐演进成重要的文化、娱乐和传媒平台,成为传播能力最强、影响范围最广、使用最为便捷的大众媒体之一。这样一个集多种媒体于一身,具有方便性、开放性、移动性等特点的新式媒介,较之传统媒体还拥有其特殊的优势,即传播速度更为快捷、传播范围更为广泛、传播信息更为丰富。

(一)传播速度更为快捷

和传统媒体相比,手机媒体实现了传统纸质媒介束缚的突破,通过将文字、声音、图片、视频融为一体,给信号接收范围内的用户送去各种即时信息。过去人们在使用互联网时常常会出现页面打开困难、网页清晰度差等问题,随着技术的进步和手机媒体的更新换代,如今信息的传播速度大大提高,人们只需要花费极少的时间便能查询到自己想要的信息,音频、视频的加载速度和清晰度也有所提高。此外,手机媒体具有传统媒体和网络媒体无可比拟的便携性,其信号覆盖率也远远高于其他传播媒体。在新的时代背景下,人们切实实现了足不出户而知晓天下事,只要轻轻动下手指,无论是国内外大事,还是科学文化知识,都能够随时随地获取。

通过手机媒体,人们能够更为快捷高效地获取信息。

(二)传播范围更为广泛

随着科技的进步,手机产品功能越来越多样,能够满足人们的各种需求;外观更时尚,能够为人们提供多种选择。在日常生活中,手机成为人们必不可少的一部分,其用户群体正逐步扩大。由于近年来手机上网资费逐步减少、网络服务质量稳步提升,再加上手机便携的特点,越来越多的人选择用手机获取各项信息和处理各项事务。下载资料、交友聊天、休闲娱乐……以手机为载体的交流活动使得信息传播更加灵活、传播范围也更加广泛。

（三）传播信息更为丰富

当前，手机和网络已经实现了无线互联，人们已经进入了5G时代。新时期，手机不再仅仅用于通话，而是集电视、广播、报纸等于一体，成为人们生活、学习和工作中不可缺少的一部分。

手机媒体集众多传统媒体优势于一身的特点使其信息传播种类更加丰富和全面。一方面，手机媒体信息传播的内容各种各样，经济、政治、文化等信息应有尽有，国内、国外最新咨询随时获取；另一方面，手机媒体信息传播的方式多种多样，人们可以通过各种软件主动提问、查询资料、互动交流、获得解答，也可以留言、为他人答疑解惑，集众人智慧探讨解决之道，从而碰撞出更多的思维火花，获取有益的信息。

二、手机媒体对高校思想政治教育的有利影响

（一）拓宽了高校思想政治教育信息的获取渠道

手机媒体终结了有线宽带联网的传统媒体时代，以一种全新的无线互联形式使手机用户足不出户就可闻天下事，大大提高了人们获取信息资源的效率。高校应充分利用好手机媒体这一教育载体，努力拓宽思想政治教育信息的获取渠道。

第一，高校可以建立起包括教师、学生、政工领导、思想政治工作者在内的庞大的信息网和联络网。思想政治教育者通过手机信息、手机QQ群、手机微博等与大学生保持畅通的联系，对大学生传递思想政治教育信息，同时也密切关注学生的思想动态，及时获得学生的思想信息并进行跟踪指导。也可以利用手机媒体丰富的信息量和强大的传播能力推行多变互动式的学习小组，定期开展思想政治教育活动，促进大学生进行思想和文化的交流，并引领甚至影响更多的学生加入思想政治教育活动中来。

第二，高校应该借助手机媒体，挖掘出丰富、多样的思想政治教育资源，打破以往传统的课堂教育模式，鼓励学生与教师进行一对一的互动，构建双向虚拟交流平台，使大学生在轻松的氛围中自主地选择学习内容，在主动探索和积极参与的过程中潜移默化地接受思想政治教育。手机媒体的开放性和互动性使受教育者获得了最大限度的平等、自由，充分调动了他们学习的积极性和主观能动性，使受教育者从被动参与转变为主动学习，加深了大学生对世界、自然、社会的感知能力和思考能力，有助于提高高校思想政治教育的实效性，拓展了高校思想政治教育的理论和实践平台。

（二）提高了高校思想政治教育的效率

思想政治教育成效如何在很大程度上取决于受教育者的信任程度和参与程度。如何降低思想政治教育信息的传播时间、传播成本，提高受教育者的参与度，一直是高校思想政治教育面临的困境。手机媒体由于操作简单、功能齐全，因此受到广大青少年喜欢和青睐。思想政治教育工作者应用手机媒体，减少了网络思想政治教育的烦琐操作，突破了电脑设备和技术要求的束缚，以前所未有的可移动性和易操作性，缩减了思想政治教育信息的传播成本，减轻了思想政治教育在时间、空间、费用上的巨大负担，有效提升了高校思想政治教育的自主性，真正提高了思想政治教育的效率和效果。

另外，受教育者是否信任思想政治教育工作者，是否认同思想政治教育活动，是影响

和制约高校思想政治教育质量和成效的关键。手机媒体为受教育者建立起双向互动的虚拟交流平台，通过"人——机——人"的方式拓展了跨越时空的人际交往环境，有效缓解了受教育者在单独面对教师时产生的压力，使他们放下心防、直抒胸臆，与教育者之间架起一座沟通心灵的桥梁。

（三）增强了思想政治教育的生动性

1. 手机媒体增强了思想政治教育的趣味性

手机媒体的实质就是一个包括文档、图像、视频、声音等多媒体技术在内的新式媒体。大学生经常利用手机接收和发送短信、彩信、微信，拍照或者制作视频，也可以欣赏或录下各种声音、歌曲。高校同样可以利用这些形式向大学生传递思想政治教育信息，增强思想整治教育的生动性和趣味性，寓教于乐，调动学生的参与热情，提升思想政治教育的魅力和时代特性。

2. 手机媒体提高了思想政治教育的感染力

手机媒体是一种能够调动人们多种感官同时感知的传播媒介，通过视觉、听觉等多重感官的相互作用，受教育者可以获得精神上的享受，加深他们对学习内容的吸收和理解，使思想政治教育的感染力进一步增强。

（四）丰富了思想政治教育的手段

第一，手机媒体以其传播速度快、传播范围广、信息量大、携带方便等优势丰富和更新了高校思想政治教育的方法和手段。通过信息平台，教育者和受教育者可以实现即时通信、瞬间互联，教育者既能够及时地将思想政治教育信息传递给受教育者，还能够了解他们的思想状况，掌握他们的基本动态，适时调整思想政治教育的内容及方法。受教育者也可以根据自身的特殊情况与思想政治教育者保持联系、沟通情感，表达自己的真实想法，抒发内心的情感。

第二，手机媒体融合多媒体技术，既可以满足人们对电视广播、报纸等传统媒体的需求，又能利用手机报、手机电视、手机网络、手机微博等新媒体形态实现思想政治教育的传播意图。它能够借助图片、声音、视频来开展思想政治教育宣传、普及活动，使传统的教育方法从说教式、灌输式逐渐转变为交流式、互动式，进而提高思想政治教育的效果。

三、手机媒体在思想政治教育上的应用

（一）手机媒体思想政治教育的思路

1. 将手机媒体与传统教育模式相结合

当代大学生是使用手机媒体的主要群体，高校应该将手机媒体作为进行思想政治教育的重要渠道。手机便捷性、及时性和互动性等特点可以大大改进传统教育方式的弊端，将传统教条式、填鸭式的教育方式转变为渗透式教育，使学生可以在生活中随时随地地接受教育、进行学习，相较传统的教育方式更有效。使用手机进行教育可以调动学生的主体性，让学生主动参与到教育中来。教育者还可以通过手机及时地与学生进行沟通，减少一些不善言辞的学生的紧张感，更好地达到沟通交流的效果。同时，可以通过手机媒体进行主题教育，有针对性地进行专题宣传，从而达到更好的教育效果。

2. 搭建信息服务平台，满足社会发展多样化需求

学校可以通过手机平台向学生发送信息，推送学校内部活动信息、实时资讯、手机报等，方便大学生快捷地获取校内信息，同时可以向学生发送道德教育相关内容，使学生能够通过手机快速进行阅读和学习。通过手机进行信息传播可以拉近学校和学生的距离，打破现实世界和虚拟世界的界限，使学生更愿意进行交流。手机媒体为人们倾诉提供了平台，可以更好地满足人们的内心需求。同时，手机媒体让人们更自在地进行深入的交流，有利于思想工作的开展，在这种轻松的交流环境中人们更愿意倾诉和倾听，为开展思想政治教育提供了良好的环境。

3. 引导大学生文明使用手机媒体，强化自律意识

科技不断进步，社会环境也在不断变化，应该建立健康积极的手机媒体环境，在这个环境中利用手机媒体进行道德教育等活动。首先，应该对手机使用的知识进行普及，帮助大学生正确地对待手机文化，建立正确的消费观，增强大学生对手机传播信息的辨别能力和判断能力。其次，要加强对大学生正确意识的培养，坚决抵制不健康的信息，引导大学生建立科学健康的手机使用观念。最后，应该利用手机媒体多种多样的形式进行文化传播，通过各式手机活动吸引人们主动地参与到社会建设中，建立和谐健康的文化氛围，可以帮助人们完善道德价值观，主动地抵制不良信息，营造良好的社会风气。

（二）手机媒体思想政治教育的实现路径和启示

手机媒体的建设经验展现了一种有效改变校园思想政治教育现状的实现路径。第一，手机媒体可以将学生进行群体细分，按照不同受众进行不同的教育，开展有针对性的德育。第二，手机媒体具有及时性的特点，可以第一时间向学生传递信息，如通过手机媒体将新闻、事件、活动信息等及时地传递给学生。第三，手机媒体可以利用超链接等方式帮助学生扩展阅读，因为使用手机可能会文字篇幅受限，通过信息后台对信息内容加以补充，充实文章的内容。第四，手机媒体可以更好地建立与学生的关系，通过与学生沟通进行媒介内容的补充和调整，增强教育效果。下面以手机报为例进行说明。

1. 手机报在校园宣传中的作用

学校通过校园手机报的形式进行校园文化宣传以及思想政治教育。校园手机报可以通过文字、图片、视频等多种表现方式进行信息传播，帮助学生及时地了解校内动态，随时随地地获取校内信息。校园手机报是一个很好的校园资讯平台，通过移动网络，学生可以使用手机终端浏览手机报的内容，这是高校进行文化宣传以及思想教育的重要方式之一。

（1）创造全新的手机宣传模式

大学生是年轻群体，而这个群体的主要特征之一就是具有强烈的好奇心，追求新鲜感，所以随着移动网络的普及，使用手机上网已经成为大学生生活与学习的一部分。在这样的背景下，学校通过校园手机报进行思想政治教育就成为一个很好的选择，手机为高校进行教育提供了全新的平台。针对大学生喜好使用手机上网的现状，高校开展通过手机报进行信息传递和信息交流是一种高效的教育方式，同时还可以推动校园文化的宣传。学生可以随时随地地阅读校园手机报，这种便捷性与实时性提高了学生的阅读主动性。

（2）充分利用"蝴蝶效应"扩大受众面

传统的宣传方式很难做到信息覆盖所有目标群体，然而利用手机媒体宣传的"蝴蝶效应"可以有效地将信息传送给目标人群。高校通过手机报发布最新校内信息，通过学生的转发、共享等方式扩大宣传，可以将信息迅速地传遍整个校园。因为手机报的这种效用，其在学校进行文化宣传以及思想政治教育中起到了重要的作用。

（3）校园手机报拉近了学校与学生的距离

校园手机报开创了学校与学生之间信息传递的新媒介。手机报的方式一般分为两种：一种是通过彩信进行推送，还有一种是通过网站开放浏览。手机彩信的方式是通过向师生推送图文并茂的信息进行消息发布以及宣传，相比传统的纯文字宣传增加了学生的阅读乐趣；网站浏览的方式是学生通过移动网络浏览学校发布的相关内容，还可以通过添加链接的方式帮助学生扩展知识，丰富信息内容。手机报操作简单、信息及时，师生都接受并喜欢这种宣传模式。

2. 校园手机报与大学生思想教育

校园手机报为大学生了解校园信息提供了更加便捷的方式，他们可以随时随地通过手机获取相关信息，及时了解校园讯息。现在开放式的信息环境除为大学生获取咨讯提供了便利的条件外，也存在一些隐患，部分负面的、不健康的信息夹杂在信息流中，这就可能会对大学生造成一些负面影响，不利于他们的身心健康发展。为了引导学生建立正确的思想价值观，高校往往会通过建立论坛相关版块或开通辅导员博客等方式进行思想政治教育。但随着互联网的飞速发展，大量的信息涌入大学生的学习生活中，加大了高校开展思想政治教育的难度。尤其是随着移动互联网的普及，不良信息防不胜防，高校很难从源头上制止不良信息的传播，只能通过加大教育力度和增加教育形式来帮助学生主观地抵制不良信息带来的负面影响。

第二节 发挥微媒体的教育功能

微媒体作为思想政治教育的新平台，与思想政治教育主客体的贴合度高、普及性高、使用率也高，必将推动全新的思想政治教育范式的形成和推广，带我们进入新的时代。

一、微媒体的代表——微博、微信

微博是分享信息、传播信息和获取信息的一个平台，在这个平台中，每个普通人都是信息的传播者，都是新闻的源头。人们既是观众，也是接受者。微信是一款通过网络快速发送语音短信、视频、图片和文字的聊天软件。与传统的短信沟通方式相比，微信具有零资费、跨平台沟通、显示实时输入状态等功能，也更灵活、智能且节省资费。

（一）微博微信的模式

在使用微博时，用户可以通过 Web、WAP 等各种客户端组建个人社区，以 140 字以内的文字更新信息，并实现即时分享。通过微博发布、微博浏览、微博评论、微博转发、微博点赞、微博@等功能，表达和传输个人意见；还可以通过微博广场、微博墙、微盘、微博相册等扩展应用实现微博使用的多样化，满足使用需求。微博的草根性很强，广泛分布在桌面、浏览器、移动终端等多个平台上，有多种商业模式并存或形成多个垂直细分领域的可能。

微信通过发送语音短信、视频、图片（包括表情）和文字等媒体形式传播信息，能够进行即时高效的多人群聊操作，还可以查看所在位置附近使用微信的人，并且与腾讯微博、QQ邮箱、语音记事本、QQ同步助手等插件实现了功能融合。

总得来说，微信和微博最大的共同点就是具有一定的社交功能。但是社交有强弱和亲疏之分，社会学者研究发现，在新浪微博上，一些人因为志同道合或者具有相同的爱好而"互粉"，这样的社会关系属于一种"弱关联"。在虚拟的网络世界中，很多人都有着相同的爱好，具有一定的可替代性，但是认识的人、熟悉的人之间存在较强的社会联系，很难被替代。为了区分两种社会关系，微信将账号细分为企业、明星公众账号和个人账号两大类别，前者可以让普通用户随意添加，比较开放，而个人账号的添加则需要征得对方同意。

对比微博和微信模式，不难发现，微博、微信定位差异日益明显：微博公共传播优势明显，公民社会的体验感强于微信；微信私密通信及群交流功能较强。对于大多数对社交需求比较纯粹的用户来说，微信更便于使用；微信是升级版QQ，借助QQ的基础做大做强的后劲充足。但是，微博也已扛过微信挑战危险期，微博的落地化和草根化是其力量持续上升的关键。首先，微信是私密空间内的闭环交流，而微博是开放的扩散传播，一个向内、一个向外、一个私密、一个公开、一个注重交流、一个注重传播。其次，微信是对等的双向关系，微博是非对等的多向度错落关系。微信上，用户之间是对话关系；微博上，用户之间是关注关系。微信普通用户之间需要互加好友，这构成了对等关系，微信群是多对多，仍然是对等的；而微博普通用户之间则不需要互加好友，双方的关系并非对等，而是多向度错落、一对多。再次，微信是社会化关系网络，用户关系是构建网络的纽带；微博是社会化信息网络，信息是构建网络的纽带。最后，微信用户主要是双方同时在线聊天，某种程度而言，我们可以把它理解为移动QQ的增强变异版；而微博则是差时浏览信息，用户各自发布自己的微博，粉丝查看信息并非同步，而是刷新查看所关注对象此前发布的信息。这种同时与差时也决定了微信与微博的功能与内容之差。

微博是关系型内容，微信是关系型IM（实时通信），但是二者由于基因的不同造就的外形差异，却不能掩盖背后的关系型模式。微博和微信都是应用关系进行的媒体活动，人与人之间的关系、人与组织之间的关系、人与社会之间的关系，都成为微媒体前进的动力。当前社会，在页面网、移动网、物联网和企联网"四网融合"的全息网时代，内容应用与IM应用的发展前景、路径各有利弊。内容的全息化与IM的全息化，两者之间作为人类对其存在核心需求的两大不同应用的重要变革，其重要性是完全等同的。

将微博、微信在高校思想政治教育方面的特性进行对比：从总体上来说，微博与微信，犹如客厅与起居室。客厅主要用来接待外客，起居室主要用于家人一起私享视听之娱；微博主要向外界尤其陌生人作精神交往，而微信则只与熟人沟通分享。在某种意义上，微博是面向广域，而微信面向局域。

（二）微博与思想新生态

人们常常用"微言大义，博采众长"作为"微博"的标签。微中取博的哲学思维和辩证认识指导微博从不一样的角度做出了不同凡响的事业。微媒体时代高校思想政治教育的最主要发力点就是借助微中取博来了解、熟悉大学生的思想新生态。

微博的天然禀性就是"微言大义"。"微言"表现在：使用极短的文字来发表自己的看法。首先要明确三点内容：①篇幅短小，避免啰唆；②字字珍贵，不多废话；③快速刷屏，避免沉帖，要做到有足够的吸引力，吸引人们前来阅读。"大义"表现在：有很大的价值和思想内涵，避免造成空洞。只有坚持微言大义，才能够在微中取博，进而广泛传播。微博汇聚的是一条条细微的信息、一个个短小的思想，将二者结合起来便形成了一股强大的舆论力量；不断累积的微博互粉、互顶形成了强大的媒介群，不断地持续升温，不断地提高关注率，加快了事件的发酵与推广。这一切都使得微博圈子类似生物界的生态圈一般，生产者、消费者、分解者各司其道，食物链各个环节交互作用，形成系统。

在微媒体中，微博和微信各自拥有思想生态系统，其传播方式与特征都略有不同：微博对于有价值的信息传播可以进行再加工，即在转发时附上自己的语言，信息通过微博可以被主动传播，不会由于受众关系的强弱而受影响，传播者都会积极主动进行消息的传播，并且有可能在传播当中形成新的关系；但微信对有价值的信息传播则会因受众的关系强弱而影响，消息会首先传播到强关系人群，再由强关系人群通过与可能对信息感兴趣的人群交流进行下一步传播。

微媒体的出现造福了许多人，它的生活性、即时性、迅捷性、便利性大大降低了发布信息的门槛，几乎人人可以随时随地随心地发声——每个人都可以是媒体。政府部门、企事业单位、学校等众多机构通过微媒体发布资讯，给予民众一个全方位、立体化的社会形象，在这种"微"监督机制下完善自我。

由此可以得出微博的传播图像是放射树枝状的，而微信的传播图像则是圆圈加点线状的。因此，基于关系联结的思想交互结构变得有机、连续、充满生命力，思想与思想之间的感染、带动效应明显，思想碰撞带来的价值选择更加审慎和严谨，一定程度上的意见同化与意见领袖的带领同时发挥作用，适者生存，"思"竞天择，使得思想生态呈现出一种自然的状态。

对组织而言，加V的微博或是官方微博代表着微媒体生态圈中的高级动物，是权威的发布者，也是大量普通粉丝关注的焦点。组织微博把握了微博管理的主动权，拥有为数众多的粉丝，他们主要负责发布工作信息，就本组织、本单位的职责发布与社会有关的工作资讯。组织还通过微博倾听各方意见，针对粉丝的评论和提问进行答复，真正实现零距离的互动沟通。如此，组织微博可以通过微博平台进行民生服务，解决公众遇到的问题；组织微博还是一个组织的公共关系窗口，可以分享成绩和经验。

对于个人而言，思想新生态意味着每一条微博、每一次微信是对于真情、真思、真意的流露，可以记录成长点滴，追溯思想动态及其思维特征。个人通过微媒体快速获取信息，通过信息表达情绪看法，对种种微博内容反映的价值给予表情、符号、文字的评论，生动地对真善美、假恶丑做出自我价值的评判。同时，个人与个人之间的微博互动可以看作一种学习沟通交流，社交信任与社交喜好决定了沟通模式，跨越以往现实条件中有限的沟通，使得思想新生态的形成成为可能。

（三）微信与认知新培养

微信是一种更快速的即时通信工具，具有零资费、跨平台沟通、显示实时输入状态等功能，与传统的短信沟通方式相比，更灵活、智能并且节省资费。微信完全免费，任何用户都可以免费下载应用软件，在使用过程中只需要支付给运营商少量的流量费，所有的功能不需要额外付费。

它支持二维码扫描、邮箱绑定、朋友圈功能、推送功能等，任何用户都可以通过微信公共平台创建自己的公众账号，而且名字可以重复。通过公众账号，可以方便地实现信息发布、共享、推送等功能。微信不仅拥有传统双向确认关系，还可以进行单向信息传递，这种联系打通了人脉，将人与人的关系稳定化、延展化，使网络社交关系与现实世界关系一一对应起来。

认知新的培养就是移动学习，可以简单理解为利用移动设备进行学习或者学习者在移动时进行学习。传统观念认为，移动学习具有不受时间、地点限制，以及个性化服务等优势，但同时也存在由于手持移动设备的硬件条件有限（无键盘、屏幕小等）、图片等多媒体信息无法在这上面显示的缺陷，而这些信息对于学习理解知识往往是必不可少的。

只要在手机上安装了微信应用，就可以免费使用微信提供的功能。当前，一旦有用户将相应的教育资源上传或共享至微信平台，所有用户都可以使用教育资源进行移动学习。这样的资源库无疑推动大学生进入到全新的"易得、易达"的学习状态。因此，微信特别适用于互动式的学习。考虑到现在的生活节奏较快，不论是教师还是学习者，都无法抽出连续的时间进行一对一的沟通和学习。微信所提供的免费聊天环境和实时留言、消息推送等功能，适合学习者随时随地地向教师提问，以及教师对学生反馈的快速响应。教学双方在留言交流中可以实时地建立一对一的沟通环境，而无须专门预约和安排。

高校的思想政治教育工作者也可以使用这种方式，号召高校团委、学生会、社团联合会等学生组织，建立公共账号，给学生传递就业信息、爱心贴士或利用自动回复功能完成场地申请。思想政治教育工作者应尽己所能帮助学生贴近学校、社会，在最大程度上方便学生，通过在微信平台上的互动交流建立相互的信任关系，从而培养学生对思想政治教育工作的新认知。

二、微博微信在思想政治教育上的应用

（一）微博在思想政治教育上的应用

1. 大学生对微博的应用

大学生使用微博主要是进行社交以及娱乐，他们是微博最早的用户群体，也是较为庞大和主流的群体，这可以从大学生使用微博进行的网络活动看出。首先，大学生在注册微博时会关注感兴趣的博主，每天浏览自己有兴趣的微博，并进行评论转发。这就看出大学生使用微博的娱乐动机，通过使用微博在日常生活中放松自我。其次，大学生通过微博获取最新咨询。微博是一个及时性的大型信息平台，学生可以通过微博获得世界范围内的最新咨询，可以了解到社会事件的发生和发展，充分满足了他们的好奇心和求知欲。再次，大学生喜欢通过微博表达自身情感，通过这个平台进行情感分享。大学生群体对于社交和

情感的需要比较明显，微博可以满足他们这方面的需要。通过微博可以结识到兴趣相同的朋友，这为他们进行情感交流提供了基础。同时，大学生通过微博进行情感分享，可以与很多人进行交流互动，这些人不一定要相互熟识，甚至不需要认识，通过微博上的交流大学生可以扩展自己的交友圈，扩大社交范围，满足他们情感交流和社交的要求。

2. 学校对微博的应用

各个高校为了跟上时代潮流也相继开通了官方微博，进行校园文化宣传和发布校内咨询，将校园文化与微博技术有机结合，利用微博推动校园文化建设。高校官方微博是与外界沟通的平台，它的主要功能就是向外界展示学校的形象和文化，很适合作为高校形象的窗口进行宣传。同时，高校官方微博可以成为与学生沟通交流的平台，学校通过微博可以更好地了解学生的动态，及时纠正学生的错误行为和思想，促进学生健康成长与发展。微博是一个开放、平等的平台，学生、教师、校方可以平等地进行沟通交流，这种有效交流可以促进学校开展学生教育，提高教育效果。此外，高校开通官方微博的主要目的是为学生提供更好、更全面的服务。学校可以通过微博了解学生生活、学习以及就业中遇到的问题，并以此提供帮助。学校还可通过微博建立校友微博圈，通过校友间的资源分享和利用帮助学生解决实际问题。从微博传播信息的模式来看，高校可以通过传递信息的方式将思想政治教育融入其中，渗透式地对学生进行思想教育。

可以看出，高校官方微博同时具有组织线上活动和展示线下活动的功能。同时，微博还可以进行危机公关处理，维护学校形象。高校应该好好利用官方微博这一新型传播载体，利用它便捷性、公开性、即时性等特征，开展思想教育，促进校园文化的发展。

据相关统计资料显示，高校中使用微博人群占比例最高的是社团、学生会，这些人群拥有开拓精神和创新精神，他们通过微博进行思想引领可以调动大家的积极性。其次是高校共青团系统，他们一直以来致力于帮助青年树立先进性思维。再者是校内表现突出的学生以及高校教师。在校内有一定知名度的学生可以成为学生领袖，通过微博能在一定程度上对学生起到引领作用；高校教师有丰厚的文化底蕴和吸引人的人格魅力，他们可以通过微博在学习以及生活方面对学生进行指导和帮助。虽然通过学校一些部门和个人的微博行为可以起到引领学生思想的作用，但还是要借助学校各部门机关的协同合作才能达到良好的效果。高校官方微博以及各部门、院系微博相继开通后，就可以建立起系统的高校微博网络，全面开展以微博为平台的思想政治教育工作。

（二）微信在思想政治教育上的应用

1. 微信成为信息发布、交流的重要渠道

微信凭借其通信成本低、沟通便捷鲜活、时效性强和功能拓展等特点，已经成为大众进行信息交流的重要平台。微信不仅可以帮助人们及时沟通，同时还有支付、社交、"朋友圈"等功能。高校可以利用微信编辑丰富多彩的信息内容传递给学生，通过这个信息发布和传递的高速通道使学生可以便捷地获取所需信息，同时还可以进行互动。随着微信功能的愈加完善，微信已经成为高校与学生间的重要信息纽带，高校通过微信向学生传递具有明确指向性和内涵的思想政治教育内容。

2. 微信成为满足高校学生情感、个性发展和社交的工具

大学生在这个年龄阶段情感满足和个性发展是他们的内在要求，是不可以忽略的。微

信作为现在大学生进行社交的重要应用工具，应该引起高校的注意，将思想政治教育与微信平台有机结合是高校的一项教育任务。高校可以通过开通官方公众号的方式向学生进行内容推送，用图文并茂的信息内容吸引学生阅读，渗透式地将思想政治教育融入学生的生活中。微信在内容上没有固定模式，这可以满足学生的好奇心、调动学生的积极性，从内部对学生产生影响。

3. 微信对社会信息的抓取传播，极大程度地充实了思想政治教育的内容

微信平台的出现，一方面，使大学生能够"足不出户而知天下"，迅速掌握国内外政治、经济、文化动态等，另一方面，教师同样能通过微信平台来丰富思想政治教育的素材。简而言之，微信平台的出现，使以前枯燥乏味的内容转变成趣味盎然的教学素材，大幅扩宽了思想政治教育的内涵，同时也丰富了思想政治教育的途径。

4. 微信多样的传播途径优化了思想政治教育模式和手段

微信的迅速普及，实现了高效的教学互动，既优化了过去思想政治教育传统的说教模式，也结合了现代化的教育方法，将思想政治教育内容渗透到生活的方方面面中，大幅激发了学生自身的自主能动性，实现了高效的教学互动性，极大程度上优化了教育模式和手段，更在不断的发展升级中起到举一反三的教育效果。

5. 微信便捷的联系方式增加了教师与学生之间的沟通渠道

教师可以利用微信掌握大学生的思想动向情况，大幅缩短师生间的距离感。微信平台的出现，为师生间的沟通提供了更多的互动教学渠道。思想政治教育是一个双向性强的学科，它不仅仅局限于传统的教学模式，传统的教学模式所产生的教学效果是微乎其微的，而结合了微信平台之后，既能消除师生之间的隔阂感，也能大幅提高思想政治教育的实效性。

参考文献

[1] 陈建成,朱晓艳. 高校思想政治教育理论与实践研究[M]. 北京:光明日报出版社,2020.05.

[2] 张翼. 高校思想政治教育话语传播研究[M]. 长春:吉林大学出版社,2020.08.

[3] 田颂文. 传统文化与高校思想政治教育融合发展的价值审视[M]. 北京:北京工业大学出版社,2020.10.

[4] 沈光. 新时代高校思想政治教育亲和力研究[M]. 徐州:中国矿业大学出版社,2020.05.

[5] 刘新跃. 新时代高校思想政治教育理念与实践[M]. 安徽师范大学出版社,2020.04.

[6] 王利平. 网络环境下高校思想政治教育方法研究[M]. 武汉:武汉大学出版社,2020.06.

[7] 陈莉. 新时代高校思想政治教育教学改革与实践研究[M]. 西安:西北大学出版社,2020.09.

[8] 严莹. 新媒体时代高校思想政治教育研究[M]. 上海:上海交通大学出版社,2020.

[9] 姚彩云. 新时代高校思想政治教育工作研究[M]. 中国财富出版社,2020.07.

[10] 李明珠,陈红. 新时代高校思想政治教育的守正与创新[M]. 北京:知识产权出版社,2020.

[11] 闻竹,李康. 新时代背景下高校思想政治教育创新发展研究[M]. 北京:九州出版社,2020.09.

[12] 郭强. 新时代背景下高校思想政治教育的优化与创新路径探究[M]. 北京:九州出版社,2020.06.

[13] 刘小春. 高校网络思想政治教育引论[M]. 重庆:重庆大学出版社,2020.05.

[14] 陈艳芳,宁岩鹏. 高校思想政治教育生态论研究[M]. 燕山大学出版社有限公司,2019.06.

[15] 王耀峰,黄骊,刘召用. 新媒体环境下高校思想政治教育研究[M]. 延吉:延边大学出版社,2019.05.

[16] 吕开东. 新时代高校思想政治教育工作探索[M]. 北京:光明日报出版社,2019.11.

[17] 肖国香. 新媒体时代高校思想政治教育十论[M]. 长春:吉林文史出版社,2019.05.

[18] 曾毅红,吴迪. 高校思想政治教育理论与实践研究 2018[M]. 北京:光明日报出版社,2019.01.

[19] 王东,陈先. 新时期高校思想政治教育理论与实践[M]. 北京:九州出版社,2019.05.

[20] 孙琪. 媒体融合背景下高校思想政治教育的解构与重塑[M]. 长春:吉林文史出版社,2019.02.

[21] 理阳阳. 基于网络时代视角的高校思想政治教育研究[M]. 北京:研究出版社,2019.03.

[22] 徐原,陆颖,韩晓欧. "互联网+"时代高校思想政治教育创新研究[M]. 燕山大学出版社,2019.07.

[23] 陈胜国. 新时代高校思想政治教育创新发展研究[M]. 北京:印刷工业出版社,2019.01.

[24] 邢国忠. 高校思想政治教育创新发展基本问题研究[M]. 北京:知识产权出版社,2019.02.

[25] 尹婷婷,张静,杨素祯. 新媒体时代高校思想政治教育创新探究[M]. 北京:研究出版社,2019.08.

［26］魏晓笛．高校思想政治教育与教学工作创新研究［M］．北京：中央编译出版社，2019．12．

［27］朱佳．新时代背景下高校思想政治教育与大学生社会主义核心价值观培育［M］．北京：研究出版社，2019．08．

［28］周利生，汤舒俊．红色资源与高校思想政治教育［M］．北京：九州出版社，2018．01．

［29］徐茂华．高校思想政治教育的时代主题［M］．长春：东北师范大学出版社，2018．02．

［30］高姗姗．高校思想政治教育与文化融合研究［M］．石家庄：河北人民出版社，2018．01．

［31］岳云强．高校思想政治教育理论专题研究［M］．北京：九州出版社，2018．10．

［32］代黎明．高校思想政治教育实效性研究［M］．北京：北京理工大学出版社，2018．07．

［33］范春婷．高校思想政治教育专业政策研究［M］．北京：新华出版社，2018．07．

［34］奚冬梅，胡飒．高校思想政治教育教学与实践研究［M］．北京：光明日报出版社，2018．01．

［35］行连平．新媒体时代高校思想政治教育模式探究［M］．北京：九州出版社，2018．08．

［36］斯琴高娃．新媒体视角下的高校思想政治教育研究［M］．延吉：延边大学出版社，2018．07．

［37］谢丹．传统文化视域下的高校思想政治教育［M］．北京：九州出版社，2018．08．